生产调度干扰应对模型和算法

王杜娟　著

科学出版社

北　京

内 容 简 介

本书针对加工制造企业生产加工过程中面临的计划外新任务到达和随机机器故障两类典型干扰事件，在充分考虑实际加工过程中的环境特性和生产因素的基础上，提出相应的生产系统干扰应对模型和求解算法，进而为决策者提供多个可以在加工成本和系统扰动之间进行权衡选择的科学合理的干扰应对方案。作者将所提出的模型和算法在大连市某集装箱制造企业的生产系统干扰应对过程中进行了成功应用。所述内容为加工制造企业的干扰事件应对提供了决策支持。

本书可供管理科学与工程、工业工程、自动控制及其相近专业的高校师生阅读，也可供服务运作管理领域的研究及管理人员参考。

图书在版编目(CIP)数据

生产调度干扰应对模型和算法/王杜娟著. —北京：科学出版社，2018.7
ISBN 978-7-03-058066-5

Ⅰ. ①生…　Ⅱ. ①王…　Ⅲ.①生产调度-干扰-数学模型②生产调度-干扰-算法　Ⅳ.①F406.2-05

中国版本图书馆 CIP 数据核字（2018）第 132720 号

责任编辑：李　欣／责任校对：邹慧卿
责任印制：张　伟／封面设计：陈　敬

科学出版社 出版
北京东黄城根北街 16 号
邮政编码：100717
http://www.sciencep.com
北京厚诚则铭印刷科技有限公司 印刷
科学出版社发行　各地新华书店经销
*
2018 年 7 月第 一 版　开本：720×1000　B5
2019 年 6 月第二次印刷　印张：10　插页：4
字数：200 000
定价：68.00 元
（如有印装质量问题，我社负责调换）

前　言

在加工制造企业的生产加工过程中，受源自市场需求不确定的计划外新任务到达以及企业生产过程中的随机机器故障等干扰事件的影响，已经制定的加工成本和资源配置最优的原始调度方案往往不再最优甚至不可行。干扰事件在增加加工成本的同时，会造成实际调度方案与原始调度方案的偏差，对依赖于原始调度方案的交货时间制定、工人排班和原材料采购等生产活动造成干扰。如何针对干扰事件特点，进行快速有效应对方案的制定，从而对受扰调度方案进行快速调整，在优化加工成本的同时降低扰动影响，成为加工制造企业亟待解决的问题，也是干扰管理研究领域的关键和核心问题。

在已有的生产调度干扰应对方案研究中，往往忽略加工过程中工人操作疲劳、设备老化磨损等环境特性对工件实际加工时间造成的恶化效应影响，忽略工件加工时间的可控特性、对机器故障概率信息的充分利用以及安排机器维护、拒绝部分工件的加工等生产因素对提高干扰应对柔性的重要作用。由于应对方案制定的高度复杂性和实时多目标性，现有的理论和方法难以兼顾多方利益、快速形成同时优化加工成本和系统扰动的有效应对方案。因此，本书针对加工制造企业生产加工过程中面临的计划外新任务到达和随机机器故障两类典型干扰事件，在充分考虑实际加工过程中的环境特性和生产因素的基础上，提出相应的生产系统干扰应对模型和求解算法，进而为决策者提供多个可以在加工成本和系统扰动之间进行权衡选择的科学合理的干扰应对方案。作者将所提出的模型和算法在大连市某集装箱制造企业的生产系统干扰应对过程中进行了成功应用。

在干扰应对模型研究方面所做的工作如下：

(1) 充分考虑恶化效应和加工时间可控对加工过程的影响，针对计划外新任务到达，采用“预案 — 反应”应对策略，构建了同时优化加工成本和系统扰动的干扰应对 Pareto 优化模型；

(2) 将机器维护和加工可拒绝两类生产因素引入干扰事件应对，针对计划外新任务到达，采用“预案 — 反应”应对策略，构建了安排机器维护和重调度集成优化，以及加工可拒绝与重调度集成优化的干扰应对 Pareto 优化模型；

(3) 充分利用可获取的干扰事件信息，针对随机机器故障，采用“鲁棒式”应对策略，构建了同时优化加工成本与鲁棒性指标，以及同时优化鲁棒性质量与风险的干扰应对 Pareto 优化模型。

为求解上述复杂的 Pareto 优化模型，在分析具体模型结构性质的基础上，设计了高效的新型多目标进化算法，在优化机制设计、利用模型结构性质相关的先验知识和降低仿真评价代价方面分别进行了改进，从而能保证干扰应对方案生成的科学性和实时性。具体求解算法所做的改进工作如下：

(1) 在算法优化机制设计方面，针对 NSGA-II 易限于局部极优的不足，采用多目标模拟退火过程和禁忌规则对 NSGA-II 算法的全局寻优能力进行改进，降低算法陷入局部极优的概率；针对 NSGA-II 进化过程中种群多样性下降的不足，采用差分进化变异与高斯变异自适应切换的方式，增强了算法的局部搜索能力。

(2) 在利用模型结构性质相关的先验知识方面，分析了多目标干扰应对模型的结构性质，提取了工件加工次序相关和资源分配量等相关先验知识，用于对多目标进化算法的搜索过程进行引导，提高了算法收敛速度和有效前沿的多样性与收敛性。

(3) 在降低仿真评价代价方面，建立了支持向量回归模型进行鲁棒性指标的代理评价，并设计了基于随机干扰事件信息的优化策略指导搜索过程，降低了仿真评价过程的计算代价，提高了算法的求解速度和有效前沿质量。

最后，通过随机生成数值实验、Benchmark 测试函数求解以及与商业优化软件求解结果的对比，验证了所提出的干扰应对模型和求解算法的有效性。在此基础上，以集装箱加工过程中的干扰事件应对为背景，对所提出的干扰应对模型和求解算法进行了应用研究，为集装箱制造企业提供了更加科学合理的干扰应对方案，检验了理论研究的应用价值，将理论研究推广到实际应用。

本书内容属于运筹学、工业工程与人工智能的交叉与渗透，对有效应对实际生产中的频发干扰事件，构建更加科学实用的干扰应对模型和求解算法进行了有益探索，为生产调度中复杂干扰应对方案的制定提供了新思路和新方法，为加工制造企业的干扰事件应对提供了决策支持，有利于提高企业的干扰应对能力、决策效率和管理水平。本书的内容结构如下：

第 1 章　绪论。明确生产调度中干扰应对问题的产生和发展，分析具有恶化效应的生产调度和现有生产调度干扰应对方法，在此基础上明确本书的研究内容与篇章结构。

第 2 章　加工时间可控的新任务到达应对方法。针对计划外新任务到达，充分考虑恶化效应对加工过程的影响和工件加工时间的可控特性，采用“预案 — 反应”策略，构建同时优化加工成本和系统扰动的 Pareto 优化模型；根据模型特点，设计基于先验知识、多目标模拟退火和 NSGA-II 的新型多目标进化算法，以快速有效地求解这一大规模的干扰应对问题。

第 3 章　考虑多生产因素的新任务到达应对方法。在第 2 章的基础上，针对计划外新任务到达，充分考虑安排机器维护和加工可拒绝两类生产因素对提高干扰应对柔性的重要作用，采用“预案 — 反应”策略，分别构建两类生产因素与重调度集成优化的干扰应对 Pareto 优化模型，对加工成本和系统扰动目标同时进行优化；根据模型特点，设计基于先验知识、差分进化变异、禁忌搜索和 NSGA-II 的新型多目标进化算法，以快速有效地求解这一大规模的干扰应对问题。

第 4 章　考虑调度方案鲁棒性的随机机器故障应对方法。针对随机机器故障，根据企业的干扰应对需求，充分考虑机器故障的概率信息，采用“鲁棒式”策略，分别从同时优化加工成本和鲁棒性指标，以及鲁棒性的质量与风险的角度，构建基于无缓冲时间方式的机器故障应对 Pareto 优化模型；将基于支持向量回归的代理模型引入多目标进化算法，对调度方案的鲁棒性进行近似估计，有效降低仿真评价过程中的高昂计算代价，从而提高算法求解速度，保证干扰应对的实时性要求。同时，节省的运算代价用于对模型的解空间进行全局和局部搜索，提高所输出有效前沿的质量。

第 5 章　实际案例研究。以大连市某集装箱制造企业的生产系统干扰应对过程为背景开展实际案例研究。针对集装箱加工过程中的新增订单和随机设备故障，根据实际加工过程中的环境因素和干扰应对需求，分别采用前述干扰应对模型和求解算法进行应对方案生成。通过将所生成的方案与该企业原有应对方案的应对效果进行对比分析，验证所提出的干扰应对模型和求解算法的有效性及其应用价值。在此基础上，构建集装箱加工过程干扰应对的实时辅助软件原型系统，以期将本书的理论研究成果进行有效的应用转化。

感谢国家自然科学基金项目 (No.71501024, 71871148)、四川大学创新火花项目库项目 (No.2018hhs-47)、四川大学一流学科群“管理科学与国家治理”对我们研究工作的资助，责任编辑对本书内容的表述提出了很多宝贵的意见，谨致谢忱。

由于作者的学识水平有限，书中难免存在疏漏之处，诚恳地希望读者批评指正。

作　者

2018 年 4 月

目　录

图 目 录

表 目 录

主要符号表

符号	代表意义
n_O	原始工件数量
n_N	新到达工件数量
$\bar{p}_j$	工件 J_j 的正常加工时间
p_j	工件 J_j 的实际加工时间
α	所有工件的共同恶化率
t_j	工件 J_j 的实际开始加工时间
u_j	工件 J_j 的资源分配量
$\bar{u}_j$	工件 J_j 的资源分配量上界
b_j	工件 J_j 的加工时间压缩率
c_j	工件 J_j 的单位资源费用
e_j	工件 J_j 的拒绝费用
$\bar{C}_j$	工件 J_j 的原始完工时间
C_j	工件 J_j 的实际完工时间
T_j	工件 J_j 的虚拟延误时间
$\boldsymbol{B}$	随机机器故障的开始时刻
$\boldsymbol{D}$	随机机器故障的持续时长
π^*	原始最优调度方案
π	可行调度方案
$W_{\min}$	机器故障后新旧调度方案的匹配时长

第 1 章　绪　　论

1.1　生产调度中干扰应对问题的产生和发展

中国作为世界上最大的制造国，在过去的 30 年里，制造业规模增长了 18 倍，占 GDP 的比例高达 40%。然而，中国目前的制造业仍处于附加值低、创新能力弱和结构不合理的产业链中端，在整个产业价值链中扮演加工和组装为主的角色。随着中国人口结构变化和人力成本上升，如何有效地降低加工制造企业运营成本，为中国制造业带来高附加值，将是未来 30 年中国制造业的重要发展方向。"中国制造 2025" 已经拉开工业 4.0 的序幕，这使得动态的、实时优化的价值链成为现实，并带来成本、资源消耗等方面的最优化选择。

制造企业实时地从网上接受众多客户的定制数据，并通过网络协同配置各方资源、组织生产、向客户反馈，以及管理后续环节。为了实现各生产环节的无缝对接，需要进行合理的生产调度安排，从而有效提高机器设备的利用率、降低生产成本、提升客户满意度，同时提高企业的管理水平，并增强其市场竞争力。目前，快速有效的生产调度方案已经成为加工制造企业和众多学者争相研究的对象。然而，相关研究工作往往基于理想状态下的生产调度问题，忽略加工制造过程中可能出现的干扰事件。生产调度中典型干扰事件可以分为资源相关干扰事件和任务相关干扰事件。其中，资源相关干扰事件包括机器故障、机器维护、加工原材料的供给延迟和供给中断以及车间工人旷工等。任务相关干扰事件包括计划外新任务到达、加工任务取消、交货期提前或者延迟、工件优先级变化、任务重新返工与工件加工时间扰动等。

由于原始调度方案明确了所有加工任务的加工次序和开始—结束时刻，并且加工系统中原材料供应、交货期制定和加工资源配置等内、外部生产活动均以此为参照进行了具体安排，车间工人的绩效评价同样以此为基础进行了制定。干扰事件的发生将对上述过程造成消极影响，具体体现在两个方面：①增加了与调度方案的总完工时间和加工时间表长等相关的生产费用，以及工人加班费用、外包费用、额外资源消耗费用和运输费用等方面的成本；②对原始调度方案造成扰动影响，包含受扰任务完工时间的提前或者延误、加工次序的变化以及 "机器 — 任务" 的重新指派等。因此，如何在干扰事件发生后，快速有效地制定干扰应对方案以应对干扰事件，从而在优化生产成本的同时，有效降低干扰事件造成的扰动影响，将是一项极具现实意义的研究工作。

目前已有学者根据干扰事件的类型和不确定程度不同，采取了“预案 — 反应”[1] 和 “鲁棒式”[95] 两种策略进行生产调度干扰应对方案制定。前者主要用于应对不确定性信息难于获取的干扰事件，致力于干扰事件发生后实时进行受扰方案的重调度研究；而后者主要用于干扰事件不确定信息可获取的情形，聚焦于增强原始调度方案的鲁棒性。针对上述工作，相关学者已经取得部分成果[2,3,5,12−15]，然而研究中尚存以下不足。

(1) 现有研究通常假设工件的加工时间为固定常数[5]，而实际生产中受工人操作疲劳和设备老化磨损等环境特性影响，工件的实际加工时间往往呈现出“恶化效应”[8−11]。此外，分配额外的加工资源可以缩短工件的加工时间，进而可以缩短工件的完工时间、降低恶化效应的影响和提升客户的满意度。在干扰事件应对研究中考虑上述恶化效应的影响和工件加工时间的可控特性，有助于提高干扰应对的科学性和实用性，然而相关研究尚处于起步阶段[16−18]。

(2) 针对生产调度中干扰事件的影响，安排机器维护 (休息时间段) 以降低机器老化 (工人操作疲劳) 的影响、拒绝部分工件的加工 (外包加工) 以满足苛刻的时间约束要求，可以有效提高干扰应对的柔性。然而，鲜有学者将上述柔性生产因素引入干扰应对模型的构建。将上述生产因素与重调度进行集成优化，有助于制定更有效的干扰应对方案，这将是一项既有理论价值又有现实意义的研究工作。

(3) 针对随机机器故障，将其概率信息引入干扰应对模型，通过制定具有鲁棒性的调度方案能够有效降低机器故障对加工过程造成的扰动影响，然而相关研究尚处于起步阶段[21−23]。同时，为求解上述“鲁棒式”的干扰应对模型，基于仿真的求解过程往往要付出高昂的计算代价，如何采取有效的代理评价方式以提高求解效率和优化结果，将为上述干扰应对方案的快速生成和科学的干扰应对提供基本保证。

针对上述研究不足，本书将选取加工制造企业日常生产加工过程中普遍面临的源自市场需求的计划外新任务动态到达，以及源自企业生产过程的随机机器故障这两类典型干扰事件，开展具体的生产调度干扰应对模型和求解算法研究。充分考虑恶化效应和加工时间可控对加工过程的影响，从同时优化加工成本和系统扰动的角度进行 Pareto 优化模型的构建。其中，针对计划外新任务到达，采用“预案 — 反应”策略，分别构建机器维护和加工可拒绝与重调度的集成优化模型，从而提高干扰应对的柔性；针对随机机器故障，采用“鲁棒式”策略构建鲁棒调度模型，从而在机器故障发生后能够以较低的成本吸收干扰事件影响，以期尽快与原始调度方案匹配，从而提高干扰应对的效果。结合上述模型特点，设计基于模型结构性质相关先验知识、代理模型和混合优化机制的新型求解算法，以期为解决复杂干扰应对方案的制定难题提供新思路和新方法。最后，为了验证上述理论研究工作的科学合理性，将所构建的模型和算法应用到大连市某集装箱制造企业的干扰应对过程，以实际生产数据为支撑进行应用研究，并开发典型干扰事件应对的辅助软件原型系统，以期将理论研究成果进行有效的应用转化。

随着中国加工制造企业的不断发展和“中国制造 2025”的推进，生产调度中针对干扰事件的应对研究已经逐渐成为学术界和企业界共同关注的前沿问题。在加工制造企业的加工过程中，计划外新任务到达或随机机器故障发生后，如何快速有效地应对干扰事件并形成同时优化加工成本和系统扰动的应对方案，对于该领域理论的深化以及加工制造企业的发展都具有一定的意义。

理论层面上，本书提出的综合考虑恶化效应、工件加工时间可控特性、机器故障概率信息以及安排机器维护、加工可拒绝两类生产因素柔性作用的干扰应对模型及其求解算法，可快速有效地给出同时优化加工成本和系统扰动的干扰应对方案。本书的研究不仅有利于促进组合优化、智能优化等学科理论的交叉与渗透，提高决策的科学性和有效性，而且有利于丰富干扰管理的理论与方法，为物流配送、航空调度、钢铁铸造及医疗调度等领域干扰应对问题的研究提供一定的参考。

应用层面上，由于在加工制造过程中，受市场需求和企业内部不确定性影响，计划外新任务到达或随机机器故障频繁发生，因此本书的研究成果可以为加工制造企业的干扰事件快速应对提供决策支持。它不仅有利于增强企业处理干扰的能力，提高企业的决策效率，而且有利于提高其服务水平，促进加工制造业及其相关产业的发展。

1.2 具有恶化效应的生产调度

恶化效应源自生产加工过程中机器老化磨损以及车间操作人员疲劳等环境特性，导致加工效率下降从而造成工件的实际加工时间变长。具有恶化效应的生产调度问题广泛存在于钢铁、塑料、军事以及机械加工等行业。二十世纪九十年代，Browne 和 Yechiali[32] 较早研究了具有恶化效应的生产调度问题[32]。此后，这一问题一直是组合优化领域的热点与难点，引起了国内外学者的广泛关注[9,33,34,36]。

工件加工时间的恶化效应模型主要可以分为两类[34]：①位置相关 (positional)：工件的实际加工时间是其在加工时间表中的开始加工位置的非减函数；②时间相关 (time-dependent)：工件的实际加工时间是其在加工时间表中开始加工时间的非减函数。Gordon 等[33] 和 Janiak 等[36] 综述了两类恶化效应模型下生产调度问题的研究进展。Gawiejnowicz[35] 更加详细地总结了时间相关恶化效应的相关研究成果。Wang[37] 和 Yang[38] 研究了综合考虑时间相关和位置相关恶化效应的生产调度问题。

在具有恶化效应的生产环境下，为了增加生产调度过程的柔性，相关学者分别从生产过程的资金、场地和人员受限等角度，研究了资源分配加工时间可控的生产调度问题[40]；从设备因使用磨损导致加工效率下降的角度，研究了带有机器维护的生产调度问题[41,42]；从降低在制品库存并便于协调营销和生产决策等角度，研究了工件加工可拒绝的生产调度问题。

1.2.1 具有恶化效应和加工时间可控的生产调度

在很多生产环境中，工件往往具有弹性可变的加工时间，通过在生产过程中增加额外的人力、物力或财力等，能够在一定范围内对加工时间进行压缩和控制。这类排序问题也称为加工时间可控的调度问题[26,180]。自 Vickson 提出这一问题以来，众多学者开始着手这一富有挑战性课题的研究。在具有恶化效应的生产环境下，通过分配额外的资源以压缩加工时间可以进一步提高加工效率和调度质量。X. Wang 和 J. Wang[44] 在具有恶化效应的单机环境下，针对工件加工时间为资源分配量凸函数的情形，研究了最小化两类加工成本目标函数的生产调度问题。其中一类加工成本目标包含加工时间表长、总完工时间、总完工时间偏差和总资源消耗费用，另一类加工成本目标包含加工时间表长、总等待时间、总等待时间偏差和总资源消耗费用，分别给出了多项式时间算法。X. Wang 和 J. Wang[45] 在具有恶化效应的单机加工环境下，研究了对工件加工次序、资源分配量和工件交货期进行决策，以最小化交货期相关的调度性能指标和资源消耗费用的生产调度问题。Hsu 和 Yang[46] 在同时考虑恶化效应和加工时间可控的并行机环境下，进行了与 X. Wang 和 J. Wang[44] 类似的生产调度问题研究，不同之处在于将其中单机环境下的加工时间表长目标替换为并行机环境下所有机器的负载之和。Oron[40] 在具有恶化效应的单机生产环境下，分别针对资源费用为资源分配量的线性函数和凸函数的情形，研究了最小化加工时间表长与资源费用之和的生产调度问题。Yin 等[47] 在具有恶化效应的并行机生产环境下，同样针对资源费用为线性函数和凸函数两种情形，分别研究了最小化多种经典调度性能目标与资源消耗费用之和的生产调度问题。

1.2.2 具有恶化效应和带有机器维护的生产调度

在实际生产中机器的加工效率通常由于长时间使用磨损而降低，为恢复机器的加工效率，通常按一定计划为其安排维护[19]。Lodree 和 Geiger[48] 较早地在具有恶化效应的加工环境下，研究了在生产周期内带有单个固定机器维护时间段的最小化加工时间表长问题。S. Yang 和 D. Yang[49] 在具有恶化效应的加工环境下，研究了生产周期内存在多个机器维护时间段约束的最小化总完工时间问题。与将机器维护作为约束条件不同，Yang[38,50] 在综合考虑加工时间具有时间相关和位置相关恶化效应的环境下，研究了安排机器维护，其中机器维护开始时间和持续时间作为决策变量，从而最小化加工时间表长与总完工时间的生产调度问题。Rustogi

和 Strusevich[41] 在具有恶化效应的单机生产环境下，进一步研究了安排多次机器维护以最小化加工时间表长为目标的生产调度问题。在此基础上，Rustogi 和 Strusevich[177] 在恶化效应和学习效应共存的加工环境中，分别研究了安排机器维护以最小化加工时间表长以及总完工时间为目标的生产调度问题。Rustogi 和 Strusevich[42] 进一步在具有恶化效应的单机环境下，研究了安排多项机器维护活动以改变工件的恶化效应影响，其中机器维护时长依赖于其开始时间，从而最小化加工时间表长的生产调度问题。

1.2.3 具有恶化效应和加工可拒绝的生产调度

在资源受限和交货时间紧迫等情形下，生产调度问题的性能指标往往可以通过拒绝加工部分工件得到改善[20]，此时需要对拒绝工件集和接受工件的加工次序进行决策。Cheng 和 Sun[52] 在具有恶化效应的单机生产环境下，研究了允许拒绝加工部分工件，以进行包含加工时间表长、加权总完工时间、最大延误和拒绝费用在内的成本目标最小化问题。Li 和 Yuan[53] 在平行机环境下，根据机器数目是否固定，以及不同类型的调度性能指标 (加工时间表长、加权总完工时间和总完工时间)，研究了拒绝加工部分工件以最小化调度性能指标和拒绝成本的生产调度问题。Gerstl 和 Mosheiov[54] 同样在平行机环境下，针对工件加工可拒绝的情形，研究了拒绝加工部分工件以最小化加工时间表长和机器总负载等目标的生产调度问题。Zhao 等[43] 在考虑位置相关恶化效应的单机环境下，研究了拒绝加工部分工件和指派交货期以最小化调度性能指标与拒绝费用之和的生产调度问题。Zhang 和 Luo[55] 在具有相同类型恶化效应和工件加工可拒绝的平行机环境下，针对第一台机器带有固定机器维护区间的情形，研究了加工时间表长与拒绝费用之和的最小化问题。

1.3 生产调度干扰应对方法

1.3.1 生产调度干扰应对模型的构建

面对广泛存在的干扰事件，干扰应对研究作为一种有效应对干扰事件对运营系统正常运行造成影响的方法论[4]，长期以来受到航空调度[4]、物流配送[6,27,28]、生产调度[1,12,29] 和项目调度[30] 等领域科研人员与实践工作者的广泛关注。

生产调度中典型干扰事件分为资源相关干扰事件和任务相关干扰事件[5,24,57]。其中，资源相关干扰事件包括机器故障[31,58]、机器维护[59]、加工原材料的供给延迟和供给中断[176] 以及车间工人旷工[31] 等。任务相关干扰事件包括计划外新任务到达[1,178]、加工任务取消[61]、交货期提前或者延迟[176]、工件优先级变化[61]、任务重新返工[31] 与工件加工时间扰动[29] 等。

由于原始调度方案明确了所有加工工件的加工次序和开始—结束时刻，并且加工系统中原材料供应[29]、交货期制定[68]和加工资源配置[62]等内外部生产活动均以此为参照进行了具体安排，车间工人的绩效评价同样以此为基础进行了制定[5]。干扰事件的发生将对上述过程造成消极影响，具体体现在两个方面：①增加了与调度方案的总完工时间和加工时间表长等相关的生产费用，以及工人加班费用、外包费用、额外资源消耗费用和运输费用等方面的成本；②对原始调度方案造成扰动影响，包含受扰工件完工时间的提前或者延误[7,179]、加工次序的变化[62]以及“机器 — 工件”的重新指派[63,64]等。现有生产调度研究中大多对上述时间、次序相关扰动以及“机器 — 工件”的重新指派等扰动影响进行了定量度量。此外，还有部分学者从干扰事件对服务满意度造成消极影响的角度，基于模糊理论[66]或者前景理论[67]对扰动影响进行了定性度量。

本书在加工制造企业生产调度干扰应对模型和算法研究中，充分考虑生产实际中普遍存在的恶化效应和工件加工时间的可控特性[60]，基于“事件驱动”的快速响应方式[31]，针对计划外新任务到达，引入机器维护和加工可拒绝等柔性生产因素，采用“预案 — 反应”策略进行干扰应对模型构建；针对随机机器故障，充分考虑机器故障的概率信息和调度方案的鲁棒性，采用“鲁棒式”策略，进行无缓冲时间方式的应对模型构建，并设计基于先验知识和代理模型的多目标进化算法进行求解，为决策者提高多个可供选择的干扰应对方案。

1.3.1.1　基于“预案 — 反应”策略的干扰应对模型构建

根据干扰事件的类型和不确定程度，采用“预案 — 反应”干扰应对策略的相关研究分为资源相关的干扰应对方案研究和任务相关的干扰应对方案研究。

1) 资源相关的生产调度干扰应对

Bean 等[71]提出了针对机器故障等干扰事件的“预案 — 反应”干扰应对方法研究框架，在干扰事件发生后通过与原始加工时间表匹配的方式进行受扰工件集的重调度。Adiri 等[72]在单机生产环境下，针对生产过程中发生单次机器故障的情形，采用随机优化的方法研究了最小化延误工件数量的干扰应对问题。Liao 和 Chen[73]在单处理机环境下，针对频繁发生的机器故障，研究了如何安排安装时间，从而在给定交货期约束下有效降低机器故障概率的干扰应对问题。Qi 等[29]在单处理机环境下，针对机器故障或人力资源短缺等因素造成的机器中断，以及工件加工时间改变造成的工件干扰这两种类型的干扰事件，根据干扰信息能否提前预知，分别采用事前和事后干扰应对两种方式，研究了最小化总完工时间与系统扰动加权和的干扰应对问题。在 Qi 等[29]研究的基础上，相关学者从不同角度进行了扩展研究，主要进展总结如下。

第一，从优化不同调度性能指标的角度，王建军等[74]针对与 Qi 等[29]中类似的机器中断事件，研究了最小化加权折扣总完工时间与系统扰动的干扰应对问题，并设计了伪多项式时间算法进行问题求解。Liu 等[75] 针对与上述类似的干扰应对问题，采用 Pareto 优化的方式进行了模型构建，并设计改进了多目标进化算法求得了问题的有效前沿，为决策者提供多个可供选择的干扰应对方案。在此基础上，Liu 等[76] 针对机器中断事件，将受扰工件集进行部分外包，在降低干扰事件扰动影响的同时，研究了最小化加工成本和运输费用的干扰应对问题。Liu 和 Ro[77] 在单处理机环境下，针对机器故障，研究了最小化加工时间表长或最大延迟的同时，降低工件完工时间最大偏差的干扰应对问题，采用化目标为约束或线性加权的方式处理多目标。

第二，从工件加工时间可变的角度，Zhao 和 Tang[16] 在工件加工时间具有恶化效应的单处理机生产环境下，针对机器中断干扰事件，研究了最小化加工成本和系统扰动加权和的干扰应对问题。其中加工成本使用受扰工件的总完工时间进行度量，系统扰动使用受扰工件相对于原始调度方案的总延迟进行度量。Zhao 和 Tang[78] 在相同的具有恶化效应的加工环境下，研究了最小化加工成本和系统扰动加权和的干扰应对问题，其中系统扰动采用受扰工件相对于原始调度方案的总提前时间进行度量。

当上述干扰应对问题研究中的加工环境由单处理机扩展为平行机 (parallel)、流水作业 (flow shop) 以及车间作业 (job shop) 环境时，干扰应对模型变得更加复杂，也增加了求解的难度。Azizoglu 和 Alagoz[79] 在平行机加工环境下，针对单台机器上发生的设备故障，研究了最小化加工成本和系统扰动的干扰应对问题，其中加工成本使用工件的总完工时间进行度量，系统扰动使用干扰事件造成的“工件 — 机器”重新分配扰动进行度量。在此基础上，Lee 等[80] 考虑了在多台平行机之间运输工件的费用，研究了最小化加工成本和系统扰动的干扰应对问题，其中加工成本使用加权总完工时间和运输费用进行度量，系统扰动使用干扰事件造成的工件完工时间扰动进行度量。在类似的加工环境下，Tang 和 Zhang[81] 针对机器故障，对最小化加权总完工时间与完工时间扰动的干扰应对问题建立了混合整数规划模型，并设计了拉格朗日松弛算法进行求解。Ozlen 和 Azizoglu[63,64] 在并行机加工环境，使用“工件 — 机器”的重新分配扰动进行机器故障造成的扰动度量，使用受扰工件的总完工时间进行加工成本度量，针对相应的干扰应对模型，采用分支定界法求解了加工成本和系统扰动的 Pareto 最优解集，以及将双目标线性加权的最优解。Akturk 等[21] 在加工时间可控的并行机环境下，针对机器故障，研究了调整后调度方案与原始调度方案的匹配问题 (match up)，构建了给定匹配时间约束下最小化调度性能指标和资源费用的混合整数规划模型，并通过锥优化方法进行了模型转换和求解。

置换流水车间跟平行机最本质的区别在于每个工件需要依次经过多道工序的

加工处理。Akturk 和 Gorgulu[65] 在置换流水车间加工环境下，针对机器故障，研究了对原始调度方案中的未完工工件进行重调度，从而调整后的调度方案与原始调度方案尽快匹配的生产调度问题。在匹配时间点之后，工件的加工次序和完工时间与原始调度方案完全一致。李铁克等[3] 在混合置换流水车间 (hybrid flow shop) 环境下，针对机器故障，提出了新旧调度方案相对时间安排和机器指派一致性的扰动度量方法，从约束优化的角度建立干扰应对问题的动态约束满足模型，并提出了基于局部修复的重调度算法。庞新富等[82] 针对钢铁冶炼的“炼钢 — 连铸”过程中的机器故障，研究了最小化加工时间表长的混合置换流水车间干扰应对问题，并结合启发式规则和遗传算法进行了优化求解。Wang 和 Choi[83] 在混合置换流水车间环境下，针对机器故障，基于聚类方法研究了最小化加工时间表长的干扰应对问题。Katragjini 等[70] 和 Li 等[84] 在流水车间环境下，针对机器故障和工件相关干扰事件同时发生的情形，进行了有效应对干扰事件的干扰应对方法研究。

与流水车间环境不同，车间作业环境下每个工件的工序具有不同加工次序要求。Abumaizar 和 Svestka[58] 在车间作业环境下，针对机器故障，研究了最小化加工时间表长和系统扰动的干扰应对问题，其中系统扰动使用受扰工件相对于原始调度方案的完工时间偏差和加工次序偏差进行度量，并提出受扰工序调度算法 (Affected Operations Algorithm，AOR) 进行问题求解。Wong 等[85] 在车间作业环境下，针对机器故障和新工件到达干扰事件，研究了最小化加工时间表长和系统扰动的干扰应对问题，其中系统扰动采用工件起始加工时间偏差和“机器 — 工件”重分配造成的扰动费用进行度量，并提出了基于多代理的在线混合协商方法进行干扰应对。Dong 和 Jang[86] 在车间作业环境下，针对机器故障，研究了最小化平均延误、平均流时间、加工时间表长和稳定性的干扰应对问题，提出 AWI-J 和 AWI-O 两种启发式重调度方法，并通过与 AOR 方法的重调度效果对比分析，验证所提方法的有效性。刘乐和周泓[12] 在开放式车间 (open shop) 环境下，针对机器持续不可用干扰事件，研究了最小化重调度性能水平和稳定性的干扰应对问题，其中重调度水平使用加工时间表长进行度量，重调度的稳定性使用工序序位和完工时间偏差量进行度量，提出了基于右移、受影响工序调度和全局重调度策略的三种重调度方法，并对三种调度方法的性能和适用情形进行了量化分析。

2) 任务相关的生产调度干扰应对

资源相关干扰事件产生于生产系统内部，而任务相关干扰事件产生于生产系统外部，其中计划外新任务到达直接反映了市场需求的不确定性，引起了相关学者的广泛关注[1,17,87]。Unal 等[87] 在考虑工件安装时间和给定交货期的单处理机加工环境下，针对计划外新工件到达，研究了如何将新工件插入原始调度方案，从而在不增加额外安装时间和不存在完工时间延误的前提下，分别最小化加权总完工时间和新工件最大完工时间的生产调度干扰应对问题。Hall 和 Potts[1] 在单处理机环境下，针对计划外新工件到达，研究了最小化不同调度性能指标和扰动指标的生产调度干扰应对问题，其中调度性能指标包括最大延误和总完工时间，扰动指标包括工件次序扰动和完工时间扰动。对双目标的处理采用了双目标线性加权以及化扰动目标为约束的方式，并设计了相应的多项式时间算法或证明该问题多项式时间内不可解。在此基础上，Hall 等[88] 在单处理机环境下，针对多次计划外新工件到达干扰事件，研究了最大完工时间偏差约束下对最大延迟进行优化的生产调度干扰应对问题，并设计了近似算法和分支定界算法进行问题求解。不同于计划外新工件到达，Hall 和 Potts[89] 在单处理机加工环境下，针对工件延迟到达干扰事件，在最大完工时间扰动约束下分别研究了加权总完工时间、加工时间表长、最大延误和总完工时间最小化的生产调度干扰应对问题，并设计了求解相应问题的优化算法和近似策略。Liu 和 Zhou[17] 在恶化效应和学习效应并存的单处理机加工环境下，针对计划外新工件到达，研究了同时优化加工时间表长和受扰工件次序扰动的生产调度干扰应对问题，并设计了相应的多项式时间算法进行了问题的求解。

在平行机加工环境下，Curry 和 Peters[90] 考虑了机器具有就绪时间和工件延误费用梯度递增的情形，针对计划外新工件到达干扰事件，研究了最小化总延迟费用和“工件 — 机器”重分配费用的生产调度干扰应对问题，设计了基于列生成过程的分支定价优化算法进行问题求解。Liu 和 Zhou[91] 在平行机环境下，针对返工工件到达干扰事件，研究了最小化总完工时间与“工件 — 机器”重新分配数量的干扰应对问题，并设计了多项式时间算法进行求解。

在混合流水车间 (hybrid flow shop) 环境下，Caricato 和 Grieco[92] 针对计划外新工件到达干扰事件，研究了如何在给定加工成本约束，将新到达工件插入原始调度方案，从而最小化完工时间延迟的干扰应对问题。Weng 等[93] 在考虑准时化 (just-in-time, JIT) 生产的混合流水车间环境下，针对动态新工件到达干扰事件，研究了最小化总延误和总提前时间的生产调度干扰应对问题，提出了基于分布计算的工件加工路径选择策略，并将其引入已有指派规则以进行应对新工件动态到达事件的准时化生产。在流水车间加工环境下，王建军等[67] 针对计划外新工件到达干扰事件，在扰动度量时充分考虑行为主体的“有限理性”行为，研究了最小化加工成本和系统扰动的生产调度干扰应对问题。其中加工成本使用总完工时间进行度量，系统扰动使用基于前景理论分析的企业管理者、车间工人和客户不满意度进行度量，并设计了改进的多目标进化算法对问题进行了求解。

在车间作业环境下，Moratori 等[23] 针对新工件到达干扰事件，采用插入空闲时间的匹配时间策略进行最小化调度性能指标和稳定性指标的生产调度干扰应对研究。其中调度性能指标包括工件的平均加权延迟、延迟工件数、总安装时间、机器的总空闲时间和加工时间表长，稳定性指标包括工件的开始加工时间偏差和相对次序扰动。Nie 等[94] 在给定工件交货期的车间作业加工环境下，针对计划外新工件到达，研究了最小化加工时间表长、平均流时间和平均延误的生产调度干扰应对问题，提出了基于基因表达式程序设计的干扰应对策略自动生成方法。

1.3.1.2 基于“鲁棒式”策略的干扰应对模型构建

“鲁棒式”干扰应对策略和“预案 — 反应”干扰应对策略具有本质区别：“预案 — 反应”主要针对不确定信息无法预知的干扰事件，因此重点在于干扰事件发生后的有效重调度；“鲁棒式”针对不确定信息可获取的干扰事件，主要聚焦于增强原始调度方案的鲁棒性，其相关研究涉及了鲁棒性指标 (robustness objective) 度量、鲁棒式调度方式选择以及调度性能和鲁棒性权衡三个方面。下面将对这三个方面的研究进展分别进行综述。

1) 鲁棒性指标度量

基于“鲁棒式”干扰应对策略的生产调度干扰应对方法研究需要首先确定衡量原始调度方案与实际调度方案之间偏差[95]的鲁棒性指标。根据不确定性干扰信息的不同表达方式，鲁棒性指标可以归纳为基于概率信息的调度性能期望[96]和基于情景的性能最差值[97]两类，分别适用于风险中性和风险规避决策者的干扰应对模型构建。

由于很难建立鲁棒性指标的解析表达式，目前主要采用仿真方法和替代度量 (surrogate measure) 方法进行鲁棒性指标的评价。其中，仿真方法主要根据干扰事件的概率分布等信息对一系列的干扰发生情景进行模拟，并基于不同情景下的指标结果进行具体调度方案的鲁棒性评价。Chaari 等[98]在混合流水车间加工环境下，针对工件加工时间在不同机器的不同加工阶段的不确定性，研究了同时最小化原始调度方案的加工时间表长，以及不同干扰情景下调整后的调度方案相对于原始调度方案的加工时间表长偏差。仿真方法可以较为真实地对调度方案的鲁棒性进行评价，然而具有高昂的计算代价 (expensive computation burden)。为弥补上述不足，替代度量方法利用工件开始时间的松弛时间等其他相关指标对调度方案的鲁棒性进行替代估计，该方法具有较小的计算代价。Xiong 等[99]在柔性车间作业环境下，针对随机机器故障，研究了同时优化加工时间表长和鲁棒性的鲁棒式干扰应对问题。其中，鲁棒性使用实际调度方案与计划调度方案的最大完工时间相对偏差的期望进行度量。基于机器故障的不可用信息，提出了分别考虑故障概率信息以及操作浮动时间和机器故障位置的两种鲁棒性替代度量方法。通过基于 Benchmark 算例的数值实验对比，验证了两种替代度量方法的有效性。

除基于松弛时间的替代度量方法之外，仍有学者研究了其他类型的替代度量方法。Jensen[100,101]提出一种基于邻域的替代度量方法。该方法的目的在于优化与某个中心调度邻近的调度方案的性能，从而求解一个位于“宽峰”(broad peak) 的调度方案，使得以该方案为中心的邻近调度方案拥有良好的性能，以期干扰发生后邻近的调度方案可有效地代替执行，从而增加调度方案的鲁棒性。实验表明利用此替代度量方法得到的调度方案在很多情况下优于其他鲁棒式调度方法得到的结果。Karri 等[102] 根据调度方案在每种可能干扰情景下的受影响程度大小，将这些干扰情景分为四级，而鲁棒性指标则由某级或某些级中干扰情景所占情景总数的比例进行替代度量。

2) 鲁棒式调度方式选择

现有 "鲁棒式" 干扰应对研究中，主要采用插入缓冲时间 (buffering)[103] 与非插入缓冲时间 (no-buffering)[98] 方式进行鲁棒性调度方案的制定。插入缓冲时间的鲁棒调度方式通过向调度方案中插入空闲时间，来吸纳干扰事件对调度方案造成的扰动影响。该方式在提高调度方案鲁棒性的同时，降低了加工资源的利用率。Mehta 和 Uzsoy[69] 在车间作业环境下，针对随机机器故障，研究了可接受的最大延迟期望约束下，采用插入缓冲时间的方式最小化鲁棒目标的生产调度干扰应对问题。其中鲁棒目标使用工件完工时间提前与延迟之和进行度量。Liu 等[103] 在单处理机加工环境下，针对随机机器故障，采用工件加工次序与缓冲时间长度集成决策的方式，研究了同时优化总加权延迟和鲁棒性指标的生产调度干扰应对问题。Goren 和 Sabuncuoglu[104] 在单处理机加工环境下，针对随机机器故障，根据机器故障和机器维护的概率信息对鲁棒目标和稳定性目标进行替代度量，设计了基于禁忌搜索的启发式算法进行问题求解。Goren 和 Sabuncuoglu[105] 在与上述相同的加工环境下，同时考虑了随机机器故障和工件的随机加工时间。在对原始调度方案的鲁棒目标和稳定性目标进行替代度量之后，分析了有效解的占优指派规则和鲁棒目标的有效下界，并在此基于上设计了分支定界法和更加高效的过滤束搜索算法进行问题求解。Cui 等[106] 在单机环境下针对机器故障，采用插入缓冲时间与带有机器维护的集成优化方式进行同时考虑调度方案鲁棒性和稳定性的鲁棒调度问题研究，并设计了三阶段的启发式算法进行问题求解。最后通过数值实验验证了方法的有效性。

相对于插入缓冲时间方式带来的加工资源浪费，非插入缓冲时间方式对资源的利用更加充分，并且强调通过智能优化等方法确定鲁棒性调度方案的最优资源分配和工件加工次序[175]。Chaari 等[98] 在混合流水作业环境下，针对工件在每个阶段每台机器上加工时间的不确定性，研究了同时最小化原始调度方案的加工时间表长，以及调整后的调度方案相对于原始调度方案的加工时间表长偏差的鲁棒调度问题，并设计了遗传算法进行问题求解。Liu 等[107] 在置换流水车间环境下，针对不确定的工件加工时间，研究了最大完工时间不超出预期完工时间概率的鲁棒调度问题。上述研究大多对调度方案的鲁棒性和稳定性进行量化处理[104,105,108]，而 Ghezail 等[109] 则从定性的角度进行了鲁棒式干扰应对方法研究，利用图解表示法分析了调度方案在不同机器故障干扰情景下的调度性能。图解表示法中的二维图像直观地展示了调度方案在不产生延迟的情况下所能吸收最大干扰的范围，三维图像则展示了干扰发生后对调度性能产生的影响。最后通过流水车间算例求解分析了该方法相对于量化处理方法的优势。

3) 调度性能和鲁棒性权衡

"鲁棒式" 干扰应对通常涉及原始调度性能指标和鲁棒性指标，各指标的优先级需要决策者根据实际需求确定。常见的处理方式是对多个目标进行加权处理，并根据实际需求对不同目标赋予权重[104,105]；或者将某个目标转化为约束条件，即给定某一个目标的上界 (或下界)，在此基础上优化剩余目标[110]。Briskorn 等[110] 在单处理机加工环境下，采用插入缓冲时间方式进行最小化调度性能和鲁棒目标的鲁棒式干扰应对研究。其中调度性能使用最大完工时间进行度量，鲁棒目标使用最小加权空闲时间进行度量。对双目标的处理采用了化目标为约束的处理方式，通过设定目标约束进行两个目标的权衡。Goren 和 Pierreval[111] 针对混合流水车间环境下干扰应对问题，提出一种两阶段的目标权衡处理框架，在第一阶段利用多峰优化 (multimodal optimization) 方法求得满足某个调度性能指标 (如最大完工时间) 要求的多样性解集；在第二阶段中决策者按照次要关注点 (side concerns) 选择满意的调度方案。这里，次要关注点对应决策者对调度方案的鲁棒性与稳定性要求。

1.3.2 干扰应对模型的求解算法

生产调度中干扰应对模型的求解算法可以大致分为精确型优化算法、启发式 (heuristic) 优化算法和人工智能决策算法[5,24]。精确型优化算法和启发式优化算法基于数学优化理论、启发式规则以及仿生原理等，能够在相对有限的计算时间内求出干扰应对模型的最优解 (集) 和近似最优解 (集)，因此成为生产调度干扰应对模型的主流求解算法，并且不同的优化算法具有各自的优势和适用范围[5]。人工智能决策算法包括知识系统、案例推理和模糊逻辑等方法，用于对干扰事件发生后的干扰应对过程进行智能决策[24]。知识系统和案例推理致力于充分利用生产管理专家和车间调度人员的主观经验与知识，通过对生产环境和干扰事件的特征分析，得出满意的干扰应对方案。模糊逻辑算法使用模糊集对生产过程中干扰事件的模糊性质进行描述，并通过建立模糊规则对干扰事件的应对时机和应对方法进行决策。这里将对求解干扰应对模型的精确型优化算法和启发式优化算法的研究进展进行综述。

1.3.2.1 精确型优化算法

精确型优化算法包括基于调度问题最优指派规则的动态规划、基于数学模型的分支定界法和锥优化方法等，适用于求解小规模生产调度问题。

Qi 等[29] 在单处理机加工环境下，针对机器干扰造成的不可用加工区间，研究了同时优化调度性能指标和系统扰动加权和的干扰应对问题，证明了不可用区间前后的工件加工次序分别满足 SPT 规则，并以此为基础设计了伪多项式时间的动态规划算法求得了问题的最优解。针对类似的干扰事件，Zhao 和 Tang[16,78] 在工件加工时间具有恶化效应的单处理机加工环境下，分析得出了不可用区间前后的工件满足类似的性质，并设计了动态规划算法进行问题求解。Liu 等[76] 采用加工服务外包的方式，研究了针对计划外新工件到达的干扰应对问题，并设计了动态规划算法对外包工件集的分批和配送进行集成优化。

针对并行机环境下的机器故障，Ozlen 和 Azizoglu[63,64] 建立了 0-1 整数规划模型。同时，针对系统扰动约束下的调度性能优化问题和调度性能约束下的系统扰动优化问题，设计了多项式时间的分支定界算法进行了问题求解，并在此基础上设计了求解 Pareto 优化问题有效前沿的分支定界算法。针对单处理机的不确定加工环境，Goren 和 Sabuncuoglu[105] 研究了同时优化调度方案鲁棒性和稳定性的干扰应对问题。通过分析解空间的占优指派规则，建立相应的决策树，设计了分支定界算法求得问题的全局最优解。

基于非线性混合整数规划模型和锥优化方法的最新研究成果，Turkcan 等[112]、Akturk 等[21]、Gürel 等[22] 以及 Gürel 和 Cincioğlu[113] 针对加工时间可控且资源消耗费用为资源分配量非线性函数的生产调度干扰应对问题，采用 0-1 变量和连续变量对工件的加工次序和资源分配量等进行表示，构建了不同类型的非线性混合整数规划模型。通过将目标函数中的非线性部分进行锥优化处理转换为约束，能够进一步提高算法的求解性能。

综上所述，精确型优化算法目前主要用于求解单处理机和平行机等相对简单生产环境下的干扰应对问题，并且对于问题的结构具有较高要求。虽然该算法能够求出干扰应对问题的 (Pareto) 最优解，但是其普适性较低。并且，随着问题规模的不断增大，精确型优化算法的运行时间往往出现非线性增长，很难满足求解大规模干扰应对问题的实时性要求。

1.3.2.2 *启发式优化算法*

启发式优化算法主要包括启发式规则和元启发式算法[24]。该算法能够在较短时间内求得相对满意的有效解。然而，随着加工环境复杂性和干扰事件不确定性的增加，单类型的启发式算法往往无法对干扰应对问题进行有效求解，集成不同类型算法的优势设计混合启发式算法已经成为目前的研究热点和趋势[75,83]。下面对相关研究分别进行综述。

1) 启发式规则

启发式规则包含右移 (right-shift) 受扰工序、受影响工序重调度[58]、将新到达工件安排至队尾加工[70] 以及计算工件优先级的指派规则[114] 四种。Yamamoto 和

Nof[115] 研究了智能制造车间的实时控制问题，比较了干扰事件发生后基于分支定界法的完全重调度、指派规则和右移受扰工序，通过数值实验验证了右移受扰工序相对于其他方法的求解效率和求解有效性。针对基于缓冲时间方式的"鲁棒式"干扰应对问题，已有学者在单处理机环境下使用右移受扰工序的方法对机器故障进行及时响应[116]。Abumaizar 和 Svestka[58] 在车间作业环境下针对机器故障，比较了受影响工序调度、完全重调度和右移受扰工序的求解效果，并分析得出受影响工序调度可以有效克服完全重调度造成较高计算复杂性的不足，以及右移受扰工序造成较大系统扰动的不足。

使用优先级指派规则进行干扰事件的应对具有低运算代价的优点，在动态和随机车间环境下得到了广泛应用[114,117]。结合具体的加工环境、优化目标和不确定干扰事件，现有研究主要使用仿真方法来比较分析不同指派规则求解干扰应对问题的优劣和适用场景[118]。为有效应对动态干扰事件，Ramasesh[117] 在车间作业环境下、Rajendran 和 Holthaus[114] 在流水车间环境下，比较分析了经典调度性能目标的最优指派规则 (SPT、EDD)、基于加工系统参数的复合指派规则等的求解结果，得出了如下结论用于指导指派规则的选择：机器负载要求较高时基于加工时间的指派规则表现更优，而机器负载要求较低时基于交货期的指派规则表现更优。在动态车间作业环境下通过仿真方式进行指派规则的评价比较还见诸于 Shafaei 和 Brunn[119] 等的相关研究。

2) 元启发式算法

用较高的计算代价对干扰应对问题进行更为有效的求解[120]。元启发式算法通过设计高层启发式规则，引导算法的局部搜索跳出局部最优。局部搜索限定于在当前解的邻域中进行，从当前初始解出发按给定的邻域移动操作 (move operator) 逐步迭代，搜索比当前解更优的解。当无法找到更优的解时，搜索过程停止并输出当前最优的解，即局部最优。元启发式算法或者通过依概率接受劣解，或者通过种群自适应性的初始化达到引导搜索过程跳出局部最优的目的。

元启发式算法中的典型代表为遗传算法、模拟退火算法、禁忌搜索算法、粒子群算法和差分进化算法等，在生产调度干扰应对问题中均得到了成功应用[24]。生产调度干扰应对问题包含加工成本和系统扰动等多个优化目标，且大多数问题的计算复杂性为 NP 困难[24]。对于这些难题，相对于适用于多目标归一化后的单目标元启发式算法，基于 Pareto 优化的多目标进化算法能够一次运行给出问题的多个有效解，供决策者根据自身偏好和生产约束在加工成本和系统扰动之间进行有效权衡，成为求解生产调度干扰应对问题的有力工具[121−124]。

3) 混合优化算法

随着生产调度问题复杂性和干扰事件不确定性的增加，单独依靠启发式规则往往无法对问题进行有效求解，而单类型的元启发式算法容易出现局部收敛和收敛速度慢等不足。特别在不确定和动态环境下，需要使用仿真方法对个体进行评价，从而有效引导算法搜索具有鲁棒性的生产调度方案。此时个体评价的高昂计算代价的缺陷变得尤为突出。针对这些问题，解决算法局部收敛的途径是有效权衡全局搜索 (exploration) 和局部搜索 (exploitation)，综合不同类型算法的优势设计混合算法，并充分利用干扰应对问题相关的先验知识对算法搜索进行有效引导[125−127]；而解决高昂计算代价的途径是利用算法搜索过程的历史数据构建代理模型 (surrogate model)，对个体适应度值进行评价，降低仿真评价过程的计算代价，提高算法的求解效率[128−130]。下面对相关研究分别进行评述。

第一，平衡全局搜索和局部搜索的相关研究：实现元启发式算法全局搜索和局部搜索之间平衡的重要途径为不同的算法搜索机制之间的混合[51,131,132]。Tang 等[133] 针对混合置换流水车间中的计划外新工件到达，综合使用指派规则和神经网络模型来研究调度规则的优化。其中神经网络样本训练过程通过 DBD (delta-bar-delta) 方法进行优化，从而加强算法的局部搜索能力并加快收敛过程。数值实验验证了神经网络训练结果相对于单纯使用指派规则的有效性。刘明周等[134] 将车间作业环境中的扰动分为显性扰动和隐性扰动，设计了不同的重调度驱动规则。为降低机器的空闲时间，他们提出待加工工件的选取规则，将模拟退火准则与粒子群算法进行混合。在粒子群算法的全局搜索框架下使用模拟退火准则加强局部搜索，从而对干扰应对问题进行有效求解。Wang 和 Choi[83] 在混合流水车间生产环境中面临随机机器故障，利用邻域 K-均值聚类算法对机器进行划分从而对问题进行分解，综合使用 SPT 指派规则和遗传算法对分解后的问题进行了求解。Hosseini 和 Tavakkoli-Moghaddam[135] 在双机置换流水车间环境中，利用模拟退火算法跳出局部最优的优势与遗传算法进行混合，求解了新工件在给定时间窗内随机到达的干扰应对问题。Zhang 等[127] 在车间作业环境下，针对组合发生的随机机器故障和新工件到达，采用禁忌搜索和遗传算法的混合设计了进化算法，通过对数值算例的求解验证了该混合算法相对于经典指派规则和元启发算法的有效性。Qiu 和 Lau[136] 针对车间作业环境下工件动态到达的干扰应对问题，通过将经典指派规则和人工智能免疫系统混合的方式，从多目标优化的角度对问题进行了求解。Li 等[84] 针对流水车间环境中机器干扰和四种不同类型的工件干扰事件，将基于贪婪思想的局部搜索集成到离散讲授/学习优化 (discrete teaching-learning-based optimization) 算法的全局框架内，从加强局部搜索能力的角度对算法性能进行改进，并通过数值实验验证了算法的搜索能力、鲁棒性和执行效率。Tang 等[137] 为求解炼钢–连铸生产过程中的干扰应对问题，设计了新的变异机制对差分算法进行改进，从而增强算法的局部搜索能力。并且，在动态事件发生后，充分利用上一代种群信息来生成新的初始种群，从而提高算法的求解速度和求解质量。

这里需要特别指出，基于解之间支配关系的非支配排序遗传算法 NSGA-II [138] 具有快速逼近最优有效前沿的优势，自提出以来得到了组合优化、工程管理和生产管理等领域学者的广泛关注，并在生产调度及干扰应对问题求解上取得了一系列成功应用[139]。然而面对生产调度干扰应对问题，受问题特点和环境复杂性等因素的影响，NSGA-II 在搜索过程中容易出现局部收敛的缺陷[144]。在单机环境下对于最优化加权折扣完工时间和的加工时间表，Liu 等[75] 针对机器干扰事件，利用量子算法对 NSGA-II 从增强种群多样性的角度进行了改进，验证了混合算法应对机器干扰的有效性。以上平衡全局搜索和局部搜索相关研究的共同特点为：混合以后的算法相对单一的启发式规则或者元启发式算法，呈现出更优的求解性能，所得有效前沿的多样性和收敛性均得到了改善。

第二，利用调度问题先验知识和代理模型的相关研究：已有学者利用加工次序或决策者对目标函数偏好等先验知识研究提高优化算法的搜索性能[125,140]。Xiong 等[99] 在车间作业环境中针对随机机器故障，建立加工次序相关知识的提取和管理模块，增强 NSGA-II 算法对于鲁棒目标和调度性能目标的优化搜索性能。当采用“预案 — 反应” 干扰应对策略求解生产调度干扰应对问题时，需要对问题快速求解以保证干扰应对的实时响应的要求。然而在不确定环境下，通过仿真方法对多目标智能优化算法的个体进行评价比较耗时，具有高昂的运算代价[129]。为有效解决这一问题，现有学者研究了基于代理模型的进化算法，采用多项式回归、高斯回归和神经网络等代理模型，对进化过程中耗时的真实适应度值计算进行估计，在提高算法搜索效率的同时可以保证搜索质量[128,130]。因此基于代理模型的进化算法在复杂优化、动态优化以及带约束优化等高昂运算代价问题的求解上得到广泛应用[142,143]。Regis[141] 通过构建线性回归和径向基函数集成的代理模型，设计了基于代理模型的遗传规划算法，对带约束的高运算代价黑箱优化问题进行了求解。Liu 等[142] 针对中等规模的高运算代价优化问题，设计了以高斯过程作为代理模型的多目标进化算法。Horng 等[143] 针对实时随机组合仿真优化问题，设计了基于人工神经网络代理模型的文化基因算法。基于问题先验知识和代理模型的进化算法成功求解了部分经典生产调度问题，然而在考虑实际加工环境和调度柔性的生产调度干扰应对算法研究中，上述算法设计思路尚处于起步阶段。

1.3.3　小结

生产调度中的干扰应对模型和求解算法相关研究大多假定工件加工时间为固定常数，考虑恶化效应和加工时间可控特性的干扰应对模型和算法研究尚处于起步阶段；安排机器维护和工件加工可拒绝等生产因素能够有效提高干扰应对的柔性和有效性，也较少被用于干扰应对模型的研究；“鲁棒式” 干扰应对策略可以根据干扰事件的概率信息和先验知识制定具有鲁棒性的调度方案，在干扰事件发生后对受扰方案进行简单局部调整即可有效应对干扰，却鲜有研究从无缓冲时间方式的“鲁棒式”干扰应对视角展开；基于代理模型的适应度评价方式可以有效降低仿真评价的计算代价，引入先验知识引导搜索过程可以加快算法收敛速度和提高求解质量，相关研究也有待开展。具体如下。

1) 具有恶化效应和加工时间可控的干扰应对模型构建

加工制造过程中普遍存在着工人操作疲劳和机器老化磨损导致的恶化效应现象，具有恶化效应的生产调度问题作为研究热点，已经取得了众多研究成果[9,33,34]。分配加工资源以缩短工件加工时间是实际生产调度中缩短交货时间、提高调度性能的有效方式，在生产调度研究中引起了相关学者的广泛关注[40]，也必然会在干扰事件的应对中发挥重要作用。在具有恶化效应和加工时间可控的生产环境下，如何有效应对干扰事件的影响，是本书重点研究的首要内容。

2) 引入多生产因素和考虑机器故障概率的干扰应对模型构建

安排机器维护以降低恶化效应的影响和拒绝部分工件的加工以缩短完工时间作为提高生产调度柔性的生产因素[41−43]，需要在干扰应对模型的构建中予以充分考虑以提高干扰应对的柔性；基于机器故障概率信息构建具有鲁棒性的调度方案以提高应对机器故障和降低系统扰动的能力，也是在干扰应对模型构建中值得着重考虑的一个方面。

3) 生产系统干扰应对模型的求解算法

由于干扰应对模型涉及多个优化目标，现有的处理方式主要是把多目标转化为单目标进行求解，这种方式难于兼顾多方利益。此外，由于干扰应对模型的高度复杂性，现有求解算法针对规模较小的问题，能够在较短时间内得到同时优化加工成本和系统扰动的方案。但是，当问题规模较大时，往往需要花费很长时间。考虑到生产调度干扰应对的实时性要求，需要快速有效地给出干扰应对方案。因此，有必要提出新的多目标 Pareto 优化算法进行问题求解，在有效兼顾多方利益的同时，提高对大规模复杂优化问题的求解效率和质量。

1.4 本书的研究内容

为了快速有效应对加工制造企业生产加工过程中普遍面临的计划外新任务到达和随机机器故障两类典型干扰事件，在优化加工成本的同时，降低干扰事件造成的扰动影响，本书将阐述作者在生产系统干扰应对模型和求解算法方面的研究成果，从而为决策者提供多个可以在加工成本和系统扰动之间进行权衡选择的干扰应对方案。具体内容将基于如图 1.1 所示的思路阐述。

具体研究内容如下：

(1) 针对计划外新任务到达，充分考虑加工过程中的恶化效应和工件加工时间可控特性对加工过程的影响，采用“预案 — 反应”策略，进行同时优化加工成本和系统扰动的生产调度干扰应对模型和求解算法研究，以期生成多个可以供决策者根据偏好在加工成本和系统扰动之间进行权衡选择的新任务到达应对方案。

(2) 在 (1) 的基础上，进一步考虑安排机器维护和加工可拒绝这些生产因素对提高干扰应对柔性的重要作用，根据干扰应对的实际加工环境，分别进行安排机器维护与重调度集成优化，以及加工可拒绝与重调度集成优化的生产调度干扰应对模型和求解算法研究，从而进一步提高所生成的新任务到达应对方案的柔性和企业干扰应对的水平。

(3) 针对随机机器故障，充分考虑机器故障的概率信息，采用“鲁棒式”策略，构建考虑调度方案鲁棒性的生产调度干扰应对模型和求解算法。具体包括根据干扰应对的实际需求，分别从同时优化加工成本与鲁棒性指标，以及优化鲁棒性指标的质量与风险的角度，进行随机机器故障应对模型和求解算法研究，从而为决策者提供多个可以根据实际偏好进行权衡选择的随机机器故障应对方案。

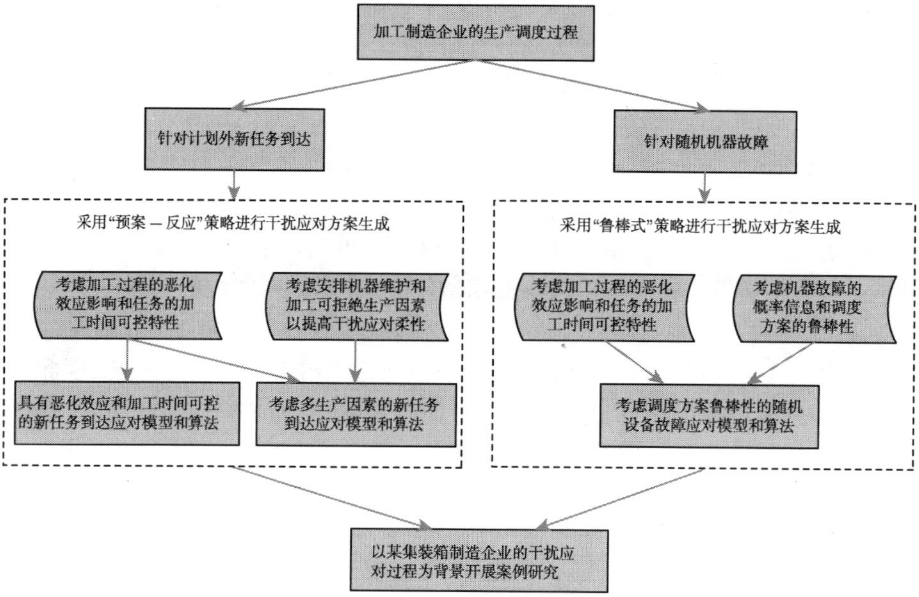

图 1.1　篇章结构

(4) 为了检验本书理论研究工作的科学合理性，选取大连市某集装箱制造企业的生产调度干扰应对过程为背景开展实际案例研究。针对该企业实际生产过程中面临的新任务到达和随机机器故障，结合实际生产环境特点和企业的干扰应对需求，应用 (1)—(3) 所提出的干扰应对方法进行干扰应对方案生成。通过与经验方式得到干扰应对方案进行对比分析，验证本书理论研究工作的有效性及其应用价值。

在此基础上，构建用于干扰应对的实时辅助软件原型系统，以期将本书的理论研究成果进行有效的应用转化。

根据本书的研究思路和研究内容，具体结构安排如下：

第 1 章　绪论：明确生产调度中干扰应对问题的产生和发展，分析具有恶化效应的生产调度和生产调度干扰应对方法的研究现状，在此基础上明确本书的研究内容与研究思路。

第 2 章　加工时间可控的新任务到达应对方法：针对计划外新任务到达，考虑恶化效应的影响和工件加工时间的可控特性，采用“预案 — 反应”策略构建干扰应对 Pareto 优化模型，并设计算法进行快速有效求解，为后续更加复杂环境下的干扰应对模型和算法研究奠定基础。

第 3 章　考虑多生产因素的新任务到达应对方法：针对计划外新任务到达，在考虑恶化效应影响和加工时间可控特性的基础上，分别引入安排机器维护和加工可拒绝两类生产因素以提高干扰应对的柔性，构建生产因素与重调度集成优化的干扰应对 Pareto 优化模型，并设计算法进行快速有效求解，为生产调度中的干扰应对方案生成提供集成优化的新思路。

第 4 章　考虑调度方案鲁棒性的随机机器故障应对方法：针对随机机器故障，在考虑恶化效应影响和工件加工时间可控特性的基础上，采用无缓冲时间方式的“鲁棒式”策略进行干扰应对预案 Pareto 优化模型的构建，为加工过程提供具有鲁棒性的调度方案，提出基于代理模型和先验知识的求解算法，为生产调度中快速实时的干扰应对预案的制定提供新方法。

第 5 章　实际案例研究：选取大连市某集装箱制造企业的生产调度干扰应对过程为背景开展案例研究。通过将本书所提出的干扰应对模型和求解算法应用到该企业干扰应对过程中的方案生成，检验所提出的模型和算法的科学性和有效性，以及相应理论研究的应用价值。

第 2 章　加工时间可控的新任务到达应对方法

本章针对新任务到达，构建了具有恶化效应和加工时间可控的多目标 Pareto 优化模型，给出了基于先验知识、多目标模拟退火和 NSGA-II 的新型高效求解算法，为生产调度中新任务到达应对方案的制定提供了科学有效的理论工具和方法支撑。

该模型充分考虑恶化效应对加工过程的影响和工件加工时间的可控特性，采用"预案 — 反应"策略，提升了干扰应对模型研究的科学性和实用性。针对模型特点，设计了基于先验知识、多目标模拟退火和 NSGA-II 的新型多目标进化算法以能够快速有效地求解大规模的干扰应对问题。该算法充分利用 NSGA-II 算法在收敛性和多样性方面的优势，引入多目标模拟退火过程以克服 NSGA-II 易限于局部极优的不足，并利用模型的结构性质引导算法搜索过程以提高算法的收敛速度和求解质量，为生成快速实时的干扰应对方案提供了有效的理论工具和方法支撑。

2.1　具有恶化效应和加工时间可控的新任务到达应对分析

加工制造企业在生产加工过程中，受源自市场需求不确定性的影响，计划外新任务到达时有发生。为了保证订单的交货期，需要将新到达任务加入到已有调度方案，这将对已有加工任务的安排造成扰动，影响其加工时段安排、完工时间相关的交付活动和客户满意度等。因此，如何针对上述新任务到达，从降低加工成本和提高客户满意度的角度，快速有效地生成多个在加工成本与系统扰动方面较优的应对方案，供决策者根据实际偏好在二者之间进行权衡，进而给出科学的决策，是本章需要解决的科学问题。

此外，在生产加工过程中，由于机器老化磨损、车间操作人员疲劳等原因，加工效率会逐渐下降从而造成工件的实际加工时间变长。另一方面，为了满足苛刻的时间约束，加工企业通过增加额外的人力、物力或财力等加工资源，在一定范围内可以对工件的加工时间进行压缩以提高加工效率。恶化效应和工件 (加工任务) 加工时间的可控特性广泛存在于生产加工环境。通过对实际加工过程的历史数据进行统计分析，以及查阅已有国内外文献可知，加工过程的恶化效应可以表述为工件的实际加工时间关于其开始加工时间的线性函数关系[9]；加工时间可控特性可以表述为工件实际加工时间关于资源分配量的线性和凸函数关系[18]。这里将结合加工制造企业的生产实际，采用线性的恶化效应和加工时间可控形式。在此基础上，加工成本以所有工件的总完工时间费用和资源消耗费用进行度量，系统扰动以原有工件在干扰应对方案中的完工时间与其在原始调度方案中的完工时间的延迟之和进行度量。

基于上述叙述可以发现，众多因素的相互关联导致相应干扰应对模型的结构性质非常复杂，难于分析；实际生产中的干扰应对方案制定通常涉及大规模的加工任务，且具有实时性处理要求；现有启发式算法大多用于求解连续优化问题，对于复杂组合优化问题的求解需要进行优化机制的重新调整。如何结合模型的结构性质设计快速有效的算法来求解大规模干扰应对问题，成为干扰应对得以快速实施的保证。

为此，本章基于“预案 — 反应”策略，采用 Pareto 优化的方式构建新任务到达应对模型，基于对模型的结构性质分析，进行求解算法编码方式以及优化机制的设计。在具有较好收敛性和多样性的非支配排序遗传算法 (NSGA-II) 框架基础上，引入归档式多目标模拟退火算法 (AMOSA) 极强的跳出局部最优的能力[138]，降低算法陷入局部极优的概率，采用并行计算的方式进行优化机制混合设计，使算法具有较优的全局搜索和局部搜索能力。同时，利用模型的结构性质引导搜索过程，提高算法收敛速度和求解质量。最后，基于 Benchmark 测试函数求解结果分析，检验所构建的混合进化算法的最优性。在此基础上，基于实际加工环境特点和经验数据，设计随机数值实验检验本章所提出的具有恶化效应和加工时间可控的新任务到达应对模型和算法的有效性。

2.2 干扰应对模型构建及性质分析

2.2.1 原始调度方案制定

根据 2.1 节中的问题分析，在不允许抢占和中断工件加工的生产环境下，安排 n_O 个工件 $J_O=\{J_1,J_2,\cdots,J_{n_O}\}$ 在单台处理机上进行加工，所有工件均在 0 时刻就绪。受机器的磨损和老化影响，工件的实际加工时间会随其开始加工时间的增加而增加，定义成其开始加工时间的线性非减函数[9]。另外，工件的实际加工时间也依赖于分给其的额外资源，可以通过分配额外的能源、动力、人力等资源进行压缩控制，定义成资源分配量的线性函数[18]。具体地，如果工件 J_j 在 t_j 时刻开始加工，它的实际加工时间 p_j 定义为

$$p_j=\bar{p}_j+\alpha t_j-b_j u_j,\quad 0\leqslant u_j\leqslant \bar{u}_j<\bar{p}_j/b_j,\quad j=1,2,\cdots,n_O \tag{2.1}$$

其中 $\bar{p}_j$ 为工件 J_j 的正常加工时间，$\alpha>0$ 为所有工件的共同恶化率，b_j 为 J_j 的正压缩率，u_j 和 $\bar{u}_j$ 分别为分配给工件 J_j 的实际资源量及其上界。

给定一个可行调度方案 π，令 $C_j(\pi)$ 表示工件 J_j 在 π 中的完工时间，$C_{[j]}(\pi)$ 表示 π 中第 j 个位置加工工件的完工时间。在不引起歧义的情况下，$C_j(\pi)$ 和 $C_{[j]}(\pi)$ 分别简记为 C_j 和 $C_{[j]}$。总的加工成本由工件的总完工时间费用和资源消耗费用和度量，即 $q\sum_{J_j\in J_O} C_j+\sum_{J_j\in J_O} c_j u_j$，其中 $q>0$ 表示单位完工时间费用，$c_j>0$ 表示工件 J_j 的单位资源费用。原始最优调度方案的制定问题可以描述为对所有工件的加工次序和资源分配量同时进行决策以最小化总的加工成本。利用生产调度问题的三参数表示法[147]，上述加工成本的最小化问题 (简记为问题 (**P1I**)) 可以表示为

$$1|\bar{p}_j+\alpha t_j-b_j u_j\left|q\sum_{J_j\in J_O} C_j+\sum_{J_j\in J_O} c_j u_j\right. \tag{2.2}$$

其中 “1” 表示单机环境，“$\bar{p}_j+\alpha t_j-b_j u_j$” 表示工件的实际加工时间受恶化效应和资源分配的影响，“$q\sum_{J_j\in J_O} C_j+\sum_{J_j\in J_O} c_j u_j$” 表示需要最小化的目标函数。

问题 (**P1I**) 的最优调度方案可以通过求解以下两个子问题得到。

子问题 1：给定加工工件的序列 $S=\left(J_{[1]},J_{[2]},\cdots,J_{[n_O]}\right)$，求解最优资源分配策略 $u^*=\left(u^*_{[1]},u^*_{[2]},\cdots,u^*_{[n_O]}\right)$，其中 $J_{[j]}$ 表示 S 中的第 j 个工件；

子问题 2：给定最优资源分配策略，求解最优的工件加工次序。

具体求解过程如下：

1) 子问题 1 的求解

对于给定的加工排序序列 $S=\left(J_{[1]},J_{[2]},\cdots,J_{[n_O]}\right)$，其总加工成本可以表示为

$$\begin{aligned}
q\sum_{J_j\in J_O} C_j+\sum_{J_j\in J_O} c_j u_j &= q\sum_{j=1}^{n_O} C_{[j]}+\sum_{j=1}^{n_O} c_{[j]}u_{[j]}\\
&= q(C_{[1]}+C_{[2]}+\cdots+C_{[n_O]})+\sum_{j=1}^{n_O} c_{[j]}u_{[j]}\\
&= q\sum_{j=1}^{n_O}(n_O+1-j)\,p_{[j]}+\sum_{j=1}^{n_O} c_{[j]}u_{[j]}\\
&= q\sum_{j=1}^{n_O}\tilde{w}_j p_{[j]}+\sum_{j=1}^{n_O} c_{[j]}u_{[j]}
\end{aligned}$$

其中 $\tilde{w}_j=n_O+1-j,\ j=1,2,\cdots,n_O$ 表示位置权，$[j]$ 表示第 j 个位置工件的下标。

将 $p_j=\bar{p}_j+\alpha t_j-b_j u_j$ 代入上式，可得

$$q\sum_{j=1}^{n_O}\tilde{w}_j p_{[j]}+\sum_{j=1}^{n_O} c_{[j]}u_{[j]}=q\sum_{j=1}^{n_O} W_j\left(\bar{p}_{[j]}-b_{[j]}u_{[j]}\right)+\sum_{j=1}^{n_O} c_{[j]}u_{[j]}$$

$$= q\sum_{j=1}^{n_O} W_j \bar{p}_{[j]} + \sum_{j=1}^{n_O} \left(c_{[j]} - qW_j b_{[j]}\right) u_{[j]}$$

其中 $W_j = \sum_{i=j}^{n_O} \sum_{k=0}^{i-j} \boldsymbol{M}_{i-j+1,k+1} \alpha^k \tilde{w}_i$，$\boldsymbol{M}_{i,j}$ 可以通过迭代方式计算得到，对于 $i, j = 2, 3, \cdots, n_O$，$\boldsymbol{M}_{i,j} = \boldsymbol{M}_{i-1,j-1} + \boldsymbol{M}_{i-1,j}$，$\boldsymbol{M}_{1,1} = 1$，$\boldsymbol{M}_{1,j} = 0$, $\boldsymbol{M}_{i,1} = 0$。

因此对于工件 $J_{[j]}$，如果 $c_{[j]} \geqslant qW_j b_{[j]}$，其最优资源分配量为 $u_{[j]} = 0$；否则，其最优资源分配量为 $u_{[j]} = \bar{u}_{[j]}$。

2) 子问题 2 的求解

对于 $1 \leqslant j, r \leqslant n_O$，由子问题 1 的求解，令 C_{jr} 表示将工件 J_j 安排至第 r 个加工位置的权重：

$$c_{jr} = \begin{cases} W_r \bar{p}_j, & r = 1, 2, \cdots, n_O;\ c_j \geqslant qW_r b_j \\ W_r \bar{p}_j + (c_j - qW_r b_j)\, \bar{u}_j, & r = 1, 2, \cdots, n_O;\ c_j < qW_r b_j \end{cases}$$

同时，引入二维 0-1 变量 x_{jr}，其中 $x_{jr} = 1$ 表示将工件 J_j 安排在第 r 个位置加工，否则 $x_{jr} = 0$。那么子问题 2 可以转换为如下指派问题：

$$\begin{aligned} \min \quad & \sum_{r=1}^{n_O} \sum_{j=1}^{n_O} C_{jr} z_{jr} \\ \text{s.t.} \quad & \sum_{r=1}^{n_O} z_{jr} = 1, \quad j = 1, 2, \cdots, n_O \\ & \sum_{j=1}^{n_O} z_{jr} = 1, \quad r = 1, 2, \cdots, n_O \\ & z_{jr} = 1 \quad \text{或} \quad z_{jr} = 0, \quad r, j = 1, 2, \cdots, n_O \end{aligned}$$

求解上述指派模型的时间复杂度为 $O\left(n_O^3\right)$。

2.2.2 干扰应对模型的构建

由于原始加工成本最优调度方案 π^* 往往需要提前若干天制定，在实际执行过程中，由于加工环境的不确定性，当有计划外新工件到达时，需要对原始调度方案未完工工件的资源分配量及加工次序进行重调度，从而在最小化加工成本的同时，降低旧工件延迟完工导致的违约费用、运输费用以及客户满意度等系统扰动。假设有 n_N 个工件 $J_N = \{J_{n_O+1}, J_{n_O+2}, \cdots, J_{n_O+n_N}\}$(称 “新工件”) 在 0 时刻到达。不失一般性，如果新工件晚于 0 时刻到达，那么将任何部分加工的旧工件继续加工完；将加工完的旧工件从问题移除。此时所有工件的集合记作 $J = J_O \bigcup J_N$，工件总数 $n = n_O + n_N$。

为有效应对此类事件造成的干扰，在最小化加工成本的同时，降低系统扰动对生产过程利益相关方的影响，需要对所有工件重新确定资源分配量及加工次序。令 σ 表示调整后的调度方案，$C_j(\sigma)$ 表示所有工件 $J_j \in J$ 在 σ 中的完工时间，$\bar{C}_j$ 表示旧工件 $J_j \in J_O$ 在原始调度方案中的完工时间 (即虚拟工期)，$T_j(\sigma)$ 表示工件 $J_j \in J_O$ 在 σ 中相对于 $\bar{C}_j$ 的延迟。在不引起歧义的情况下，$t_j(\sigma)$，$C_j(\sigma)$ 和 $T_j(\sigma)$ 分别简记为 t_j，C_j 和 T_j。加工成本包括工件加工费用及资源消耗费用，用所有工件的总完工时间费用与资源消耗费用和度量：

$$f_1 = q\sum_{J_j \in J} C_j + \sum_{J_j \in J} c_j u_j \tag{2.3}$$

调整后的调度方案与原始调度方案偏差有关的系统扰动可以定义为

$$\sum_{J_j \in J_O} T_j = \sum_{J_j \in J_O} \max\left\{C_j - \bar{C}_j, 0\right\} \tag{2.4}$$

上述生产调度干扰应对问题 (记为问题 ($\boldsymbol{P1}$)) 是双目标优化问题，且两个优化目标之间存在相互制约关系，这里采用 Pareto 优化的方式处理，即对于问题 ($\boldsymbol{P1}$) 的一个 Pareto 最优解 π，不存在另外一个解 $\tilde{\pi}$ 满足 $q\sum_{J_j\in J} C_j(\tilde{\pi}) + \sum_{J_j\in J} c_j u_j(\tilde{\pi}) \leqslant q\sum_{J_j\in J} C_j(\pi) + \sum_{J_j\in J} c_j u_j(\pi)$ 和 $\sum T_j(\tilde{\pi}) \leqslant \sum T_j(\pi)$，并且至少一个不等式严格成立。利用生产调度问题的三参数表示法[147]，问题 ($\boldsymbol{P1}$) 可以表示为

$$1\left|\bar{p}_j + \alpha t_j - b_j u_j\right|\left(q\sum_{J_j\in J} C_j + \sum_{J_j\in J} c_j u_j, \sum_{J_j\in J_O} T_j\right) \tag{2.5}$$

为提高对问题 ($\boldsymbol{P1}$) 的求解效果，这里首先对问题的结构性质进行分析，并将其作为先验知识引入算法设计，以引导算法搜索过程，提高算法的收敛速度和求解质量。

2.2.3 模型结构的性质分析

定理 2.1 若给定 n 个工件的资源分配量 $\boldsymbol{u} = (u_1, u_2, \cdots, u_n)$，对于问题 ($\boldsymbol{P1}$)，存在一个最优调度方案，其中新工件和旧工件均按照 $\bar{p}_j - b_j u_j$ 的非减顺序排列，且工件间无空闲时间。

证明 通过相邻工件交换法来进行证明。首先考虑旧工件排序：假定存在一个最优调度方案 $\sigma^* = (\pi_1, J_j, \pi_2, J_i, \pi_3)$，其中工件 $J_i, J_j \in J_O$ 满足 $\bar{p}_i - b_i u_i < \bar{p}_j - b_j u_j$，$\pi_1$，$\pi_2$ 和 π_3 分别表示子调度方案，且 π_1 中最后一个工件的完工时间为 t_0。

(1) 保持其他工件不变，仅交换 J_i, J_j 的加工次序来构建一个新的调度方案 $\tilde{\sigma} = (\pi_1, J_i, \pi_2, J_j, \pi_3)$。由公式 (2.1)，$C_i(\tilde{\sigma}) = t_0 + \bar{p}_i + \alpha t_0 - b_i u_i < t_0 + \bar{p}_j +$

$\alpha t_0 - b_j u_j = C_j(\sigma^*)$，从而 $s_{\pi_2}(\tilde{\sigma}) < s_{\pi_2}(\sigma^*)$，$\Delta_{\pi_2}(\tilde{\sigma}) < \Delta_{\pi_2}(\sigma^*)$，$t_j(\tilde{\sigma}) < t_i(\sigma^*)$ 成立，且 π_2 中所有工件在 $\tilde{\sigma}$ 中的实际加工时间和完工时间均小于在 σ^* 中的情形，其中 $s_{\pi_2}(\tilde{\sigma})$ 和 $s_{\pi_2}(\sigma^*)$ 分别表示 π_2 中第一个工件在 $\tilde{\sigma}$ 和 σ^* 中的开始加工时间，$\Delta_{\pi_2}(\tilde{\sigma})$ 和 $\Delta_{\pi_2}(\sigma^*)$ 分别表示 π_2 中所有工件在 $\tilde{\sigma}$ 和 σ^* 中的加工时间表长。由 $C_j(\tilde{\sigma}) = t_0 + \bar{p}_i + \alpha t_0 - b_i u_i + \Delta_{\pi_2}(\tilde{\sigma}) + \bar{p}_j + \alpha t_j(\tilde{\sigma}) - b_j u_j$，$C_i(\sigma^*) = t_0 + \bar{p}_j + \alpha t_0 - b_j u_j + \Delta_{\pi_2}(\sigma^*) + \bar{p}_i + \alpha t_i(\sigma^*) - b_i u_i$，可得 $C_j(\tilde{\sigma}) < C_i(\sigma^*)$。又由于资源消耗费用不变，于是交换位置后，所有工件的加工成本变小。

(2) 对于扰动目标，如果 $T_i(\tilde{\sigma}) > 0$，那么当 $T_j(\sigma^*) > 0$ 时，$(T_j(\tilde{\sigma}) + T_i(\tilde{\sigma})) - (T_j(\sigma^*) + T_i(\sigma^*)) = C_j(\tilde{\sigma}) - C_j(\sigma^*) + C_i(\tilde{\sigma}) - C_i(\sigma^*) < 0$；当 $T_j(\sigma^*) = 0$ 时，$(T_j(\tilde{\sigma}) + T_i(\tilde{\sigma})) - T_i(\sigma^*) = C_j(\tilde{\sigma}) - C_j(\pi^*) + C_i(\tilde{\sigma}) - C_i(\sigma^*) < C_j(\sigma^*) - C_j(\pi^*) = 0$。

如果 $T_i(\tilde{\sigma}) = 0$，由于 $\bar{C}_i(\pi^*) < \bar{C}_j(\pi^*)$，那么 $T_j(\sigma^*) = 0$，当 $T_i(\sigma^*) > 0$，$T_j(\tilde{\sigma}) > 0$ 时，$T_j(\tilde{\sigma}) - T_i(\sigma^*) = C_j(\tilde{\sigma}) - C_j(\pi^*) - C_i(\sigma^*) + C_i(\pi^*) < 0$；当 $T_i(\sigma^*) > 0$，$T_j(\tilde{\sigma}) = 0$ 时，$-T_i(\sigma^*) < 0$；当 $T_i(\sigma^*) = 0$，$T_j(\tilde{\sigma}) = 0$ 时，旧工件的完工时间延迟没有变化。

综上可见，交换位置后所有旧工件的完工时间延迟没有变大。

因此，调度方案 $\tilde{\sigma}$ 比 σ^* 更优。继续将 $\tilde{\sigma}$ 中不满足上述条件的旧工件交换位置，直至所有旧工件均按 $\bar{p}_j - b_j u_j$ 的非减顺序排列，这一过程仅需要有限次交换。

证明新工件排序规则的过程与此类似。由于两个优化目标均是工件完工时间的正则函数，工件之间没有空闲时间。否则除去空闲时间将使目标更优，因此定理 2.1 成立。

定理 2.2 对问题 $1|\,\bar{p}_j + \alpha t_j - b_j u_j|\,\beta\left(q\sum_{J_j\in J} C_j + \sum_{J_j\in J} c_j u_j\right) + \gamma\sum_{J_j\in J_O} T_j$，存在一个最优调度方案，其中每个工件的资源分配量或者为零 $(u_j = 0)$ 或者等于它的上界 $(u_j = \bar{u}_j)$，其中 β 和 γ 为权重系数。

证明 假设在最优调度方案 σ 中，存在某个排在第 k 位置加工工件的资源分配量介于零与其资源分配量上界之间，即 $0 < u_{[k]} < \bar{u}_{[k]}$，则有 $p_{[k]} = \bar{p}_{[k]} + \alpha t_{[k]} - b_{[k]} u_{[k]}$。对于任意给定的 δ，其中 $-u_{[k]} \leqslant \delta \leqslant \bar{u}_{[k]} - u_{[k]}$，改变 $u_{[k]} \to u_{[k]} + \delta$ 时，下面分别讨论两个目标函数的变化量。为便于计算，设 $j = n_O+1, n_O+2, \cdots, n_O+n_N$ 时，$\bar{C}_j = +\infty$。

对于加工成本目标：

当 $u_{[k]} \to u_{[k]} + \delta$ 时，$\sum_{J_j\in J} C_j + \sum_{J_j\in J} c_j u_j$ 的变化量为

$$
\begin{aligned}
&- qb_{[k]}\delta + \left[-(\alpha+1)\,qb_{[k]}\delta\right] + \left[-(\alpha+1)^2\,qb_{[k]}\delta\right] + \cdots \\
&+ \left[-(\alpha+1)^{n_O+n_N-k}\,qb_{[k]}\delta\right] + c_{[k]}\delta
\end{aligned}
$$

$$= \left(c_{[k]} - \sum_{j=k}^{n_O+n_N} (\alpha+1)^{j-k} q b_{[k]} \right) \delta$$

对于扰动目标：

(1) 当 $\delta < 0$，$u_{[k]} \to u_{[k]} + \delta$ 时，$\sum_{J_j \in J_O} T_j$ 的变化量为

$$\max\left\{\min\left\{C_{[k]}-\bar{C}_{[k]},0\right\}-b_{[k]}\delta,0\right\}+\max\left\{\min\left\{C_{[k+1]}-\bar{C}_{[k+1]},0\right\}-(\alpha+1)\,b_{[k]}\delta,0\right\}$$

$$+\cdots+\max\left\{\min\left\{C_{[n_O+n_N]}-\bar{C}_{[n_O+n_N]},0\right\}-(\alpha+1)^{n_O+n_N-k}\,b_{[k]}\delta,0\right\}$$

$$=\sum_{j=k}^{n_O+n_N}\max\left\{\min\left\{C_{[j]}-\bar{C}_{[j]},0\right\}-(\alpha+1)^{j-k}\,b_{[k]}\delta,0\right\}$$

(2) 当 $\delta > 0$，$u_{[k]} \to u_{[k]} + \delta$ 时，$\sum_{J_j \in J_O} T_j$ 的变化量为

$$\max\left\{\min\left\{\bar{C}_{[k]}-C_{[k]},0\right\},-b_{[k]}\delta\right\}+\max\left\{\min\left\{\bar{C}_{[k+1]}-C_{[k+1]},0\right\},-(\alpha+1)\,b_{[k]}\delta\right\}$$

$$+\cdots+\max\left\{\min\left\{\bar{C}_{[n_O+n_N]}-C_{[n_O+n_N]},0\right\},-(\alpha+1)^{n_O+n_N-k}\,b_{[k]}\delta\right\}$$

$$=\sum_{j=k}^{n_O+n_N}\max\left\{\min\left\{\bar{C}_{[j]}-C_{[j]},0\right\}-(\alpha+1)^{j-k}\,b_{[k]}\delta\right\}$$

于是，当 $u_{[k]} \to u_{[k]} + \delta$ 时，目标 $\beta\left(q\sum_{J_j\in J} C_j + \sum_{J_j\in J} c_j u_j\right) + \gamma\sum_{J_j\in J_O} T_j$ 的变化量是关于 δ 的线性函数，其极小值在 δ 的上界或下界处取得，此时 $u_{[k]} = 0$ 或 $u_{[k]} = \bar{u}_{[k]}$。对 σ 中每个资源分配量介于零与其资源分配量上界之间的工件执行上述过程，得到 $\beta\left(q\sum_{J_j\in J} C_j + \sum_{J_j\in J} c_j u_j\right) + \gamma\sum_{J_j\in J_O} T_j$ 的极小值，定理得证。

由于双目标优化问题的部分 Pareto 最优解可以通过求解不同权重下的双目标线性加权和问题得到，因此定理 2.2 将作为后续算法设计中的启发规则，引导算法搜索过程。

2.3　干扰应对模型的求解算法

2.3.1　基于先验知识和混合优化机制的多目标进化算法

鉴于问题 (***P*1**) 的复杂性，需要设计一种快速有效的算法进行大规模干扰应对问题的求解。NSGA-II 算法高效的有效前沿划分和适应度值分配机制，使其具有较好的收敛性和多样性，但面临复杂问题求解过程中，宽松的选择压力使大部分种群聚集同一有效前沿，易发生早熟收敛而陷入局部极优。AMOSA 利用爬山操作对个体进行迭代改进，在搜索过程中按照 Metropolis 准则以一定概率接受劣个体，表现

出概率突跳能力；保持退火过程中较优个体选择的压力，又可避免搜索过程陷入局部最优，并使求解结果最终趋于问题的全局最优有效前沿。

为此，本节将结合问题 (**P1**) 的特点，进行编码方式的设计。在此基础上，基于主从结构的并行计算方式[157]，将多目标模拟退火过程引入 NSGA-II 进化框架，在保证算法收敛性和多样性的同时，降低算法陷入局部极优的概率，构造并行混合进化算法 (Parallel Hybrid Evolutionary Algorithm，PHEA)。其中，具体进化过程被分解为可以并行执行的操作任务，由单独的从进程分别执行，而主进程负责任务初始化及进程间的通信和资源共享，通过利用多个 CPU 并行求解，加快问题的求解速度。在此基础上，利用定理 2.1 关于工件加工次序的性质，以及定理 2.2 关于资源分配策略的启发规则，对算法的搜索过程进行引导，构建结合问题结构特性的并行混合进化算法 (Parallel Hybrid Evolutionary Algorithm with Pareto Optimal Solution Qualities，PHEA-POSQ)，以期更加快速有效地对问题进行求解。PHEA 和 PHEA-POSQ 算法的并行混合进化步骤如图 2.1 所示，其中步骤 4.1— 步骤 4.3 与步骤 5.1— 步骤 5.4 分别由两个从进程执行，其余步骤由主进程执行，各步骤的具体描述如下。

步骤 1 初始化算法参数，并生成初始种群 $P_N(t)$。

初始化并行混合进化算法的相关参数，包括种群规模 pop，算法运行时长 processDuration，档案文件尺寸 HL 及尺寸上界 SL，爬山操作次数 climbUpNum 及 Markov 链长 MarkovChainLength，进化代数 $N=1$。根据个体编码方式生成初始种群 $P_N(t)$。PHEA 与 PHEA-POSQ 的编码方式如下：

(1) PHEA 采用实数编码方式，个体包含加工次序和资源分配量两个部分，所有基因使用 $[0,1]$ 区间内小数表示，从而加工次序部分可以通过随机数解码方式[25]对应到工件加工次序，资源分配量部分的基因对应相应位置工件的资源分配百分比。候选解如式 (2.6) 所示，对应算法进化过程中第 k 代种群的第 i 个个体，由包含 $2(n_O+n_N)$ 个元素的数组 $\boldsymbol{x}_{ik}$ 表示，数组中每个元素 $x_{ik}^j\in[0,1]$，其中 $j=1,2,\cdots,2(n_O+n_N)$。数组前 n_O+n_N 个元素对应加工次序部分，后 n_O+n_N 个元素对应资源分配量部分。为叙述方便，简记工件次序和资源分配量部分分别为 "π-part" 和 "y-part"。

$$\boldsymbol{x}_{ik}=\left\{\overbrace{x_{ik}^1,x_{ik}^2,\cdots,x_{ik}^{n_O+n_N}}^{\pi\text{-part}},\underbrace{x_{ik}^{n_O+n_N+1},x_{ik}^{n_O+n_N+2}\cdots,x_{ik}^{2(n_O+n_N)}}_{y\text{-part}}\right\} \tag{2.6}$$

$$i=1,2,\cdots,\text{pop};\quad k=1,2,\cdots,N$$

(2) PHEA-POSQ 的个体同样包含加工次序和资源分配量两个部分，但加工次序部分采用基于 n_N 个新工件位置的整数编码方式；资源分配量部分采用实数编码，但解码时根据式 (2.7) 转换为不分配资源或完全分配资源，其中 x^j 对应个体中 y 部分的实数基因，y_j 表示工件 J_j 的资源分配量，$\bar{u}_j$ 表示工件 J_j 的最大资源分配量。

$$y_j = \begin{cases} 0, & 0 \leqslant x^j \leqslant 0.5, \\ \bar{u}_j, & 0.5 < x^j \leqslant 1, \end{cases} \quad j = n_N+1, n_N+2, \cdots, n_N+(n_O+n_N) \tag{2.7}$$

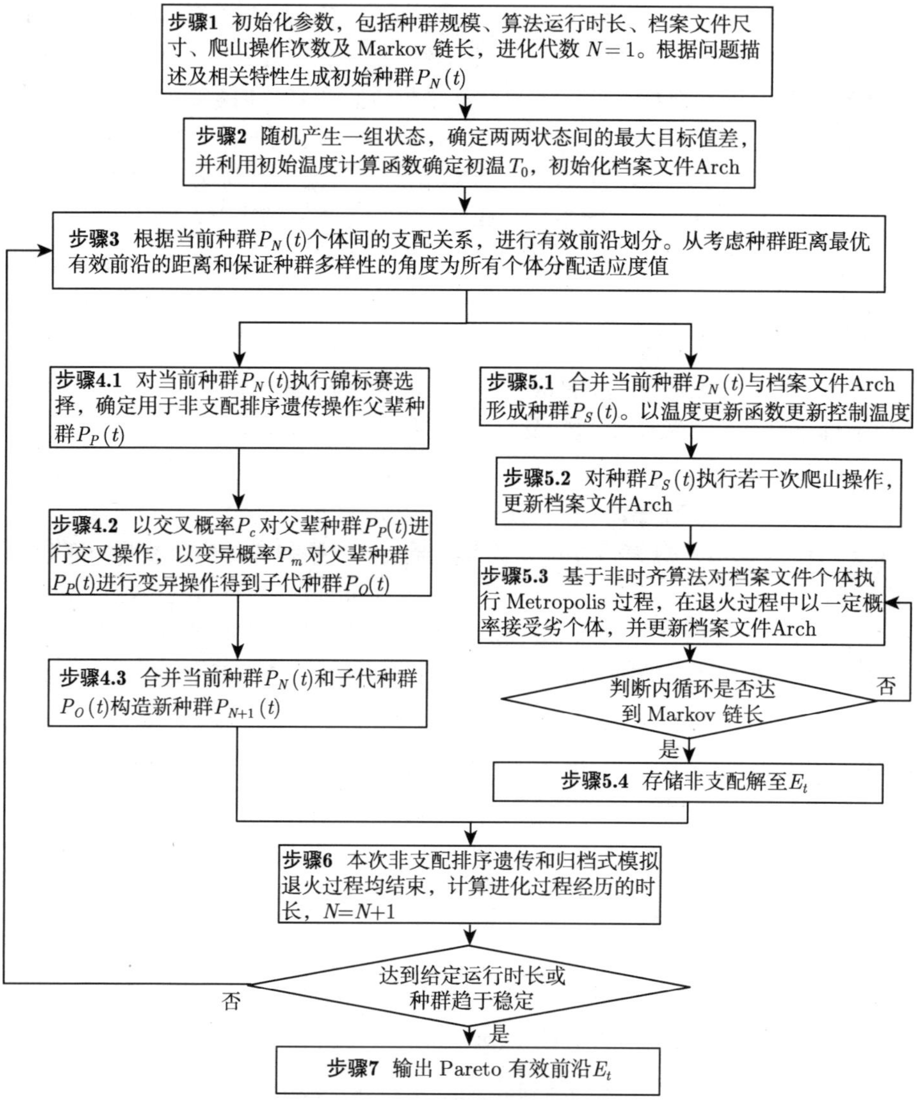

图 2.1　并行混合进化算法步骤

候选解表示为式 (2.8) 的形式，对应算法进化过程中第 k 代种群的第 i 个个体，由包含 n_O+2n_N 个元素的数组 $\boldsymbol{x}_{ik}$ 表示，数组的前 n_N 个元素对应 n_N 个新工件的加工位置集合，x_{ik}^j 为 $[1, n_O+n_N]$ 的正整数，对于 $j<m$，$x^j<x^m$，其中 $j,m=1,2,\cdots,n_N$；后 n_O+n_N 个元素对应工件的资源分配设置，$x_{ik}^j\in[0,1]$，其中 $j=n_N+1,n_N+2,\cdots,n_O+2n_N$。

$$\boldsymbol{x}_{ik}=\left\{\overbrace{x_{ik}^1,x_{ik}^2,\cdots,x_{ik}^{n_N}}^{\pi\text{-part}},\underbrace{x_{ik}^{n_N+1},x_{ik}^{n_N+2},\cdots,x_{ik}^{n_N+(n_O+n_N)}}_{y\text{-part}}\right\} \tag{2.8}$$

$$i=1,2,\cdots,\mathrm{pop};\quad k=1,2,\cdots,N$$

相对于 PHEA 的候选解，PHEA-POSQ 中每个工件的资源分配量决策范围由 $0\leqslant u_j\leqslant\bar{u}_j$ 降至 $u_j=0$ 或 $u_j=\bar{u}_j$，其中 $j=1,2,\cdots,n_O+n_N$，加工次序部分的决策空间由 $(n_O+n_N)!$ 降低为 $\mathrm{C}_{n_O+n_N}^{n_N}$。

步骤 2 确定初始温度 T_0，并初始化档案文件 Arch。

令理想点对应问题两个目标分别最优的目标值构成的目标点，实际中该理想点往往无法达到。基于选定的编码方式，随机产生问题 ($\boldsymbol{P1}$) 的一组状态，通过计算确定两两状态间距离理想点的最大目标距离差 $|\Delta_{\max}|$，进而利用初始温度计算函数 $T_0=-|\Delta_{\max}|/\ln p_r$ 确定归档式模拟退火过程的初始温度 T_0，同时使用上述状态初始化档案文件 Arch，其中 p_r 为初始接受概率，通常取值 0.1[152]。

步骤 3 对当前种群 $P_N(t)$ 进行有效前沿划分，并为个体分配适应度值。

根据当前种群 $P_N(t)$ 个体间的支配关系进行有效前沿划分，种群 $P_N(t)$ 被分配为多个不同的非支配前端 F_1，F_2，$\cdots$，同一前端个体之间不存在支配关系。对于 $i<j$ 的任意两个前端 F_i 和 F_j，F_j 中的个体均被 F_i 中某些个体支配。F_1 中个体构成当前种群的有效前沿。

接下来，从距离有效前沿远近和种群多样性角度，为个体分配适应度值。对于 $i<j$ 的任意两个前端 F_i 和 F_j，为 F_i 中个体分配高于 F_j 中个体的适应度值；对同一前端的个体，通过拥挤距离衡量该个体所在区域的稀疏情况，为较稀疏区域的个体分配较高适应度值[138]。

为了在改善有效前沿质量的同时，提高算法求解效率，这里采取并行计算方式设计混合进化中的主要进化过程。非支配排序遗传进化过程 (步骤 4.1— 步骤 4.3) 与归档式多目标模拟退火过程 (步骤 5.1— 步骤 5.4) 作为两个并行执行的进化过程，具体进化步骤如下：

步骤 4.1 对当前种群 $P_N(t)$ 进行锦标赛选择，确定用于进化操作的父辈种群 $P_P(t)$。

对当前种群 $P_N(t)$ 进行二元锦标赛选择操作，确定用于非支配排序遗传操作的父辈种群 $P_P(t)$。

步骤 4.2　对父辈种群 $P_P(t)$ 进行交叉、变异操作，得到子代种群 $P_O(t)$。

以交叉概率 P_c 对父辈种群 $P_P(t)$ 进行交叉操作，以变异概率 P_m 对父辈种群 $P_P(t)$ 进行变异操作，得到子代种群 $P_O(t)$。

其中 PHEA 的交叉操作采用对个体的加工次序部分和资源分配量部分分别进行单点交叉的方式，变异操作中分别对两个部分以一定变异概率 P_m 进行均匀变异操作。均匀变异算子如式 (2.9) 所示，其中 l，s_l，μ 均基于均匀分布规则随机取自相应范围；r 表示变异范围，典型取值 $r\in\left[0.1,10^{-6}\right]$；$k$ 表示变异精度，典型取值 $k\in\{4,5,\cdots,20\}$[158]。

$$
\begin{gathered}
\mathrm{Var}_l^{\mathrm{Mut}}=\mathrm{Var}_l+s_l\cdot r_l\cdot\alpha_l\\
l\in\{1,2,\cdots,n\};\quad s_l\in\{-1,1\};\quad r_l=r\cdot\mathrm{domain}_i;\quad \alpha_l=2^{-\mu\cdot k};\quad \mu\in[0,1]
\end{gathered}
\tag{2.9}
$$

PHEA-POSQ 对个体的加工次序部分和资源分配量部分进行单点交叉过程中，需要对新个体的加工次序部分产生的重复加工位置基因进行修复，使用未出现的位置基因进行替换，并基于个体编码设计，调整新个体加工次序部分的基因使其满足递增顺序。变异操作中对资源分配量部分进行均匀变异操作，对加工次序部分以一定变异概率将新工件的加工位置变异为基于均匀分布规则随机选择的旧工件加工位置，并调整新个体加工次序部分的基因使其满足递增顺序。

步骤 4.3　合并当前种群 $P_N(t)$ 和子代种群 $P_O(t)$，构造新种群 $P_{N+1}(t)$。

合并当前种群 $P_N(t)$ 和子代种群 $P_O(t)$，通过非支配排序，选择较优个体构造新种群 $P_{N+1}(t)$。

步骤 5.1　合并当前种群 $P_N(t)$ 和档案文件 Arch 形成种群 $P_S(t)$，并更新控制温度。

合并当前种群 $P_N(t)$ 和档案文件 Arch，通过非支配排序，选取较优个体构造种群 $P_S(t)$，并使用温度更新函数 $T_{t+1}=\lambda T_t$ 更新控制温度，其中 λ 为常数，代表退温速率，$\lambda<1$，这里取 $\lambda=0.95$[152]。

步骤 5.2　对种群 $P_S(t)$ 执行爬山操作，并更新档案文件 Arch。

对种群 $P_S(t)$ 中的每个个体分别进行若干次爬山操作，保留爬山过程中产生的支配原始个体的新个体，并将其保存在档案文件 Arch 中。在此过程中，若档案文件 Arch 中个体数量超出 HL，需要通过聚类操作将该数量降低至 HL。

步骤 5.3　对档案文件 Arch 中个体执行 Metropolis 过程，并更新档案文件 Arch。

Metropolis 过程是基于以一定概率接受新状态的 Metropolis 准则，在高温下接

受与当前状态能量差较大的新状态，而在低温下接受与当前状态能量差较小的新状态的重要性采样过程，这里的状态对应档案文件中个体的适应度值。该步骤将根据步骤 1 定义的 Markov 链长重复执行若干次 Metropolis 过程，从而在各温度下分别产生若干候选个体。定义 $\Delta\text{dom}_{a,b} = \prod_{i=1,f_i(a)\neq f_i(b)}^{M} \left(\left|f_i\left(a\right) - f_i\left(b\right)\right| / R_i\right)$ 代表个体 a 对个体 b 的支配量，M 代表决策变量个数，R_i 代表下标为 i 的决策变量的取值范围，算法的接受准则[144] 如下：

若原有个体支配新个体，则接受新个体的概率 $P = \dfrac{1}{1+\exp\left(\Delta\text{dom}_{\text{avg}} \times T_t\right)}$，其中

$$\Delta\text{dom}_{\text{avg}} = \left(\left(\sum_{i=1}^{k} \Delta\text{dom}_{i,\text{new-}pt}\right) + \Delta\text{dom}_{\text{current-}pt,\text{new-}pt}\right) \Big/ (k+1)$$

$k \geqslant 0$ 代表新个体被档案文件中个体的支配数。

若个体与新个体不存在支配关系，那么分如下三种情形处理。

第一，若新个体被档案文件个体的支配数为$k(k \geqslant 1)$，则接受新个体的概率 $P = \dfrac{1}{1+\exp\left(\Delta\text{dom}_{\text{avg}} \times T_t\right)}$，其中 $\Delta\text{dom}_{\text{avg}} = \left(\sum_{i=1}^{k} \Delta\text{dom}_{i,\text{new-}pt}\right) / k$。

第二，若新个体与档案文件中个体不存在支配关系，则接受新个体的概率为 1，并将其加入档案文件。对于个体数量超出 SL 的档案文件需进行聚类操作，将该数量降至 HL。

第三，若新个体支配档案文件的个体数为 $k(k \geqslant 1)$，则接受新个体的概率为 1，并将其加入档案文件，同时将 k 个被新个体支配的个体从档案文件移除。

若新个体支配原有个体，那么分如下三种情形处理。

第一，若新个体支配原有个体，且新个体被档案文件中个体的支配数为 $k(k \geqslant 1)$，其中 $\Delta\text{dom}_{\min}$ 代表新个体与 k 个支配个体间支配量差值的最小值，则原有个体被档案文件中最小差值支配量个体以概率 $P = \dfrac{1}{1+\exp\left(-\Delta\text{dom}_{\min}\right)}$ 替代，否则被新个体以概率 1 替代。

第二，若新个体与档案文件中个体不存在支配关系，除非原有个体存在于归档文件中，那么接受新个体的概率为 1，并将其加入归档文件。对于原有个体存在于档案文件中的情形，需将其移除。对于个体数量超过 SL 的档案文件，需进行聚类操作，将该数量降至 HL。

第三，若新个体支配档案文件中个体数为 $k(k \geqslant 1)$，则接受新个体的概率为 1，并将其加入档案文件，同时移除档案文件中的 k 个被支配个体。

步骤 5.4 将档案文件 Arch 中个体存储至有效前沿集合 E_t。

步骤 6 计算进化过程经历的时长。

本次迭代中非支配排序遗传和归档式模拟退火过程均结束，计算进化过程经历的时长，设置当前进化代数 $N = N + 1$。

步骤 7 若算法达到指定运行时长或种群趋于稳定，输出 E_t 中的 Parcto 有效前沿作为算法的 Pareto 有效解。否则重复执行步骤 3 至步骤 6 的进化过程。

2.3.2 基于 Benchmark 测试函数的算法最优性检验

为了检验 PHEA 算法的求解性能，选取 Pareto 优化领域广泛使用的标准测试函数 ZDT1-6[154] 进行算法性能检验。ZDT1-6 具有如下共同结构：$\min(f_1(x_1), f_2(\boldsymbol{x}))$, s.t.$f_2(\boldsymbol{x}) = g(x_2, \cdots, x_m)\, h(f_1(x_1), g(x_2, \cdots, x_m))$. 上式中决策变量 $\boldsymbol{x} = (x_1, \cdots, x_m)$。具体函数形式请参见文献 [154]。

在共同的结构下，ZDT1-6 具有不同的特点和求解难度。除 ZDT5 的变量为 0-1 离散变量之外，其余五个函数均为连续变量。ZDT1 的维度（含义为编码长度，下同）为 30，最优有效前沿由 $g(\boldsymbol{x}) = 1$ 决定，并具有上凸形状。ZDT2 的维度也是 30，最优有效前沿由 $g(\boldsymbol{x}) = 1$ 决定，但具有下凹形状。ZDT3 的维度为 30，最优有效前沿由 $g(\boldsymbol{x}) = 1$ 决定，并呈现分段连续的特点。ZDT4 的维度为 10，包含有 21^9 个局部最优有效前沿，适用于检验算法处理多峰性的效果，最优有效前沿由 $g(\boldsymbol{x}) = 1$ 决定。ZDT5 的维度为 80，最优有效前沿由 $g(\boldsymbol{x}) = 10$ 决定，但具有欺骗性有效前沿 $g(\boldsymbol{x}) = 11$。ZDT6 的维度为 10，最优有效前沿由 $g(\boldsymbol{x}) = 1$ 决定，其形状非凸非凹，在 $f_1(\boldsymbol{x})$ 接近 1 的区域分布更加密集。搜索空间中越接近最优有效前沿，个体分布越稀疏；越远离最优有效前沿，个体分布越密集。六个测试函数的特性有利于检验算法是否具有目标依赖性。

针对本书设计的并行混合进化算法 PHEA 和经典进化算法 NSGA-II、AMOSA，除求解 ZDT5 函数时采用二进制编码方式外，对其余测试函数的求解均采用实数编码方式。经过对多种常用算子预实验比较分析，选用二元锦标赛选择、中间交叉和高斯变异作为主要操作算子，种群规模为 pop = 50，运行时长控制为 processDuration = 20s，交叉概率 pc = $2/n$，变异概率 pm = $2/n$(其中 n 为决策变量维度)，交叉操作系数 ratio = 1.2，变异点规模 scale = 0.1，变异收缩系数 shrink = 0.5。档案文件尺寸 HL = pop，爬山操作次数 climbUpNum = 3，Markov 链长 MarkovChainLength = 3。对 ZDT1-6 求解结果如图 2.2 所示。为显示清楚，图 2.2(a)—(f) 分别选取部分区域进行放大显示，图中 “TRUE” 对应的曲线表示相应测试函数的真实最优有效前沿。

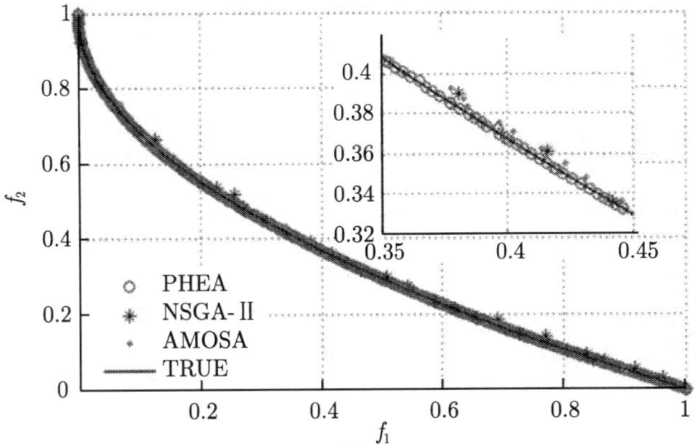

(a) ZDT1

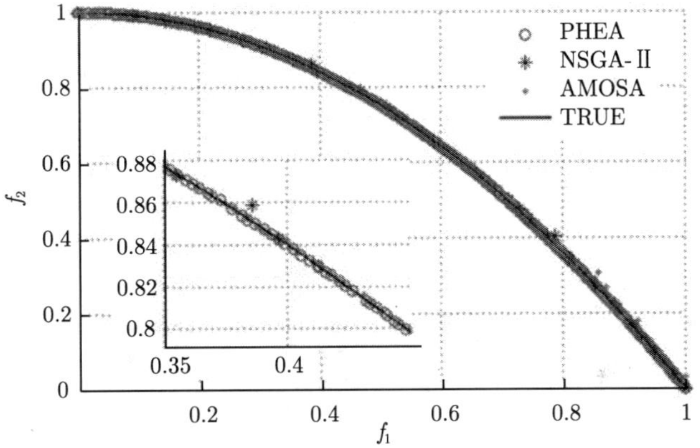

(b) ZDT2

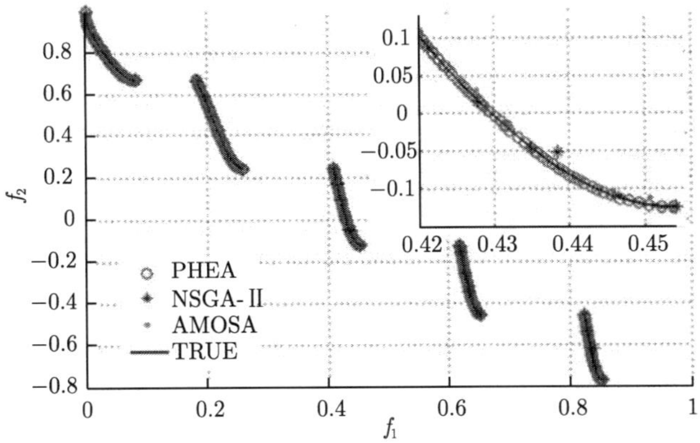

(c) ZDT3

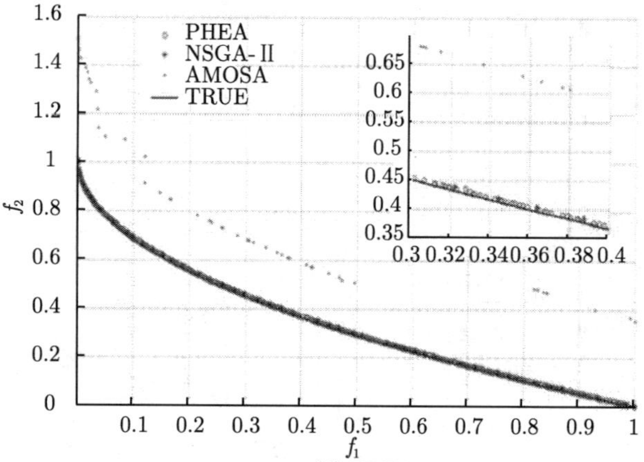

(d) ZDT4

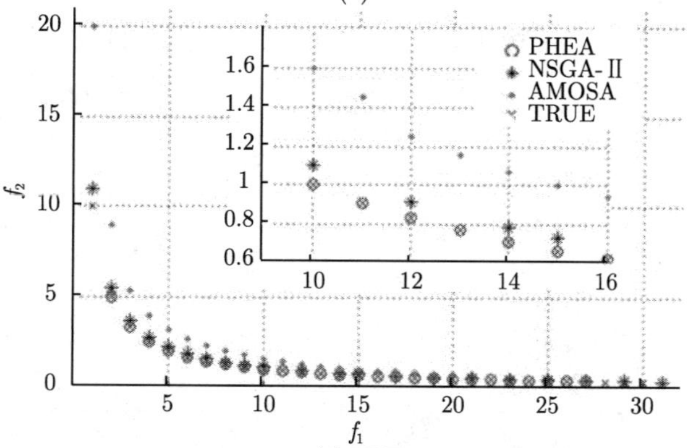

(e) ZDT5

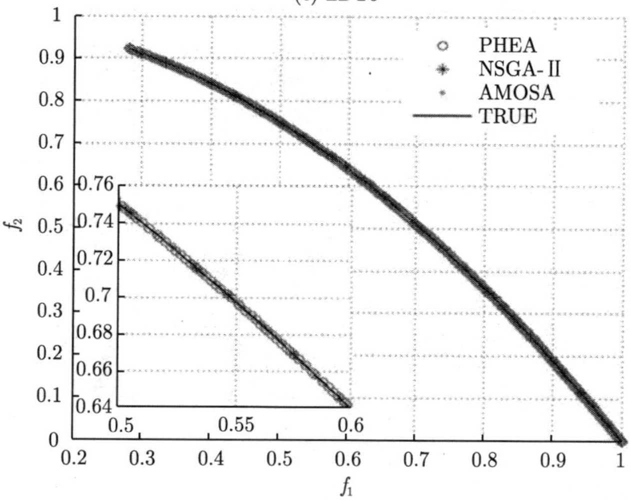

(f) ZDT6

图 2.2　Benchmark 测试函数求解结果 (后附彩图)

由图 2.2 可知，PHEA、NSGA-II 和 AMOSA 共同呈现出求解结果不依赖于目标函数结构和形状的特点，但求解效果具有很大差异性。

(1) AMOSA 对于 ZDT1-2 的求解优于 NSGA-II，但没有搜索到 ZDT3 上 $f_1 \in [0.8, 0.9]$ 区间最优有效前沿中的解，也没有搜索到 ZDT4-5 最优有效前沿中的解。ZDT6 上的求解得到的有效解集聚在 $f_1(\boldsymbol{x})$ 接近 1 的区域。

(2) NSGA-II 除在 ZDT1-2 上的求解效果较差之外，在 ZDT3-6 上均能搜索到或接近搜索到最优有效前沿中的部分解，求解效果明显优于 AMOSA。

(3) PHEA 在 ZDT1-6 上的求解效果均明显优于前两者，而没有受到目标函数形状 (上凸、下凹、非凸非凹)、连续或离散、分布是否均匀等因素影响，PHEA 能搜索到除 ZDT4 之外所有测试函数最优有效前沿上的解。受 ZDT4 多峰性的影响，PHEA 的求解性能仍有待改进。对于 ZDT6，PHEA 可以不受有效前沿分布不均匀的影响，在有效前沿的各个区域均能搜索到分布较为均匀的有效解。在有效解数量方面，直观看出 PHEA 能搜索到更多有效解。在有效解质量方面，由各图的子图可以看出除 ZDT4 之外，PHEA 基本能搜索到所有测试函数最优有效前沿上的解。

综合上述分析，从 ZDT1 到 ZDT6，随着测试函数求解难度的增加，NSGA-II 和 AMOSA 均出现不同程度的求解质量下降，而 PHEA 始终保持稳定的更优性能。因此从算法本身性能角度，PHEA 对于 Benchmark 测试函数 ZDT1-ZDT6 的求解结果要优于 NSGA-II 和 AMOSA。

2.3.3 数值实验和结果分析

通过求解 Benchmark 函数对所构建的混合进化算法 PHEA 进行性能检验后，本部分将结合实际生产过程的历史数据和经验知识，设计随机生成数值实验来检验所提出的并行混合进化算法的有效性，以及结合问题结构特性对算法性能的进一步改进。首先比较 PHEA 与 NSGA-II、AMOSA 的求解性能，验证并行混合进化算法的有效性，并分析采用主从结构的并行计算方式设计上述算法有助于加快其求解速度。接下来比较 PHEA-POSQ 与 PHEA 的求解性能，验证结合分析得出的问题结构特性对算法性能的改进。具体对比过程采取对一次典型求解过程的比较分析，以及在不同问题规模下对 20 个随机生成实验算例求解结果的量化分析方式进行。

1) 实验规模和参数设置

为了检验不同情况下算法性能，设计表 2.1 所示的不同实验规模，针对四种情况分别进行 20 次实验，对比分析 PHEA、NSGA-II、AMOSA 及 PHEA-POSQ 的求解效果，验证 PHEA 优于 NSGA-II、AMOSA 的求解性能，以及引入问题结构特性的 PHEA-POSQ 比 PHEA 在收敛性和有效前沿质量上的改进。采用文献 [18]

的参数设置方法，结合加工过程中的实际数据，实验中每个工件的属性特征均以离散均匀分布随机生成，包括工件的正常加工时间 $\bar{p}_j \in [1,100]$，正压缩率 $b_j \in (0,1]$，最大资源分配量 $\bar{u}_j \subset [0.6 \times \bar{p}_j/b_j, 0.9 \times \bar{p}_j/b_j]$ 和单位资源费用 $c_i \in [2,9]$。恶化率 $\alpha = 0.01$，单位完工时间费用 $q = 1$。

表 2.1　四种实验参数

	实验 1	实验 2	实验 3	实验 4
n_O	10	30	80	130
n_N	5	20	35	55

通过对不同规模问题的大量重复实验，完成对所设计的 PHEA 和 PHEA-POSQ 算法的参数选择，其中包括对于小规模问题 $n \leqslant 50$，种群规模为 pop = 50，而对于大规模问题 $n > 50$，pop = 100；档案文件大小 HL = pop，SL = HL + 30；爬山操作次数 climbUpNum = 3；Markov 链长 MarkovChainLength = 3。根据文献 [174] 的实验结果，采用静态控制参数模式，设置交叉概率 $C_R = 0.8$，变异概率 $M_R = 1/n$，以二元锦标赛选择、单点交叉和均匀变异作为进化算子。限定算法运行时间为 $3n$CPU 时间，其中 n 为问题规模 $n = n_O + n_N$，即算法对于 10 个旧工件和 5 个新工件问题，最多运行 45s。为了公平对比，实验部分涉及的 NSGA-II 和 AMOSA 算法采用与 PHEA 相同的编码方式和参数设置。所有算法均使用 MATLAB 语言，在 MATLAB R2012b 8.0.0.783 版本下编程运算，采用相同的数据结构存储同类型数据。

2) 实验结果分析

数值实验中发现，四种算法针对不同规模实验的求解结果类似，为表达直观，这里对实验 2 的一次典型实验的求解过程和求解结果进行分析，其余实验结果使用衡量算法收敛性和有效前沿质量的性能指标进行量化说明。分析中首先对比 PHEA 与 NSGA-II、AMOSA 的求解效果，验证并行混合进化算法 PHEA 优于 NSGA-II 与 AMOSA 的求解性能，并分析采用主从结构的并行计算方式设计上述算法有助于加快算法的求解速度。接下来对比分析 PHEA-POSQ 与 PHEA 的求解效果，验证利用分析得出的问题结构特性来指导算法搜索过程，能进一步提高算法性能。

(1) 针对典型算例的一次求解过程分析。

图 2.3 给出四种算法在求解过程中每一代有效前沿距离理想点的收敛曲线，其中各算法的上下两条曲线分别对应平均距离和最优距离，理想点的横纵坐标分别对应加工成本和系统扰动分别最优的目标值。可以明显看出，四种算法的距离曲线均呈下降趋势，其中 PHEA 的距离曲线比 NSGA-II、AMOSA 接近横轴，体现所设计的 PHEA 算法具有比 NSGA-II、AMOSA 更好的收敛能力，而引入问题结构特性的 PHEA-POSQ 比 PHEA 的收敛速度更快。图 2.4 给出相应于图 2.3 求解

过程中每一代有效前沿的进化过程，显然 PHEA 进化过程中的每一代有效前沿比 NSGA-II、AMOSA 更接近理想点，而 PHEA-POSQ 的每一代有效前沿与理想点更加靠近，进一步支撑上述分析结果。

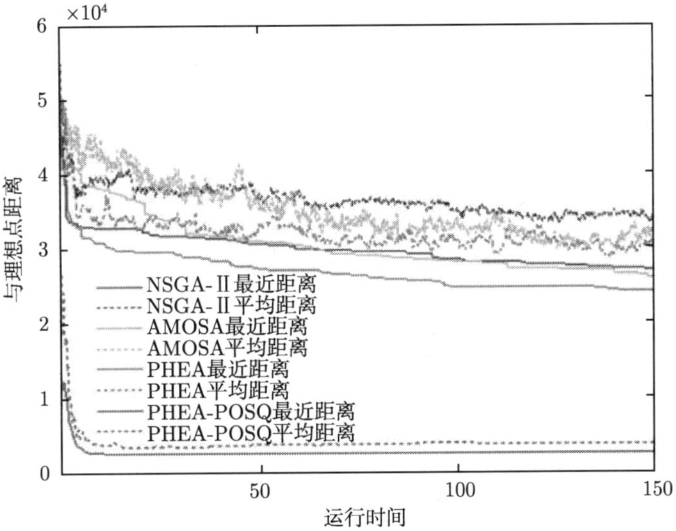

图 2.3 求解过程中距离理想点的收敛曲线 (后附彩图)

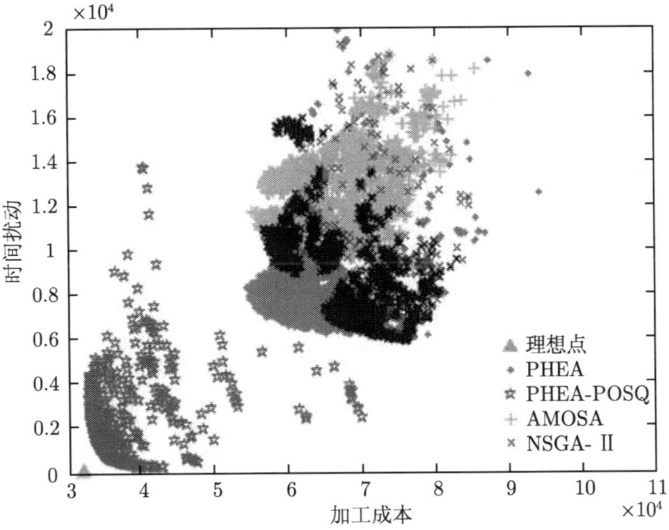

图 2.4 求解过程中每一代有效前沿的进化过程 (后附彩图)

为了进一步对比算法的求解效果，图 2.5 给出四种算法求解得到的有效前沿，其中绿色三角形代表理想点。可以直观看出，PHEA 的有效前沿比 NSGA-II、AMOSA

更加接近理想点，体现所设计的 PHEA 算法相对 NSGA-II、AMOSA 在算法层面的改进；PHEA-POSQ 的有效前沿在支配关系、有效解数量及多样性方面比 PHEA 更加优越，体现引入分析得出的问题结构特性能进一步提高算法性能。从图 2.5 还可以看出，有效解的两个目标之间是互为抵销的，较低的加工成本，将带来较高的系统扰动，反之亦然。其中橙色正方形代表扰动目标为 0 的常规干扰应对策略，橙色菱形代表原始调度目标最小的常规干扰应对策略，显然常规干扰应对策略要么加工成本较高，要么系统扰动较高，相比之下，采用元启发式算法求得有效前沿更加丰富实用，为决策者提供在两个目标之间进行权衡选择的多个干扰应对方案。

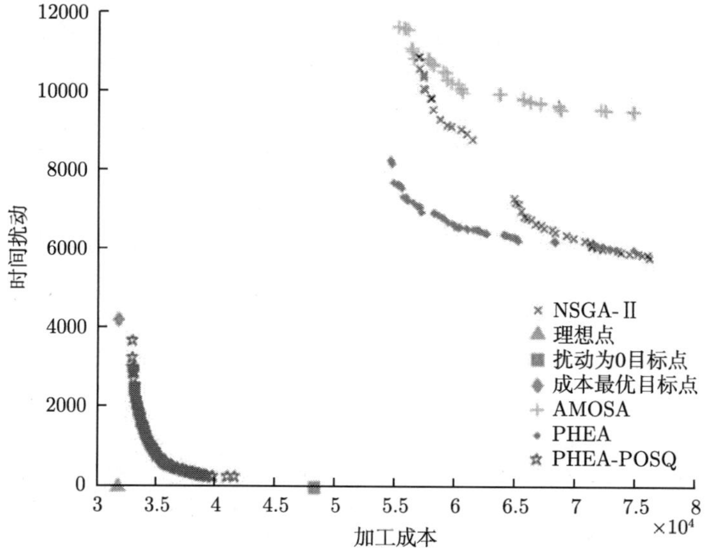

图 2.5 得到的有效前沿对比 (后附彩图)

(2) 并行计算方式对性能的影响。

为了检验采用主从结构的并行计算方式设计混合进化算法的优势，实验中同样对 PHEA 进行了基于串行计算方式的算法实现 (Serial Hybrid Evolutionary Algorithm，SHEA)，并对比其与 PHEA 在相同实验参数设置下，进化相同代数求解问题的时间花销和求解效果，如图 2.6 所示对实验 2 的一次典型求解过程，可以明显看出，PHEA 进化相同代数的时间花销接近于 SHEA 的一半，因此基于主从结构的并行计算方式能大幅度提升算法的求解速度。

(3) 针对多个算例求解结果的量化分析。

为了对算法性能进行定量分析，使用附录 A 中衡量算法收敛性和有效前沿多样性的性能指标，基于实验 1 — 实验 4 的各 20 个不同算例的运行结果，对比分析各算法的求解性能。PHEA 与 AMOSA 的指标对比跟 PHEA 与 NSGA-II 的对比结果类似，为避免重复，这里列出 PHEA 与 NSGA-II 的指标对比，如表 2.2 所示。PHEA-POSQ 与 PHEA 的指标对比，如表 2.3 所示。表中数据均来自 20 次实验结果的平均值，四舍五入保留两位小数。

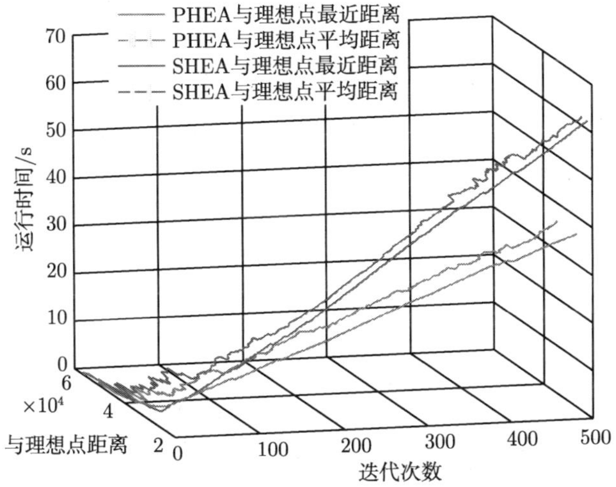

图 2.6 串行与并行算法求解过程中与理想点距离的收敛曲线 (后附彩图)

表 2.2 PHEA 与 NSGA-II 的性能衡量指标对比

规模	算法	ONVG(E)	CM(E,E'')	$D_{\text{ave}}(E,R)$	$D_{\max}(E,R)$	TS(E)	MS(E,R)	AQ(E)
$n_O=10$	PHEA	69.45	0.18	0.06	0.11	4.25	1.70	2182.41
$n_N=5$	NSGA-II	37.6	0.68	0.34	0.49	2.44	2.19	2266.87
$n_O=30$	PHEA	27.45	0.26	0.17	0.27	13.00	1.47	20182.84
$n_N=20$	NSGA-II	37.55	0.55	0.37	0.54	6.12	2.62	20597.14
$n_O=80$	PHEA	16.00	0.30	0.27	0.33	23.28	1.29	109560.03
$n_N=35$	NSGA-II	23.90	0.54	0.41	0.54	14.26	1.38	110191.65
$n_O=130$	PHEA	11.38	0.38	0.29	0.36	34.84	0.81	401961.80
$n_N=55$	NSGA-II	27.50	0.50	0.38	0.46	28.35	2.20	404560.45

表 2.3 PHEA-POSQ 与 PHEA 的性能衡量指标对比

规模	算法	ONVG(E)	CM(E,E'')	$D_{\text{ave}}(E,R)$	$D_{\max}(E,R)$	TS(E)	MS(E,R)	AQ(E)
$n_O=10$	PHEA-POSQ	35.60	0	0	0	4.57	1.00	1886.22
$n_N=5$	PHEA	69.45	0.85	0.41	0.58	4.25	1.29	2182.41
$n_O=30$	PHEA-POSQ	294.60	0	0	0	9.68	1.00	15325.26
$n_N=20$	PHEA	27.45	1.00	0.73	0.85	13.00	0.33	20182.83
$n_O=80$	PHEA-POSQ	363.50	0	0	0	20.42	1.00	65736.30
$n_N=35$	PHEA	16.00	1.00	0.90	0.97	23.28	0.19	109560.03
$n_O=130$	PHEA-POSQ	380.88	0	0	0	23.44	1.00	191408.51
$n_N=55$	PHEA	11.38	1.00	0.93	0.98	34.84	0.12	401961.80

表 2.2 的分析结果与表 2.3 类似，为避免重复，这里仅给出表 2.3 的分析结果：

(1) ONVG(PHEA-POSF) 的指标值在问题规模较大时均大幅度高于 ONVG (PHEA)，说明 PHEA-POSQ 在求解较大规模问题时，在有效解数量上比 PHEA 具有显著优势。

(2) CM(PHEA-POSF,PHEA) 在不同规模下的指标值均小于 CM(PHEA,PHEA-POSF)，说明 PHEA-POSQ 有效解的支配能力优于 PHEA，尤其在规模较大问题中，CM(PHEA-POSF,PHEA) 指标值为 0，而 CM(PHEA,PHEA-POSF) 指标值为 1.00，PHEA-POSQ 的有效解完全支配 PHEA。

(3) $D_{\text{ave}}(\text{PHEA-POSF}, R)$ 与 $D_{\max}(\text{PHEA} - \text{POSF}, R)$ 在不同规模下的指标值均为 0，而 $D_{\text{ave}}(\text{PHEA}, R)$ 与 $D_{\max}(\text{PHEA}, R)$ 的指标值均不同程度大于 0，甚至接近或等于 1，说明 PHEA-POSQ 的有效解与最优有效前沿的邻近性明显优于 PHEA。

(4) TS(PHEA-POSF) 的指标值在问题规模较大时低于 TS(PHEA)，说明 PHEA-POSQ 在求解较大规模问题时，有效前沿多样性优于 PHEA。

(5) MS(PHEA-POSF,R) 的指标值在问题规模较大时高于 MS(PHEA-POSF, R)，说明 PHEA-POSQ 在求解较大规模问题时，对最优有效前沿的覆盖程度优于 PHEA。

(6) AQ(PHEA-POSF) 在不同规模的指标值均小于 AQ(PHEA)，在问题规模较大时，两者相差幅度更大，说明 PHEA-POSQ 的有效解在分布多样性与最优有效前沿邻近性方面的综合质量明显优于 PHEA。

综合以上分析，并行混合进化算法 PHEA 具有优于 NSGA-II 和 AMOSA 的求解性能。利用问题结构特性引导搜索过程的 PHEA-POSQ 算法在收敛性和多样性方面均优于 PHEA，当问题规模较大时，上述优越性表现得更加显著。从而验证了所设计的并行混合进化算法对求解干扰应对问题的有效性，以及引入分析得出的问题结构特性对增强算法搜索能力的重要作用。上述实验结果充分说明具有恶化效应和加工时间可控的“预案 — 反应”策略干扰应对方法的有效性。针对计划外新任务到达干扰事件，该方式能够快速有效地提供多个干扰应对方案，供决策者在加工成本和系统扰动之间进行权衡选择和干扰应对。

2.4 本章小结

在具有恶化效应和加工时间可控的生产环境下，加工制造企业按照加工成本最优调度方案进行任务加工的过程中，由于市场需求的不确定性，会有计划外的新任务到达，对原有任务的加工安排造成扰动影响，其中包括完工时间延迟导致的扰动费用及对客户满意度影响等，从而导致原始调度方案不再最优。本章采用了“预

案 — 反应”策略以应对此类干扰事件。具体地，基于干扰事件的特点和决策者需求，定义了决策变量和目标函数，构造了同时优化加工成本和系统扰动的 Pareto 优化模型，从而使决策者可以在加工成本与系统扰动之间权衡选择相应的干扰应对方案。其中，加工成本以所有工件的总完工时间费用与资源消耗费用之和进行度量，系统扰动采用干扰应对方案中原有工件完工时间相对于原始完工时间的总延迟进行度量。

对于原始成本最优调度方案，本章给出了多项式时间最优算法。对于 Pareto 优化模型，本章分析了模型的结构特性，并设计了基于先验知识、多目标模拟退火和 NSGA-II 的新型多目标进化算法以能够快速有效地求解大规模的干扰应对问题。该算法充分利用 NSGA-II 算法在收敛性和多样性方面的优势，将多目标模拟退火过程引入 NSGA-II 进化框架以降低 NSGA-II 进化过程中陷入局部极优的概率，并利用分析得出的问题结构性质引导算法搜索过程以提高算法的收敛速度和求解质量。

最后，通过对 Benchmark 标准测试函数的求解结果分析，验证了本章所设计的混合进化算法的优越性。在此基础上，结合干扰应对问题的特点，设计了不同问题规模的随机生成数值实验。通过问题求解和结果分析，验证了所提出的具有恶化效应和加工时间可控的“预案 — 反应”策略干扰应对策略的有效性。同时，本章针对复杂组合优化问题特点进行结构性质分析，在此基础上进行求解算法的编码方式和进化机制设计，并结合问题的结构性质相关的先验知识引导搜索过程的求解算法设计思路，能够有效提高算法性能和求解质量，为复杂组合优化问题的求解提供了新思路。

第 3 章　考虑多生产因素的新任务到达应对方法

本章分别引入安排机器维护和加工可拒绝两类生产因素，构建了结合多生产因素进行干扰应对的集成优化模型并设计了算法，为干扰应对提供更具柔性的策略，为寻求更加快速有效的 Pareto 优化问题的求解算法进行了有益探索。

该模型分别将安排机器维护和加工可拒绝两类生产因素与重调度进行集成优化，有效地提高了干扰应对的效果和柔性。针对模型特点，设计了基于先验知识、差分进化变异、禁忌搜索和 NSGA-II 新型多目标进化算法以能够快速有效地求解大规模的干扰应对问题。该算法将差分进化变异引入 NSGA-II 进化框架以更好地平衡局部搜索和全局搜索，引入了禁忌搜索策略以降低 NSGA-II 进化过程中陷入局部极优的概率，并利用分析模型的结构性质引导算法搜索过程以提高算法的收敛速度和求解质量，从而克服了现有研究成果难以快速有效应对干扰事件的不足，同时也为 Pareto 优化问题的求解提供了新工具。

3.1　考虑多生产因素的新任务到达应对分析

在加工制造企业的实际加工过程中，为了有效降低加工成本和提高生产调度的柔性，可以安排机器维护以降低恶化效应的影响，在一定程度上或完全恢复机器的加工效率；或者通过拒绝加工部分工件以满足苛刻的时间约束或有限的资源限制。其中，对于拒绝加工的部分工件，可以通过外包的方式安排其他企业加工或不予加工这部分工件。因此，安排机器维护和拒绝加工部分工件必然会在干扰事件的应对中发挥重要作用。基于此，本章将在第 2 章的基础上，分别将安排机器维护和加工可拒绝两类生产因素引入新任务到达应对中，与重调度进行集成优化，构建同时优化加工成本和系统扰动的 Pareto 优化模型，以提高干扰应对的柔性。

通过对实际加工过程的历史数据进行统计分析，以及查阅已有国内外文献可知，机器维护的持续时间会依赖于其维护开始时间，通常定义为维护开始时间的线性函数[49]；拒绝每个工件的加工，通常需要根据不同工件支付一定惩罚费用，作为不予加工的满意度补偿或外包加工费用。考虑上述生产因素将增加机器维护位置、拒绝工件集合等决策变量，并使干扰应对模型中的工件加工时间等的函数形式发生改变，从而导致相应的干扰应对模型更加复杂和难以求解。如何结合模型的结构性质设计快速有效的多目标进化算法以求解上述的干扰应对模型，得到可以供决策者在加工成本和系统扰动之间进行权衡选择的干扰应对方案，成为本章干扰应对方案得以快速形成的保证。

为此，本章将基于加工环境、干扰事件和生产因素的特点以及决策者需求，对干扰应对模型的决策变量及目标函数进行定义，采用“预案 — 反应”的干扰应对策略，以 Pareto 优化的方式构建同时优化加工成本和系统扰动的应对模型。对工件的加工次序、资源分配量等问题结构性质进行分析，在此基础上进行求解算法编码方式以及进化机制的设计，在 NSGA-II 算法框架基础上引入差分进化 (differential evolution，DE) 变异操作、禁忌搜索规则，保证求解算法具有较优的局部搜索能力和全局搜索能力，并引入模型结构性质相关的先验知识引导搜索过程，进一步提高求解算法的收敛速度和求解质量。最后，参考实际加工环境特点和经验数据，设计随机数值实验检验恶化效应和加工时间可控环境下，考虑多生产因素的新任务到达应对模型和算法的有效性。

3.2 考虑机器维护的集成优化干扰应对方法

3.2.1 考虑机器维护的原始调度方案制定

根据 3.1 节中的问题分析，针对与 2.2 节中类似生产环境下的计划外新工件达到问题，当工件 J_j 的实际开始加工时间为 t_j 时，其实际加工时间 p_j 可以表示为

$$p_j = \bar{p}_j + \alpha t_j - b_j u_j, \quad 0 \leqslant u_j \leqslant \bar{u}_j < \bar{p}_j / b_j \tag{3.1}$$

相关参数的含义详见 2.2 节。

为降低恶化效应的影响，在生产周期之内安排一次机器维护，其维护时长往往依赖于其维护开始时间[49]。具体地，当机器维护的实际开始时间为 t 时，其机器维护时长可以表示为：$M = \beta + \gamma t$，其中 $\beta > 0$ 表示基本的机器维护时长，$\gamma > 0$ 表示机器维护活动的恶化率。机器维护后会提高机器的加工效率，这里假设经过机器维护后，机器的加工效率得以完全恢复，从而安排在机器维护之后的第一个工件的实际加工时间为其正常加工时间。由于加工过程中工件不允许中断，不妨假设机器维护被安排在第 m 个工件之后进行，则对于在机器维护前加工的工件 J_j，$1 \leqslant j \leqslant m$，其实际加工时间 $p_{[j]} = \bar{p}_{[j]} + \alpha t_{[j]} - b_{[j]} u_{[j]}$；而对于机器维护后加工的工件 J_j，$m+1 \leqslant j \leqslant n_O$，$p_{[j]} = \bar{p}_{[j]} + \alpha \left[t_{[j]} - C_{[m]} - \left(\beta + \gamma C_{[m]}\right)\right] - b_{[j]} u_{[j]}$，其中 $[\cdot]$ 表示安排在相应位置加工的工件标号。对机器进行机器维护会消耗一定的人力和物力，产生一定的机器维护费用。这里考虑机器维护费用与机器维护时长线性相关的情形，即维护时长为 M 的机器维护活动需要的维护费用为 $q_2 \cdot M$，其中令 q_2 表示单位机器维护时长费用。

考虑带有机器维护时，原始最优调度方案的制定问题可以描述为对工件的加工次序、资源分配量以及机器维护的位置同时进行决策，从而最小化总的加工成

本。其中加工成本用工件的总完工时间费用、资源消耗费用以及机器维护费用和度量。利用生产调度问题的三参数表示法，原始最优调度方案的制定问题可以表示为

$$1|p_j = \bar{p}_j + \alpha t_j - b_j u_j, \quad \text{ma}\left| q_1 \sum_{J_j \in J_O} C_j + \sum_{J_j \in J_O} c_j u_j + q_2 M \right. \tag{3.2}$$

其中 ma 表示机器维护，q_1 表示单位完工时间费用。将该问题记为问题 (***P*2I**)。

问题 (***P*2I**) 的最优调度方案 π^* 可以通过求解以下三个子问题得到。

子问题 1：给定工件的加工序列 $S = \left(J_{[1]}, J_{[2]}, \cdots, J_{[n_O]}\right)$和机器维护位置 m，求解最优资源分配策略 $u^* = \left(u^*_{[1]}, u^*_{[2]}, \cdots, u^*_{[n_O]}\right)$，其中 $J_{[j]}$ 表示 S 中的第 j 个工件，m 表示在第 m 个工件后安排机器维护；

子问题 2：给定机器维护位置 m 和最优资源分配策略，求解最优的工件加工次序；

子问题 3：穷举 m 所有可能的取值，从而求出最优解。具体求解过程如下：

1) 子问题 1 的求解

由于要优化的目标是工件完工时间的正则函数，机器维护的开始时间必为第 m 个工件的完工时间。于是，对于给定的 $S = \left(J_{[1]}, J_{[2]}, \cdots, J_{[n_O]}\right)$，总加工成本可以表示为

$$\begin{aligned}
& q_1 \sum_{J_i \in J_O} c_j + \sum_{J_j \in J_O} c_j u_j + q_2 M \\
= & \sum_{j=2}^{m} [q_1 (n_O - j + 1) + \gamma (n_O - m + q_2)] p_{[j]} + \sum_{j=m+1}^{n_O} q_1 (n_O - j + 1) p_{[j]} \\
& + \sum_{j=1}^{n_O} c_{[j]} u_{[j]} + \beta(q_1 (n_O - m) + q_2) \\
= & \sum_{j=1}^{n_O} \tilde{w}_j p_{[j]} + \sum_{j=1}^{n_O} c_{[j]} u_{[j]} + \beta(q_1 (n_O - m) + q_2)
\end{aligned}$$

其中 $\tilde{w}_j = \begin{cases} q_1 (n_O - j + 1) + \gamma (n_O - m + q_2), & 1 \leqslant j \leqslant m, \\ q_1 (n_O - j + 1), & m + 1 \leqslant j \leqslant n_O \end{cases}$ 代表第 j 个位置的权重，$j = 1, 2, \cdots, n_O$。

将 $p_j = \bar{p}_j + \alpha t_j - b_j u_j$ 代入上式可得

$$\sum_{j=1}^{m} \tilde{w}_j p_{[j]} + \sum_{j=m+1}^{n_O} \tilde{w}_j p_{[j]} + \sum_{j=1}^{n_O} c_{[j]} u_{[j]} + \beta \left(q_1 (n_O - m) + q_2\right)$$

$$
=\sum_{j=1}^{n_O} W_j\left(\bar{p}_{[j]}-b_{[j]}u_{[j]}\right)+\sum_{j=1}^{n_O} c_{[j]}u_{[j]}+\beta\left(q_1\left(n_O-m\right)+q_2\right)
$$

$$
=\sum_{j=1}^{n_O} W_j\bar{p}_{[j]}+\sum_{j=1}^{n_O}\left(c_{[j]}-W_jb_{[j]}\right)u_{[j]}+\beta\left(q_1\left(n_O-m\right)+q_2\right)
$$

其中 $W_j=\begin{cases}\sum_{i=j}^{m}\sum_{k=0}^{i-j}R_{i-j+1,k+1}\alpha^k\tilde{w}_i, & 1\leqslant j\leqslant m,\\ \sum_{i=j}^{n_O}\sum_{k=0}^{i-j}R_{i-j+1,k+1}\alpha^k\tilde{w}_i, & m+1\leqslant j\leqslant n_O,\end{cases}$ $R_{i,j}$ 通过迭代计算得到，对于 $i,j=2,3,\cdots,n_O$，$R_{i,j}=R_{i-1,j-1}+R_{i-1,j}$，$R_{1,1}=1$，$R_{1,j}=0$，$R_{i,1}=0$。

由于 $\sum_{j=1}^{n_O}W_j\bar{p}_{[j]}$ 为固定常数，总加工成本依赖于 $\sum_{j=1}^{n_O}\left(c_{[j]}-W_jb_{[j]}\right)u_{[j]}$。因此，当 $c_{[j]}\geqslant W_jb_{[j]}$ 时，其最优资源分配量为 $u^*_{[j]}=0$，否则最优资源分配量为 $u^*_{[j]}=\bar{u}_{[j]}$。

2) 子问题 2 的求解

对于 $1\leqslant j,r\leqslant n_O$，定义 C_{jr} 表示将工件 J_j 安排至第 r 个加工位置的权重：

$$
C_{jr}=\begin{cases}W_r\bar{p}_j+\beta(q_1\left(n_O-m\right)+q_2)/n_O, & r=1,2,\cdots,n_O;c_j\geqslant W_rb_j\\ W_r\bar{p}_j+(c_j-W_rb_j)\,\bar{u}_j+\beta(q_1\left(n_O-m\right)+q_2)/n_O, & r=1,2,\cdots,n_O;c_j<W_rb_j\end{cases}
$$

同时引入二维 0-1 变量 x_{jr}，其中 $x_{jr}=1$ 表示将工件 J_j 安排在第 r 个位置加工，否则 $x_{jr}=0$。那么子问题 2 可以转换为如下指派问题：

$$
\begin{aligned}
&\min \quad \sum_{r=1}^{n_O}\sum_{j=1}^{n_O}C_{jr}x_{jr}\\
&\text{s.t.} \quad \sum_{r=1}^{n_O}x_{jr}=1,\quad j=1,2,\cdots,n_O\\
&\sum_{j=1}^{n_O}x_{jr}=1,\quad r=1,2,\cdots,n_O\\
&x_{jr}\in\{0,1\},\quad r,j=1,2,\cdots,n_O
\end{aligned}
$$

上述指派问题可以在多项式时间 $O\left(n_O^3\right)$ 内求得最优解。

3) 子问题 3 的求解

通过穷举 m 所有可能的取值 $m\in\{0,1,2,\cdots,n_O\}$，并相应求解一系列上述指派问题，可以求得问题 (***P*2I**) 的最优解，相应的时间复杂度为 $O\left(n_O^4\right)$。

3.2.2 考虑机器维护的集成优化干扰应对模型的构建

由于加工环境的不确定性，假定 π^* 确定后会有一批新工件 $J_N=\{J_{n_O+1}, J_{n_O+2},\cdots,J_{n_O+n_N}\}$ 到达。为有效地应对干扰，需要对所有工件 $J=J_O\bigcup J_N$ 进

行重调度。这里，进一步考虑将机器维护引入干扰应对过程，与重调度进行集成决策，以提高干扰应对的柔性，从而更加有效地在最小化加工成本的同时，降低系统扰动对生产过程利益相关方的影响。上述干扰应对过程需要对工件的加工次序、资源分配量以及机器维护位置进行集成决策。机器维护的安排，同样会带来一定的维护费用，这里采用与 3.2.1 节中相同的机器维护时长和维护费用计量方式，并将维护费用计入加工成本。于是，加工成本用所有工件的总完工时间费用、总资源费用和机器维护费用和度量：

$$f_1 = q_1 \sum_{J_j \in J} C_j + \sum_{J_j \in J} c_j u_j + q_2 M \tag{3.3}$$

系统扰动采用原始工件在新调度方案的完工时间相对于其在原始最优调度方案中的完工时间的总延迟进行度量：

$$f_2 = \sum_{J_j \in J_O} T_j = \sum_{J_j \in J_O} \max\left\{C_j - \bar{C}_j, 0\right\} \tag{3.4}$$

上述生产调度干扰应对问题 (记为问题 ($\boldsymbol{P2}$)) 是双目标优化问题，两个优化目标之间存在相互制约关系，这里采用 Pareto 优化的方式处理。利用生产调度问题的三参数表示法，问题 ($\boldsymbol{P2}$) 可以表示为

$$1\left|p_j = \bar{p}_j + \alpha t_j - b_j u_j, \quad \mathrm{ma}\right| \left(q_1 \sum_{J_j \in J} C_j + \sum_{J_j \in J} c_j u_j + q_2 M, \sum_{J_j \in J_O} T_j\right) \tag{3.5}$$

为了更有效地设计求解算法，这里首先对问题 ($\boldsymbol{P2}$) 的结构特性进行分析，从而在此基础上提取先验知识用于指导算法设计。

3.2.3 考虑机器维护的集成优化干扰应对模型的结构性质分析

引理 3.1 对于问题 ($\boldsymbol{P2I}$) 和 ($\boldsymbol{P2}$)，均存在一个最优调度方案，其中机器维护开始时间恰为某个工件的完工时间。

证明 由于要优化的目标均是工件完工时间的正则函数，工件和机器维护之间不存在空闲时间。否则除去空闲时间将使目标更优，得证。

引理 3.2 若给定 n_O 个工件的资源分配量 $\boldsymbol{u} = (u_1, u_2, \cdots, u_{n_O})$ 和机器维护位置 m，对于问题 ($\boldsymbol{P2I}$)，存在一个最优调度方案，其中工件是按照 $\bar{p}_j - b_j u_j$ 的非减顺序排列。

证明 通过相邻工件交换法进行证明。给定相应的资源分配策略，假设存在一个最优调度方案 $\sigma(\pi_1, J_i, J_j, \pi_2)$，其中 $\bar{p}_i - b_i u_i > \bar{p}_j - b_j u_j$，$\pi_1$ 和 π_2 分别表示部分调度方案，并且 π_1 中最后一个工件的完工时间为 t_0。保持其他工件不变，仅交换

J_i, J_j 的加工次序来构建一个新的调度方案 $\tilde{\sigma} = (\pi_1, J_j, J_i, \pi_2)$。$J_j$ 在 $\tilde{\sigma}$ 中的完工时间 $C_j(\tilde{\sigma}) = t_0 + \bar{p}_j + \alpha t_0 - b_j u_j$，$J_i$ 在 σ 中的完工时间 $C_i(\sigma) = t_0 + \bar{p}_i + \alpha t_0 - b_i u_i$。由于 $\bar{p}_i - b_i u_i > \bar{p}_j - b_j u_j$，易证 $C_j(\tilde{\sigma}) < C_i(\sigma)$ 成立。由于 $t_i(\tilde{\sigma}) = C_j(\tilde{\sigma})$，$t_j(\sigma) = C_i(\sigma)$，易知 $t_i(\tilde{\sigma}) < t_j(\sigma)$ 成立。接下来针对 σ 中给定预防性维护位置 m 的三种不同情形分别进行讨论。

(1) 若 $i \leqslant m < j$，那么交换 J_i 和 J_j 的加工次序后，机器维护的开始时间提前，相应地机器维护时长变短，于是，$t_0 + \bar{p}_j + \alpha t_0 - b_j u_j + \bar{p}_i + \alpha t_i(\tilde{\sigma}) - b_i u_i < t_0 + \bar{p}_i + \alpha t_0 - b_i u_i + \bar{p}_j + \alpha t_j(\sigma) - b_j u_j$，即 $C_i(\tilde{\sigma}) < C_j(\sigma)$。

(2) 若 $m < i$，那么交换 J_i 和 J_j 的加工次序后，对机器维护时长没有影响。而工件 J_i 和 J_j 的完工时间变化情况与 (1) 类似，即 $C_i(\tilde{\sigma}) < C_j(\sigma)$。

(3) 若 $m > j$，那么交换 J_i 和 J_j 的加工次序后，工件 J_i 和 J_j 的完工时间变化情况与 (1) 类似，即 $C_i(\tilde{\sigma}) < C_j(\sigma)$。进而，机器维护的开始时间提前，相应地维护时长变短。

综合上述三种情形可知，交换 J_i 和 J_j 的加工次序后，$\tilde{\sigma}$ 的总完工时间优于 σ。由于资源费用保持不变，机器维护时长没有变长，并且单位完工时间费用和单位维修为固定常数，$\tilde{\sigma}$ 的目标更优，这与 σ 的最优性假设矛盾，因此引理 3.2 成立。

定理 3.1 若给定 n 个工件的资源分配量 $\boldsymbol{u} = (u_1, u_2, \cdots, u_n)$ 和机器维护位置 m，对于问题 (***P*2**)，存在一个最优调度方案，其中安排在机器维护之前和之后的旧工件和新工件分别按照 $\bar{p}_j - b_j u_j$ 的非减顺序排列。

证明 与引理 3.2 的证明思路类似，这里首先考虑所有旧工件在给定资源分配策略下的加工次序特性。假设 Pareto 最优调度方案 $\sigma = (\pi_1, J_i, \pi_2, J_j, \pi_3)$ 中存在两个工件 $J_i, J_j \in J_O$ 满足 $\bar{p}_i - b_i u_i > \bar{p}_j - b_j u_j$，其中 π_1，π_2 和 π_3 分别表示子调度方案，并且 π_1 中最后一个工件的完工时间为 t_0。保持其他工件不变，仅交换 J_i 和 J_j 的加工次序来构建一个新的调度方案 $\tilde{\sigma} = (\pi_1, J_j, \pi_2, J_i, \pi_3)$。下面针对 σ 中给定机器维护位置 m 的三种不同情形，分别讨论交换 J_i 和 J_j 的加工次序对总加工成本和系统扰动的影响。

(1) 若 $i \leqslant m < j$，那么交换 J_i 和 J_j 的加工次序后：

对于总加工成本，由引理 3.2 的证明过程可知，工件 J_j 在 $\tilde{\sigma}$ 中的完工时间小于工件 J_i 在 σ 中的完工时间，进而 $\tilde{\sigma}$ 的子调度方案 π_2 中任意工件的完工时间均小于该工件在 σ 中的完工时间。于是，$\tilde{\sigma}$ 的总完工时间小于 σ 的总完工时间。在此基础上，由于 $i \leqslant m < j$，易知 $C_{[m]}(\tilde{\sigma}) < C_{[m]}(\sigma)$，这意味着交换次序后机器维护活动可以更早开始，需要的维护时长更短，对应的维护费用更低。上述交换过程中，资源消耗费用没有发生变化。因此，$\tilde{\sigma}$ 具有更小的总加工成本。

对于扰动成本，由引理 3.2 可知，$\bar{p}_i - b_i u_i > \bar{p}_j - b_j u_j$ 蕴含 $\bar{C}_j < \bar{C}_i$。根据引理 3.2 的证明过程可知，$C_j(\tilde{\sigma}) < C_i(\sigma) < C_i(\tilde{\sigma}) < C_j(\sigma)$(符号含义和引理 3.2 相

同)。因此，可以推导出如下结论:

$$T_j(\tilde{\sigma})+T_i(\tilde{\sigma})=\max\left\{C_j(\tilde{\sigma})-\bar{C}_j,0\right\}+\max\left\{C_i(\tilde{\sigma})-\bar{C}_i,0\right\}$$
$$\leqslant \max\left\{C_i(\sigma)-\bar{C}_i,0\right\}+\max\left\{C_j(\sigma)-\bar{C}_j,0\right\}=T_i(\sigma)+T_j(\sigma)$$

即 $\tilde{\sigma}$ 具有更小的系统扰动。

(2) 若 $m<i$，那么交换 J_i 和 J_j 的加工次序后:

对机器维护时长没有影响，即维护费用没有变化，而工件 J_i 和 J_j 的完工时间变化情况与 (1) 相同。因此，$\tilde{\sigma}$ 具有更小的总加工成本。此时，系统扰动的变化情况同样与 (1) 相同。因此，$\tilde{\sigma}$ 具有更小的系统扰动。

(3) 若 $m>j$，那么交换 J_i 和 J_j 的加工次序后:

工件 J_i 和 J_j 的完工时间变化情况与 (1) 相同，并且交换次序以后机器维护活动提前，需要的维护时长更短，对应的机器维护费用更低。因此，$\tilde{\sigma}$ 具有更小的总加工成本。此时，系统扰动变化情况同样与 (1) 相同。因此，$\tilde{\sigma}$ 具有更小的系统扰动。

基于上述分析，交换针对给定的机器维护位置 m 所对应的不同情形，通过重复进行上述交换，可以得到旧工件满足 $\bar{p}_j-b_ju_j$ 的非减顺序排列的 Pareto 调度方案。对新工件加工次序的证明过程与旧工件类似，不再赘述。综合上述分析，定理 3.1 成立。

定理 3.2　对于问题 $1\left|p_j=\bar{p}_j+\alpha t_j-b_ju_j,\text{ma}\right|(1-a)\left(q_1\sum_{J_j\in J}C_j+\sum_{J_j\in J}c_ju_j+q_2M\right)+a\sum_{J_j\in J_O}T_j$，$0<a<1$，存在一个最优调度方案，其中任何一个工件的资源分配量或者为零或者为可分配资源量的上限。

证明　假设存在一个最优调度方案，其中第 k 个位置工件的资源分配量为 $u_{[k]}\in\left[0,\bar{u}_{[k]}\right]$。下面针对资源分配量的一个小幅变化值 $\delta\in\left[-u_{[k]},\bar{u}_{[k]}-u_{[k]}\right]$，分析工件 $J_{[k]}$ 的资源分配量由 $u_{[k]}$ 变化为 $u_{[k]}+\delta$ 时，问题 (***P*2**) 两个目标值的变化情况。设机器维护的位置为 m。为便于计算对于新工件 $J_j\in J_N$，令 $\bar{C}_j=+\infty$。

针对机器维护位置的不同，对总加工成本的变化分以下两种情况进行讨论:

(1) 当 $m<k$ 时，

$$-q_1b_{[k]}\delta+\left[-(\alpha+1)q_1b_{[k]}\delta\right]+\left[-(\alpha+1)^2q_1b_{[k]}\delta\right]+\cdots$$
$$+\left[-(\alpha+1)^{n_O+n_N-k}q_1b_{[k]}\delta\right]+c_{[k]}\delta$$
$$=\left(c_{[k]}-\sum_{j=k}^{n_O+n_N}(\alpha+1)^{j-k}q_1b_{[k]}\right)\delta$$

(2) 当 $m \geqslant k$ 时，

$$-q_1 b_{[k]}\delta+\left[-(\alpha+1)q_1 b_{[k]}\delta\right]+\left[-(\alpha+1)^2 q_1 b_{[k]}\delta\right]+\cdots+\left[-(\alpha+1)^{m-k} q_1 b_{[k]}\delta\right]$$

$$+\left[-(1+\gamma)(\alpha+1)^{m+1-k} q_1 b_{[k]}\delta\right]+\cdots$$

$$+\left[-(1+\gamma)(\alpha+1)^{n_O+n_N-k} q_1 b_{[k]}\delta\right]+c_{[k]}\delta-q_2\gamma(\alpha+1)^{m-k} q_1 b_{[k]}\delta$$

$$=\left(c_{[k]}-\sum_{j=k}^{m}(\alpha+1)^{j-k} q_1 b_{[k]}-\sum_{j=m+1}^{n_O+n_N}(1+\gamma)(\alpha+1)^{j-k} q_1 b_{[k]}-q_2\gamma(\alpha+1)^{m-k} b_{[k]}\right)\delta$$

而对系统扰动的变化分以下四种情况进行讨论：

(1) 当 $m<k$ 并且 $\delta \geqslant 0$ 时，

$$\max\left\{\min\left\{\bar{C}_{[k]}-C_{[k]},0\right\},-b_{[k]}\delta\right\}+\max\left\{\min\left\{\bar{C}_{[k+1]}-C_{[k+1]},0\right\},-(\alpha+1)b_{[k]}\delta\right\}$$

$$+\cdots+\max\left\{\min\left\{\bar{C}_{[n_O+n_N]}-C_{[n_O+n_N]},0\right\},-(\alpha+1)^{n_O+n_N-k} b_{[k]}\delta\right\}$$

$$=\sum_{j=k}^{n_O+n_N}\max\left\{\min\left\{\bar{C}_{[j]}-C_{[j]},0\right\},-(\alpha+1)^{j-k} b_{[k]}\delta\right\}$$

(2) 当 $m<k$ 并且 $\delta<0$ 时，

$$\max\left\{\min\left\{C_{[k]}-\bar{C}_{[k]},0\right\}-b_{[k]}\delta,0\right\}+\max\left\{\min\left\{C_{[k+1]}-\bar{C}_{[k+1]},0\right\}-(\alpha+1)b_{[k]}\delta,0\right\}$$

$$+\cdots+\max\left\{\min\left\{C_{[n_O+n_N]}-\bar{C}_{[n_O+n_N]},0\right\}-(\alpha+1)^{n_O+n_N-k} b_{[k]}\delta,0\right\}$$

$$=\sum_{j=k}^{n_O+n_N}\max\left\{\min\left\{C_{[j]}-\bar{C}_{[j]},0\right\}-(\alpha+1)^{j-k} b_{[k]}\delta,0\right\}$$

(3) 当 $m \geqslant k$ 并且 $\delta \geqslant 0$ 时，

$$\max\left\{\min\left\{\bar{C}_{[k]}-C_{[k]},0\right\},-b_{[k]}\delta\right\}+\max\left\{\min\left\{\bar{C}_{[k+1]}-C_{[k+1]},0\right\},-(\alpha+1)b_{[k]}\delta\right\}$$

$$+\cdots+\max\left\{\min\left\{\bar{C}_{[m]}-C_{[m]},0\right\},-(\alpha+1)^{m-k} b_{[k]}\delta\right\}$$

$$+\max\left\{\min\left\{\bar{C}_{[m+1]}-C_{[m+1]},0\right\},-(1+\gamma)(\alpha+1)^{m+1-k} b_{[k]}\delta\right\}+\cdots$$

$$+\max\left\{\min\left\{\bar{C}_{[n_O+n_N]}-C_{[n_O+n_N]},0\right\},-(1+\gamma)(\alpha+1)^{n_O+n_N-k} b_{[k]}\delta\right\}$$

$$=\sum_{j=1}^{m}\max\left\{\min\left\{\bar{C}_{[j]}-C_{[j]},0\right\},-(\alpha+1)^{j-k} b_{[k]}\delta\right\}$$

$$+\sum_{j=m+1}^{n_O+n_N}\max\left\{\min\left\{\bar{C}_{[j]}-C_{[j]},0\right\},-(1+\gamma)(\alpha+1)^{j-k}b_{[k]}\delta\right\}$$

(4) 当 $m\geqslant k$ 并且 $\delta<0$ 时，

$$\begin{aligned}
&\max\left\{\min\left\{\bar{C}_{[k]}-C_{[k]},0\right\}-b_{[k]}\delta,0\right\}+\max\left\{\min\left\{\bar{C}_{[k+1]}-C_{[k+1]},0\right\}-(\alpha+1)b_{[k]}\delta,0\right\}\\
&+\cdots+\max\left\{\min\left\{\bar{C}_{[m]}-C_{[m]},0\right\}-(\alpha+1)^{m-k}b_{[k]}\delta,0\right\}\\
&+\max\left\{\min\left\{\bar{C}_{[m+1]}-C_{[m+1]},0\right\}-(1+\gamma)(\alpha+1)^{m+1-k}b_{[k]}\delta,0\right\}+\cdots\\
&+\max\left\{\min\left\{\bar{C}_{[n_O+n_N]}-C_{[n_O+n_N]},0\right\}-(1+\gamma)(\alpha+1)^{n_O+n_N-k}b_{[k]}\delta,0\right\}\\
=&\sum_{j=1}^{m}\max\left\{\min\left\{\bar{C}_{[j]}-C_{[j]},0\right\}-(\alpha+1)^{j-k}b_{[k]}\delta,0\right\}\\
&+\sum_{j=m+1}^{n_O+n_N}\max\left\{\min\left\{\bar{C}_{[j]}-C_{[j]},0\right\}-(1+\gamma)(\alpha+1)^{j-k}b_{[k]}\delta,0\right\}
\end{aligned}$$

综合以上所有情况的分析结果，当对工件 $J_{[k]}$ 的资源分配量从 $u_{[k]}$ 变化为 $u_{[k]}+\delta$ 时，$(1-a)\left(q_1\sum_{J_j\in J}C_j+\sum_{J_j\in J}c_ju_j+q_2M\right)+a\left(\sum_{J_j\in J_O}T_j\right)$的变化是 δ 的一个线性函数，其最优目标值将在 $\delta\in\left[-u_{[k]},\bar{u}_{[k]}-u_{[k]}\right]$ 的区间端点处取得。此时，对于 $J_{[k]}$ 的资源分配量要么为零，要么为其可分配资源量的上限，定理 3.2 得证。

3.2.4 基于先验知识和混合优化机制的多目标进化算法

3.2.4.1 算法设计思路

鉴于问题 ($\boldsymbol{P2}$) 的复杂性及求解的实时性需求，本节设计基于种群的进化算法，进而通过一次运行能够得到问题的 Pareto 有效前沿。由于问题 ($\boldsymbol{P2}$) 的决策变量包含工件的加工次序、资源分配量和安排机器维护的位置，具体进化过程将涉及对离散变量和连续变量的空间搜索。为保证求解算法的全局寻优和快速收敛，这里将基于具有较好收敛性和多样性的 NSGA-II 算法框架进行求解算法设计；为有效避免算法求解过程中陷入局部极优，将差分进化变异操作引入算法设计，采用自适应的变异切换方式，使用差分进化变异增强变异程度，提高收敛速度和全局搜索能力；使用高斯变异加强局部搜索，提高有效前沿的多样性和收敛性。在此基础上，引入定理 3.1 和定理 3.2 中加工次序相关的结构性质和资源分配策略用于引导搜索过程，进一步加快算法的收敛速度和求解质量。具体混合进化算法的设计包括如表 3.1 所示的三个层次。

表 3.1 求解算法设计的三个层次

算法	改进措施
NSGA-II/DE	将差分变异操作引入 NSGA-II
NSGA-II/DE+POSQ	将 Pareto 最优解性质引入 NSGA-II/DE
NSGA-II/DE+POSQ+AHS	将近似资源分配策略引入 NSGA-II/DE+POSQ

1) 将差分进化变异操作引入 NSGA-II 算法框架，以提高 NSGA-II 的收敛速度和全局寻优能力，并将相应算法简记为 NSGA-II/DE (an Elitist Non-dominated Sorting Genetic Algorithm with Differential Evolution)。差分进化算法可以通过 "DE $/x/y/z$" 表示[159]，其中 "DE" 表示 Differential Evolution，"x" 表示用于变异的基础向量，"y" 表示用于变异的差异向量的数量，而 "z" 对应两种不同的交叉操作: "bin" 代表 "binomial"，而 "exp" 代表 "exponential"。鉴于 "DE/rand/1/bin" 策略在现有研究中的优异求解质量和鲁棒性[160]，这里将基于该策略进行差分进化变异操作设计。

2) 在 NSGA-II/DE 的基础上，将定理 3.1 中关于工件加工次序的问题 (***P*2**) 的 Pareto 最优解特性引入算法设计，引导算法搜索过程，得到 NSGA-II/DE+POSQ (an Elitist Non-dominated Sorting Genetic Algorithm with Differential Evolution and Pareto Optimal Solution Quality) 算法。

3) 在 NSGA-II/DE+POSQ 的基础上，将定理 3.2 中的资源分配策略作为引导算法搜索过程的启发规则，并将基于 3.1.1 节指派模型求解得到的总加工成本最优解引入初始种群，构造 NSGA-II/DE+POSQ+AHS (an Elitist Non-dominated Sorting Genetic Algorithm with Differential Evolutionary, Pareto Optimal Solution Quality and Approximation Heuristic Strategy) 算法。

3.2.4.2 引入差分进化变异的 NSGA-II/DE 算法设计

NSGA-II/DE 算法流程如图 3.1 所示，其核心操作设置，如解的编码方式、种群初始化、适应度值计算、遗传算子 (选择、交叉和变异) 设计的具体描述如下。

1) 解的编码方式

对于问题 (***P*2**) 的任意可行解，采用如下 $2(n_O+n_N)+1$ 维向量 $\vec{x}_{i,t}$ 进行编码表示：

$$\vec{x}_{i,t}=\Big(\overbrace{x_{i,1,t},x_{i,2,t},\cdots,x_{i,n_O+n_N,t}}^{\pi\text{-part}},\underbrace{x_{i,n_O+n_N+1,t},x_{i,n_O+n_N+2,t}\cdots,x_{i,2(n_O+n_N),t}}_{y\text{-part}},\overbrace{x_{i,2(n_O+n_N)+1,t}}^{m\text{-part}}\Big)$$

$$i=1,2,\cdots,\text{pop};\quad t=1,2,\cdots,\text{Max\_gen} \tag{3.6}$$

其中 n_O 和 n_N 分别对应旧工件和新工件的个数，pop 表示种群规模，t 表示当前进化代数，Max_gen 表示最大进化代数。

上式中 π-part 对应所有工件的加工次序，元素的取值范围为 $\{1,2,\cdots,n_O+n_N\}$；y-part 表示 π-part 中相应位置工件的资源分配百分比，元素的取值为 [0, 1]；m-part 表示机器维护的位置，取值为 $\{1,2,\cdots,n_O+n_N\}$。

2) 种群初始化方式

对于 NSGA-II/DE，种群初始化通过随机生成方式实现。对于包含 pop 个个体的种群，任意个体的 π-part，y-part 和 m-part 分别在各自可行域内随机生成。

3) 适应度值计算

为了评价种群中的任意个体，需要通过其 π-part 和 y-part 共同确定工件的加工次序和资源分配量，通过 m-part 确定机器维护位置，从而得到问题 ($\boldsymbol{P2}$) 的可行调度方案，进而计算所有工件的完工时间、机器维护的开始时间和持续时间，以及该调度方案的总加工成本和系统扰动。对种群所有个体进行评价之后，基于非支配排序方法和拥挤距离计算进行有效前沿划分和适应度值分配[138]。

4) 基于中间交叉方式的交叉操作设计

针对通过锦标赛选择得到的一对父代个体，通过中间交叉 (intermediate crossover) 方式产生子代个体，具体包括对每个父代个体的 π-part，y-part 和 m-part，分别按照交叉概率 P_c 进行如下交叉操作：

$$o_{i,j,t}=p_{r1,j,t}+\text{rand}\cdot\text{ratio}\cdot(p_{r2,j,t}-p_{r1,j,t}) \tag{3.7}$$

$$i=1,2,\cdots,\text{pop};\quad j=1,2,\cdots,2(n_O+n_N)+1;\quad t=1,2,\cdots,\text{Max\_gen}$$

其中 $o_{i,j,t}$ 代表第 t 代进化种群中第 i 个个体的第 j 个向量元素，$p_{r1,j,t}$ 和 $p_{r2,j,t}$ 分别代表第 t 代父代种群中第 $r1$ 个和第 $r2$ 个父代个体的第 j 个向量元素，rand 代表基于均匀分布规则随机取自 [0, 1] 区间的小数，ratio 代表交叉操作比例。对 π-part 进行上述交叉操作后，需要对其中超出可行域的元素进行修复，保证元素取值控制在 $\{1,2,\cdots,n_O+n_N\}$ 范围内。此外，对于可能产生不可行加工次序，需要将其中重复出现的工件标号使用缺失的工件标号进行替代。同样，需要对 y-part 和 m-part 操作后得到的超出可行域的向量元素进行修复，使得元素取值分别控制在可行域 [0,1] 和 $\{1,2,\cdots,n_O+n_N\}$ 之内。

5) 采用自适应切换的变异操作设计

在算法进化早期阶段，使用变异幅度较大的变异算子可以增强算法的全局搜索能力，加快收敛速度，避免算法陷于局部最优[161]。而当算法进化至中后期，使用变异幅度较小的变异算子有利于在小邻域内加强局部搜索，避免破坏好的候选解。因此针对上述两个不同阶段分别设计针对具体问题的差分进化变异算子和高斯变异算子。两阶段之间的边界通过自适应方式进行控制，当算法进化过程中得到的每一代有效前沿距离理想点的最近距离和平均距离连续 stagnationFrequencyLimit 代不发生变化时，认为进化过程进入相对平稳阶段，即算法进化的中后期。图 3.1 分别叙述差分进化变异和高斯变异过程。

输入参数:	N_p: 种群规模 GEN_MAX: 最大进化代数 F: 差分变异操作中的变异算子 C_r: 差分变异操作中的交叉算子 r: 均匀变异范围 k: 均匀变异率 p_m: 均匀变异概率
输出参数:	E: 问题(***P*3**)的有效前沿
步骤 1	**初始化** **步骤** 1.1 随机生成规模为N_P的初始种群P_t，并对个体适应度值进行评价； **步骤** 1.2 对P_t中个体进行有效前沿划分； **步骤** 1.3 令E=∅, t=1　　　/*E 为有效前沿，t 为进化代数*/
步骤 2	**种群进化过程** **步骤** 2.1 通过二元锦标赛选择操作，从P_t中选择N_P个体构成父代种群P_P； **步骤** 2.2 对P_P进行交叉、变异操作，产生规模为N_P的子代种群P_O； **步骤** 2.3 合并P_t和P_O，进行基于非支配排序和拥挤距离的选择操作，得出N_P个 **步骤** 2.4 使用P_{t+1}中的非支配解更新E
步骤 3	令$t=t+1$
步骤 4	**终止条件** 如果$t \geqslant$Max_gen, 终止算法并输出E；否则转至步骤2

图 3.1 NSGA-II/DE 算法流程

(1) 差分进化变异操作。

步骤 1 基于差异向量的变异操作

差分变异操作涉及三个基本向量：目标向量 (来自当前种群的父向量)，变异向量 (通过差分变异操作得到的向量) 和试验向量 (通过合并变异向量和目标向量得到的子向量)。这里将对个体的 y-part 和 m-part 分别进行基于 “DE/rand/1/bin” 策略[160] 的差分进化变异操作。为了基于第 t 代种群中第 i 个目标向量 $\vec{x}_{i,t}$ 产生变异向量 $\vec{v}_{i,t}$，随机从当前种群选择三个不同的参数向量 $\vec{x}_{r_1,t}$, $\vec{x}_{r_2,t}$ 和 $\vec{x}_{r_3,t}$。使用梯度数 F 来控制任意两个向量 $\vec{x}_{r_2,t}$ 和 $\vec{x}_{r_3,t}$ 之间的偏差，并将其与第三个向量 $\vec{x}_{r_1,t}$ 相加，从而得到变异向量 $\vec{v}_{i,t}$:

$$\vec{v}_{i,t} = \vec{x}_{r_1,t} + F \cdot (\vec{x}_{r_2,t} - \vec{x}_{r_3,t}) \tag{3.8}$$

如果变异向量 $\vec{v}_{i,t}$ 的元素 $v_{i,j,t}$ 取值违反了边界约束，则通过如下方式进行修复:

$$v_{i,j,t} = \begin{cases} \min\{U_j, 2L_j - v_{i,j,t}\}, & v_{i,j,t} < L_j \\ \max\{L_j, 2U_j - v_{i,j,t}\}, & v_{i,j,t} \geqslant U_j \end{cases} \tag{3.9}$$

对于 π-part，采用基于置换的差分进化变异操作，该操作对基于置换的解的有效性已经得到验证[162]。对于两个不同置换，定义 $\otimes$ 操作来计算每个工件在两个置换中的位置差异: $P_1 \otimes P_2$ 返回一个与 P_1, P_2 相同维度的位置补偿向量 L。$\oplus$ 操作基于位置补偿向量 L 将当前置换转换为一个新的置换。基于置换的差分进化变异操作可以避免对不可行解的修复过程，从而更有效地进行全局搜索。上述过程可以表示如下:

$$\vec{v}_{i,t} = \vec{x}_{r_1,t} \otimes (\vec{x}_{r_2,t} \otimes \vec{x}_{r_3,t}) \tag{3.10}$$

基于上述变异过程，合并更新后的 π-part，y-part 和 m-part，可以得到相应的变异向量 $\vec{v}_{i,t}$。

步骤 2 交叉操作

为了增加种群的多样性，对通过变异操作产生的变量向量 $\vec{v}_{i,t}$ 进行交叉操作。按照 50% 的概率从当前种群或者从当前非支配解集中随机选择一个向量 $\vec{x}_{i,t,\text{best}}$，然后分别对 $\vec{v}_{i,t}$ 和 $\vec{x}_{i,t,\text{best}}$ 的 π-part，y-part 和 m-part 进行交叉操作。这里以不超过 $C_r \in (0,1)$ 的交叉率，采用二项式 (binomial) 交叉方式对每个向量元素实施操作，由变异向量继承得到的元素服从二项分布规则，具体表达如下:

$$u_{i,j,t} = \begin{cases} v_{i,j,t}, & \text{rand}_j(0,1) \leqslant C_r \text{ 或 } j = j_{\text{rand}} \\ x_{i,j,t,\text{best}}, & \text{其他} \end{cases} \tag{3.11}$$

$$i = 1, 2, \cdots, \text{pop}; \quad j = 1, 2, \cdots, n_O + n_N$$

其中 $\text{rand}_j(0,1)$ 是基于均匀分布规则随机取自 $(0,1)$ 区间的随机数。$j_{\text{rand}} \in \{1, \cdots, n_O + n_N\}$ 是随机选择的工件下标，使得 $\vec{u}_{i,t}$ 可以从 $\vec{v}_{i,t}$ 至少继承一个元素。于是，可得试验向量 $\vec{u}_{i,t}$ 的加工次序部分、资源分配部分和维护部分。$\vec{u}_{i,t}$ 的加工次序部分同样需要进行必要的修复从而保证其可行性。

步骤 3 选择操作

对于试验向量 $\vec{u}_{i,t}$ 和目标向量 $\vec{x}_{i,t}$，通过支配关系选择非支配解生存至下一代。如果 $\vec{u}_{i,t}$ 和 $\vec{x}_{i,t}$ 互为非支配解，那么选择跟理想点距离更近的解。这里理想点对应问题 ($\boldsymbol{P2}$) 两个目标分别最优的目标值构成的点。

(2) 高斯变异操作。

对于任意个体的资源分配部分和机器维护位置部分，按照变异概率 $P_m = 1/(n_O + n_N)$ 进行如下变异操作：

$$x_{i,j,t} = x_{i,j,t} + \left(\text{scale} - \text{shrink} \cdot \text{scale} \cdot \frac{\text{currentIter}}{\text{Max\_gen}}\right) \cdot (u_{\text{limit},j} - l_{\text{limit},j}) \cdot \text{rand}\, n \quad (3.12)$$

$$i = 1, 2, \cdots, \text{pop}; \quad j = n_O + n_N + 1, n_O + n_N + 2, \cdots, 2(n_O + n_N) + 1$$

$$t = 1, 2, \cdots, \text{Max\_gen}$$

其中 scale 表示变异幅度，shrink 表示收缩率，currentIter 表示当前进化代数，Max_gen 表示最大进化代数，$u_{\text{limit},j}$ 和 $l_{\text{limit},j}$ 表示 $x_{i,j,t}$ 取值的上、下界，而 rand n 表示基于高斯分布规则随机取自 (0,1) 区间的小数。经过上述操作后，需要对超出取值范围的向量元素进行修复从而保证其可行性。对于加工次序部分，对每个加工位置进行上述高斯变异操作，然后将相应位置的工件放置到变异后的加工位置，从而得到新的加工次序。

3.2.4.3 引入工件加工次序特性的 NSGA-II/DE+POSQ 算法设计

在 NSGA-II/DE 算法的基础上，将定理 3.1 中的问题 ($\boldsymbol{P2}$) 中工件的加工次序特性引入算法设计，引导搜索过程，可以得到 NSGA-II/DE+POSQ 算法。NSGA-II/DE+POSQ 采用与 NSGA-II/DE 相同的流程、编码方式，而种群初始化和其余主要操作的设计如下：

1) 种群初始化方式

首先基于随机方式生成 pop 个包含加工次序部分、资源分配部分和机器维护位置部分的个体。接下来根据定理 3.1 中关于问题 ($\boldsymbol{P2}$) 加工次序的先验知识，对每个个体的加工次序部分进行调整，使得机器维护前后的所有新旧工件分别按照 $\bar{p}_j - b_j u_j$ 的非减顺序排列。与此同时，对个体的资源分配部分也进行相应的次序调整。

2) 其余操作设计

NSGA-II/DE+POSQ 算法的适应度值计算、交叉操作和变异操作与 NSGA-II/DE 类似，区别在于对于交叉操作和变异操作产生的新个体，均需要按照定理

3.1 提取的先验知识对个体的加工次序部分和资源分配部分进行调整，保证机器维护前后的所有新旧工件分别按照 $\bar{p}_j - b_j u_j$ 的非减顺序排列。

3.2.4.4 引入资源分配策略的 NSGA-II/DE+POSQ+AHS 算法设计

在 NSGA-II/DE+POSQ 算法的基础上，将定理 3.2 中的资源分配策略作为引导搜索过程的启发规则引入算法设计，并将基于 3.2.1 指派模型求解得到的加工成本最优个体和系统扰动最优个体放入初始种群，可以得到 NSGA-II/DE+ POSQ+AHS 算法。其算法流程与 NSGA-II/DE+POSQ 相同，而解的编码、种群初始化和其他操作过程设计如下：

1) 解的编码方式

在 NSGA-II/DE+POSQ+AHS 算法中，同样采用表达式 (4.1) 中的编码方式，然而资源分配量部分的元素取自{0,1}集合，其中 “1” 表示为相应工件分配最大资源量，“0” 表示不分配资源。

2) 种群初始化方式

首先基于随机方式生成 pop − 2 个个体，其中每个个体的资源分配量随机取自{0,1}集合。接下来根据定理 3.1 对维修前后新旧工件的加工次序进行调整，保证它们分别按照 $\bar{p}_j - b_j u_j$ 的非减次序排列。与此同时，个体资源分配量部分同样做相应次序调整以保证与具体工件的对应。

基于 3.2.1 节指派模型求解针对所有工件集合 $\{J_1, J_2, \cdots, J_{n_O+n_N}\}$ 的总加工成本最优的有效解，以及保持旧工件 $\{J_1, J_2, \cdots, J_{n_O}\}$ 的原始加工安排不变，将新工件 $\{J_{n_O+1}, J_{n_O+2}, \cdots, J_{n_O+n_N}\}$ 按照加工成本最优方式排列至旧工件队尾加工的有效解，显然此时扰动目标为 0。将这两个有效解连同随机生成的个体一起，构成 NSGA-II/DE+POSQ+AHS 算法的初始种群。

3) 其他操作设计

NSGA-II/DE+POSQ+AHS 算法的适应度值计算、交叉操作和变异操作与 NSGA-II/DE+POSQ 均类似，区别在于对新生成个体的资源分配量部分的修复过程，需要保证相应元素取值保持在集合{0,1}之内。具体修复公式如下：

$$x_{i,j,t} = \begin{cases} 0, & x_{i,j,t} < 0.5 \\ 1, & x_{i,j,t} \geqslant 0.5 \end{cases} \tag{3.13}$$

$i = 1, 2, \cdots, \text{pop}; \quad j = n_O + n_N + 1, n_O + n_N + 2, \cdots, 2(n_O + n_N); \quad t = 1, 2, \cdots, N$

3.2.5 数值实验和结果分析

1) 实验设置和参数选择

为了检验算法进化机制混合、引入问题加工次序特性和资源分配近似策略的有效性，设计不同规模的算例进行数值实验。具体考虑四种问题规模 (n_O, n_N)，其中包括实验 1: (10, 5); 实验 2: (30, 20); 实验 3: (80, 35); 实验 4: (130, 55)。根据生产数据和经验参数[174]，工件 J_j 的正常加工时间 $\bar{p}_j$、单位资源费用 c_j 和正压缩率 b_j 均基于均匀分布规则随机取自 $U[1,100]$，$U[2,9]$ 和 $U[0,1]$，工件 J_j 的最大资源分配量 $\bar{u}_j$ 基于均匀分布规则随机取自 $U[0.6\bar{p}_j/b_j, 0.9\bar{p}_j/b_j]$，所有工件的共同恶化率为 $\alpha = 0.01$，机器维护的基本时长为 $\beta = 30$，维护活动的恶化率为 $\gamma = 0.01$，单位完工时间费用为 $q_1 = 1$，单位时长的维护成本为 $q_2 = 1$。针对不同规模实验，分别随机生成 30 组测试算例，使用所设计的 NSGA-II/DE+POSQ+AHS、NSGA-II/DE+POSQ 和 NSGA-II/DE 算法，以及 NSGA-II 算法分别进行求解，并对求解结果进行比较分析。

算法的参数设置对于其求解性能具有显著影响，这里基于实验 3 的问题规模对 NSGA-II/DE 算法进行参数寻优，其中包括种群规模 pop、交叉概率 P_c、交叉比例 ratio、高斯变异概率 P_m、高斯变异幅度 scale、高斯收缩幅度 shrink、最大进化代数 Max_gen，差分进化变异中的交叉概率 C_r 和变异算子 F。基于已有文献和经验数据，参数的初始值分别设置为 pop = 100, $P_c = 2/(2n_O + 2n_N + 1)$, ratio = 0.8, $P_m = 2/(2n_O + 2n_N + 1)$, scale = 0.1, shrink = 0.5, $C_r = 0.1$ 和 $F = 0.5$。通过度量求解所得有效前沿距离理想点的最近距离，逐一改变各个参数取值并检查参数取值变化对距离的影响，得到算法的调参结果如表 3.2 所示。调参过程中发现，算法求解过程中距离理想点的最近距离和平均距离均在 200 代之内趋于稳定，因此设置算法的最大进化代数为 Max_gen = 300。对于 stagnationFrequencyLimit 参数的设置，

表 3.2 调参结果

参数	备选值	算法性能($\times 10^4$)	参数	备选值	算法性能($\times 10^4$)
pop	50	7.03	(scale, shrink)	(0.1,0.1)	8.01
	100	**5.44**		(0.1,0.5)	7.94
	150	5.67		(0.1,0.9)	7.49
P_c	$2/(2n_O+2n_N+1)$	8.40		(0.5,0.1)	4.74
	$4/(2n_O+2n_N+1)$	**6.41**		(0.5,0.5)	5.09
	$6/(2n_O+2n_N+1)$	7.11		(0.5,0.9)	5.59
	$8/(2n_O+2n_N+1)$	6.97		(0.9,0.1)	4.25
ratio	0.8	6.26		(0.9,0.5)	**4.09**
	1.2	**5.39**		(0.9,0.9)	4.56
	1.6	5.69	C_r	0.1	7.85
P_c	$2/(2n_O+2n_N+1)$	**5.43**		0.3	**5.73**
	$4/(2n_O+2n_N+1)$	6.64		0.5	7.28
	$6/(2n_O+2n_N+1)$	7.73		0.7	5.78
	$8/(2n_O+2n_N+1)$	7.98		0.9	8.03
F	0.5	7.47			
	0.9	**5.83**			

采用多次重复实验的方式，确定 stagnationFrequencyLimit = 6 可以作为算法进化过程趋于相对平稳的判别方式。为公平对比，NSGA-II/DE+POSQ+AHS、NSGA-II/DE+POSQ 和 NSGA-II 算法采用与 NSGA-II/DE 相同的算法参数。

2) 结果分析

(1) 针对典型算例的一次求解过程分析。

为直观分析所设计算法的有效性，给出 NSGA-II/DE+POSQ+AHS、NSGA-II/DE+POSQ、NSGA-II/DE 和 NSGA-II 算法针对实验 3 一次典型求解过程的图示对比，其中包括初始种群、算法求解过程、有效前沿变化过程及输出有效前沿的对比，如图 3.2— 图 3.5 所示。图中横坐标对应总加工成本，纵坐标对应系统扰动。

从图 3.2 可以看出，NSGA-II 和 NSGA-II/DE 算法具有相同的初始种群。NSGA-II/DE+POSQ 算法初始种群的横纵坐标均大幅度小于 NSGA-II 和 NSGA-II/DE，体现引入定理 3.1 关于问题 (***P*2**) 加工次序的先验知识对算法初始种群个体进行调整，对所有个体的两个目标均有明显改进。定理 3.1 的合理有效性得到验证。NSGA-II/DE+POSQ+AHS 算法部分初始种群的横纵坐标小于 NSGA-II/DE+POSQ，体现引入定理 3.2 关于问题 (***P*2**) 资源分配近似策略调整初始种群个体，使部分个体的两个目标得到改进。定理 3.2 近似策略的有效性得到验证。

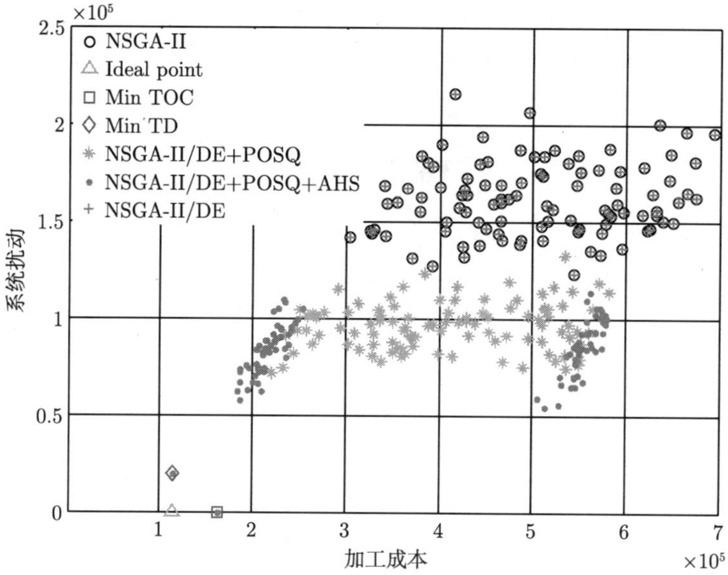

图 3.2 初始种群对比 (后附彩图)

NSGA-II/DE+POSQ+AHS 算法初始种群中同时涵盖了横纵坐标分别为 $(1.15\times10^5, 0.19\times10^5)$ 和 $(1.64\times10^5, 0)$ 的两个优质个体，对应基于 3.2.1 节构造的指派模型求解得到的总成本目标最优的有效解，以及系统扰动为 0 时的总成本目标最优解，它们支配了其余所有个体，提高了初始种群质量。同时，NSGA-II/DE+POSQ+AHS 算法未得到改进的初始种群个体，有助于提高种群的多样性，降低算法陷入局部极优的概率。

图 3.3 和图 3.4 分别给出了四种算法求解过程中，每一代有效前沿距离理想点的最近距离曲线和平均距离曲线，以及每一代有效前沿的变化过程。NSGA-II/DE 算法的最近距离曲线在整个进化过程中始终保持在 NSGA-II 算法下方，结合图 3.4 中两种算法有效前沿变化过程的对比可知，NSGA-II/DE 算法比 NSGA-II 具有更快的求解速度和收敛能力，体现出算法中混合进化机制设计的合理有效性。在此基础上，NSGA-II/DE+POSQ 算法的每一代有效前沿距离理想点的最近距离比 NSGA-II/DE 和 NSGA-II 更近，体现出 NSGA-II/DE+POSQ 算法更强的收敛能力，说明引入加工次序先验知识能有效提高算法收敛性。图 3.3 求解过程中 NSGA-II/DE+POSQ 算法的平均距离曲线在 NSGA-II/DE 之上和 NSGA-II/DE 算法的平均距离曲线在 NSGA-II 之上的情形，以及图 3.4 中 NSGA-II/DE 和 NSGA-II/DE+POSQ 算法进化过程中有效前沿更为均匀的分布情况，表现出算法较好的多样性，说明算法混合进化机制设计和加工次序先验知识能提高有效前沿多样性，同时，可以有效降低算法陷入局部极优的概率。

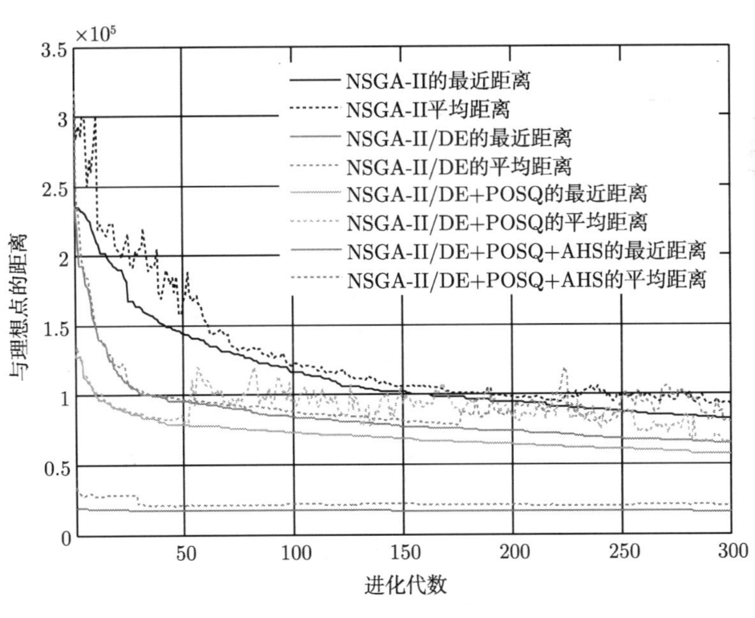

图 3.3 求解过程对比 (后附彩图)

图 3.3 中 NSGA-II/DE 算法的最近距离曲线在 [1,35] 代区间内的下降速度较快，随后逐渐放缓，但始终保持下降趋势且位于 NSGA-II 算法的最近距离曲线下

方，体现出算法进化前期的差分进化变异操作提高了算法收敛速度和寻优能力，算法进化中后期的高斯变异操作能够加强局部搜索能力，说明算法中自适应的变异操作设计的有效性。NSGA-II/DE+POSQ 算法的最近距离曲线同样表现出类似特征，不再赘述。

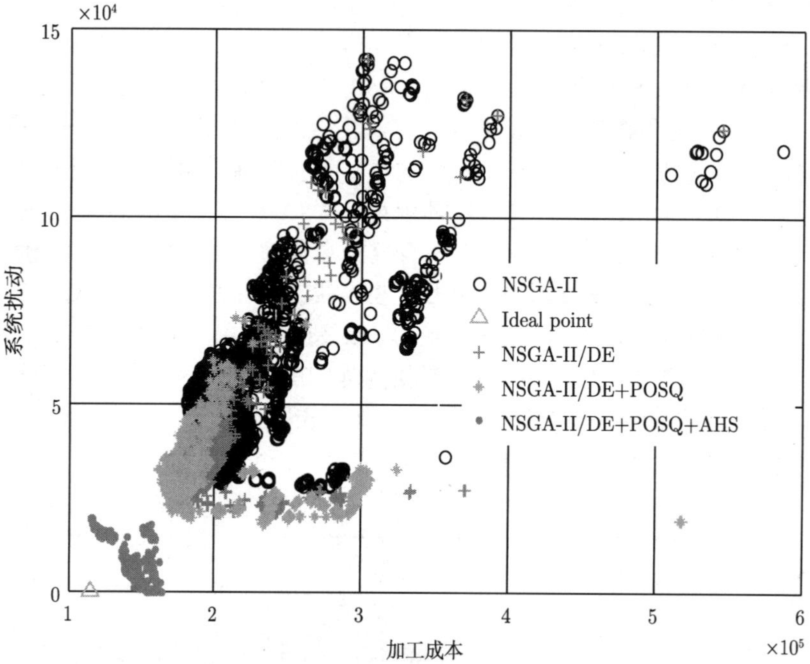

图 3.4　每一代有效前沿变化过程 (后附彩图)

图 3.3 中 NSGA-II/DE+POSQ+AHS 算法的最近距离曲线和平均距离曲线始终位于其他三种算法的下方，且大幅度接近横轴，以及图 3.4 中 NSGA-II/DE+POSQ+AHS 进化过程中每一代有效前沿均优于其他算法，表现出 NSGA-II/DE+POSQ+ AHS 算法能够快速收敛到高质量的有效前沿，说明引入定理 3.2 关于问题 (***P*2**) 资源分配近似策略指导搜索过程，以及采用求解指派问题得到的总加工成本最优解和系统扰动为 0 情形下的加工成本最优解改进算法初始种群，能进一步改进算法的收敛速度和求解质量。

图 3.5 绘制了四种算法得到的有效前沿对比，NSGA-II、NSGA-II/DE、NSGA-II/DE+POSQ 和 NSGA-II/DE+POSQ+AHS 算法的有效前沿质量依次得到改善，进一步验证了算法中进行局部搜索和全局搜索间权衡的混合进化机制设计、改善初始种群以及引入问题结构性质指导搜索过程的设计合理性，能够有效提高算法的求解质量。针对实验 1、实验 2、实验 4 规模问题的求解过程与实验 3 类似，不

再赘述。

(2) 针对多个算例求解结果的量化分析。

为了进一步验证分析得到的问题结构性质能有效指导搜索过程，提高算法求解能力，接下来对 NSGA-II/DE+POSQ+AHS 和 NSGA-II/DE 算法的求解性能进行量化分析。基于不同规模实验的各 30 组随机生成算例的求解结果，采用度量有效前沿收敛性和多样性的指标函数进行统计对比，具体统计结果如表 3.3 所示。指标函数说明可参见附录 A。

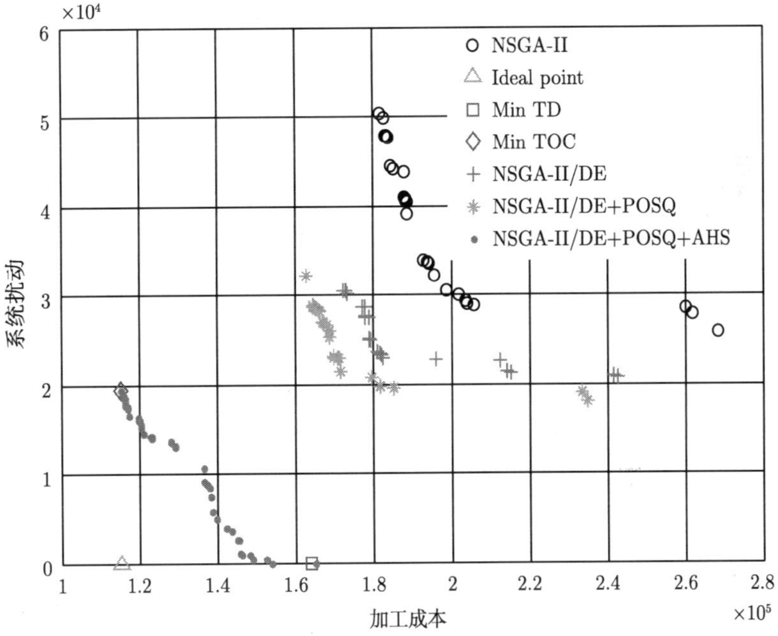

图 3.5 得到的有效前沿对比 (后附彩图)

对表 3.3 中的算法性能指标进行分析对比可知：NSGA-II/DE+POSQ+AHS 算法的CM、IGD和 $D_{\max}$ 指标均为 0，说明其完全覆盖了最优有效前沿 (或参考集合)；其HV和AQ这两个综合反映算法收敛性和多样性的指标明显优于 NSGA-II/DE 算法，体现了 NSGA-II/DE+POSQ+AHS 算法有效前沿具有更好的收敛性和多样性；其ONVG指标在小规模问题下小于 NSGA-II/DE 算法，但通过分析其他指标已获知 NSGA-II/DE+POSQ+AHS 算法的有效前沿对最优有效前沿的更好覆盖性和收敛性。随着问题规模的不断增大，NSGA-II/DE+POSQ+AHS 算法性能指标的优势更加明显。因此，引入分析得出的问题 (***P*2**) 结构性质指导算法搜索过程，可有效提高算法求解质量，同时进一步验证了定理 3.1、定理 3.2 的先验知识与近似策略，以及 3.2.1 节所构建的指派模型的正确合理性。

表 3.3　算法性能指标对比

指标	算法	实验 1		实验 2	
		ave	std	ave	std
ONVG	NSGA-II/DE+POSQ+AHS	22.43	6.66	28.20	8.10
	NSGA-II/DE	95.20	19.63	30.77	11.75
CM	NSGA-II/DE+ POSQ+AHS	0.23	0.27	0.00	0.00
	NSGA-II/DE	0.66	0.33	1.00	0.01
IGD	NSGA-II/DE+ POSQ+AHS	0.02	0.02	0.00	0.00
	NSGA-II/DE	0.06	0.05	0.30	0.12
$D_{\max}$	NSGA-II/DE+ POSQ+AHS	0.05	0.05	0.00	0.00
	NSGA-II/DE	0.19	0.13	0.39	0.15
HV	NSGA-II/DE+ POSQ+AHS	6.53×10^5	5.18×10^5	4.52×10^7	2.43×10^7
	NSGA-II/DE	5.67×10^5	4.57×10^5	2.59×10^7	1.99×10^7
AQ	NSGA-II/DE+ POSQ+AHS	2241.33	52.87	16524.31	337.28
	NSGA-II/DE	2321.62	68.65	19028.19	567.00
指标	算法	实验 3		实验 4	
		ave	std	ave	std
ONVG	NSGA-II/DE+POSQ+AHS	28.03	5.44	22.27	7.11
	NSGA-II/DE	26.40	8.67	17.50	5.33
CM	NSGA-II/DE+ POSQ+AHS	0.00	0.00	0.00	0.00
	NSGA-II/DE	1.00	0.00	1.00	0.00
IGD	NSGA-II/DE+ POSQ+AHS	0.00	0.00	0.00	0.00
	NSGA-II/DE	0.45	0.14	0.68	0.08
$D_{\max}$	NSGA-II/DE+ POSQ+AHS	0.00	0.00	0.00	0.00
	NSGA-II/DE	0.54	0.14	0.76	0.06
HV	NSGA-II/DE+ POSQ+AHS	2.12×10^9	1.20×10^9	5.49×10^9	2.76×10^9
	NSGA-II/DE	7.03×10^8	6.45×10^8	4.55×10^8	2.45×10^8
AQ	NSGA-II/DE+ POSQ+AHS	73038.60	2429.53	194533.90	6879.96
	NSGA-II/DE	91903.94	3457.79	241832.66	8181.48

3.3　考虑加工可拒绝的集成优化干扰应对方法

3.3.1　考虑加工可拒绝的原始调度方案制定

针对与 2.2 节中类似生产环境下的计划外新任务到达问题，当工件 J_j 的实际开始加工时刻为 t_j 时，其实际加工时间 p_j 可以表示为

$$p_j = \bar{p}_j + \alpha t_j - b_j u_j, \quad 0 \leqslant u_j \leqslant \bar{u}_j < \bar{p}_j / b_j$$

相关参数的含义详见 2.2 节。

为降低恶化效应的影响、满足机器加工能力或有限资源的限制，生产决策者可以拒绝加工部分工件以达到理想的服务水平。对于拒绝加工的工件，生产决策者可

以通过外包的形式安排第三方进行加工或完全不予加工。这会产生一些额外的费用，主要包含外包给第三方产生的相关费用或完全不加工这些工件带来的效益损失。具体地，用 $e_j\,(j=1,2,\cdots,n_O)$ 表示工件 J_j 的拒绝成本。对于接受加工的工件，需要在同一台机器上安排它们的加工。

此时原始调度方案的制定问题可以描述为对 $\{J_1,J_2,\cdots,J_{n_O}\}$ 中接受加工工件的集合 Ω、接受加工工件的加工次序及资源分配的集成决策，从而最小化包含接受工件的总完工时间费用、资源消耗费用和拒绝费用的总生产成本 $q\sum_{J_j\in\Omega}C_j+\sum_{J_j\in\Omega}c_ju_j+\sum_{J_j\in\bar{\Omega}}e_j$，其中 C_j 表示接受加工工件 J_j 在调度方案中的完工时间，q 表示单位完工时间费用，c_j 表示 J_j 的单位资源费用，而 $\bar{\Omega}$ 表示拒绝加工的工件集合。

利用生产调度问题的三参数表示法，上述生产成本最小化问题可以表示为

$$1\,|\,\mathrm{re}_j,\quad \bar{p}_j+\alpha t_j-b_ju_j|\,q\sum_{J_j\in\Omega}C_j+\sum_{J_j\in\Omega}c_ju_j+\sum_{J_j\in\bar{\Omega}}e_j \tag{3.14}$$

其中“1”表示单机加工环境；“re_j”表示允许拒绝加工服务；而“$\sum_{J_j\in\Omega}C_j+\sum_{J_j\in\Omega}c_ju_j+\sum_{J_j\in\bar{\Omega}}e_j$”表示对应问题的优化目标。将该问题记为问题 (***P*3I**)。

问题 (***P*3I**) 的最优调度方案 π^* 可以通过求解以下三个子问题得到。

子问题 1：给定接受加工工件的加工序列 $S=\left(J_{[1]},J_{[2]},\cdots,J_{[n_O-h]}\right)$，求解最优资源分配策略 $u^*=\left(u^*_{[1]},u^*_{[2]},\cdots,u^*_{[n_O-h]}\right)$，其中 $J_{[j]}$ 表示 S 中的第 j 个工件，而 h 表示拒绝加工工件数量；

子问题 2：给定拒绝加工工件数量 h 和最优资源分配策略，求解最优拒绝工件集和接受加工工件的次序；

子问题 3：穷举 h 所有可能的取值，从而求出最优解。具体求解过程如下：

1) 子问题 1 的求解

给定 h 和 $S=\left(J_{[1]},J_{[2]},\cdots,J_{[n_O-h]}\right)$，生产成本可以表示为

$$\begin{aligned}
&q\sum_{j_j\in A}C_j+\sum_{j_j\in\bar{A}}c_ju_j+\sum_{j_j\in\bar{A}}e_j=q\sum_{j=1}^{n_O-h}C_{[j]}+\sum_{j=1}^{n_O-h}c_{[j]}u_{[j]}+\sum_{j=n_O-h+1}^{n_O}e_{[j]}\\
&=q\left(C_{[1]}+C_{[2]}+\cdots+C_{[n_O-h]}\right)+\sum_{j=1}^{n_O-h}c_{[j]}u_{[j]}+\sum_{j=n_O-h+1}^{n_O}e_{[j]}\\
&=\sum_{j=1}^{n_O-h}q_{(n_O-h+1-j)}p_{[j]}+\sum_{j=1}^{n_O-h}c_{[j]}u_{[j]}+\sum_{j=n_O-h+1}^{n_O}e_{[j]}\\
&=\sum_{j=1}^{n_O-h}\tilde{w}_jp_{[j]}+\sum_{j=1}^{n_O-h}c_{[j]}u_{[j]}+\sum_{j=n_O-h+1}^{n_O}e_{[j]}
\end{aligned}$$

将 $p_j = \bar{p}_j + \alpha t_j - b_j u_j$ 代入上式可得

$$\begin{aligned}
&\sum_{j=1}^{n_O-h} \tilde{w}_j p_{[j]} + \sum_{j=1}^{n_O-h} c_{[j]} u_{[j]} + \sum_{j=n_O-h+1}^{n_O} e_{[j]} \\
&= \sum_{j=1}^{n_O-h} W_j \left(\bar{p}_{[j]} - b_{[j]} u_{[j]}\right) + \sum_{j=1}^{n_O-h} c_{[j]} u_{[j]} + \sum_{j=n_O-h+1}^{n_O} e_{[j]} \\
&= \sum_{j=1}^{n_O-h} W_j \bar{p}_{[j]} + \sum_{j=1}^{n_O-h} \left(c_{[j]} - W_j b_{[j]}\right) u_{[j]} + \sum_{j=n_O-h+1}^{n_O} e_{[j]}
\end{aligned}$$

其中 $W_j = \sum_{i=j}^{n_O-h} \sum_{k=0}^{i-j} \boldsymbol{M}_{i-j+1,k+1} \alpha^k \tilde{w}_i$，$\boldsymbol{M}_{i,j}$ 通过迭代计算得到，对于 $i,j = 2,3,\cdots,n_O-h$，$\boldsymbol{M}_{i,j} = \boldsymbol{M}_{i-1,j-1} + \boldsymbol{M}_{i-1,j}$，$\boldsymbol{M}_{1,1} = 1$，$\boldsymbol{M}_{1,j} = 0$，$\boldsymbol{M}_{i,1} = 0$。

由于 $\sum_{j=1}^{n_O-h} W_j \bar{p}_{[j]}$ 和 $\sum_{j=n_O-h+1}^{n_O} e_{[j]}$ 都为固定常数，而且生产成本由 $\sum_{j=1}^{n_O-h} \left(c_{[j]} - W_j b_{[j]}\right) u_{[j]}$ 决定。因此在给定调度方案中，对于第 j 个接受加工的工件 $(j = 1,2,\cdots,n_O-h)$，当 $c_{[j]} \geqslant W_j b_{[j]}$ 时其最优资源分配量为 $u_{[j]}^* = 0$，否则最优资源分配量为 $u_{[j]}^* = \bar{u}_{[j]}$。

2) 子问题 2 的求解

定义 C_{jr} $(1 \leqslant j,r \leqslant n_O)$ 表示将工件 J_j 安排至第 r 个加工位置的权重：

$$C_{jr} = \begin{cases} W_r \bar{p}_j, & r = 1,2,\cdots,n_O-h; c_j \geqslant W_r b_j \\ W_r \bar{p}_j + (c_j - W_r b_j)\bar{u}_j, & r = 1,2,\cdots,n_O-h; c_j < W_r b_j \\ e_j, & r = n_O-h+1,\cdots,n_O \end{cases}$$

同时引入 0-1 变量 x_{jr}，其中 $x_{jr} = 1$ 表示将工件 J_j 安排至第 r 个加工位置，否则 $x_{jr} = 0$。那么子问题 2 可以转换为如下指派问题：

$$\begin{aligned}
\min \quad & \sum_{r=1}^{n_O} \sum_{j=1}^{n_O} C_{jr} x_{jr} \\
\text{s.t.} \quad & \sum_{r=1}^{n_O} x_{jr} = 1, \quad j = 1,2,\cdots,n_O \\
& \sum_{j=1}^{n_O} x_{jr} = 1, \quad r = 1,2,\cdots,n_O \\
& x_{jr} = 1 \text{ 或 } x_{jr} = 0, \quad r,j = 1,2,\cdots,n_O
\end{aligned}$$

上述指派问题可以在多项式时间 $O\left(n_O^3\right)$ 内求得最优解。

3) 子问题 3 的求解

通过穷举 h 所有可能的取值 $h \in \{1, 2, \cdots, n_O\}$，并求解一系列上述指派问题可以求得问题 ($\boldsymbol{P3I}$) 的最优解，相应的时间复杂度为 $O\left(n_O^4\right)$。

3.3.2 考虑加工可拒绝的集成优化干扰应对模型的构建

由于加工环境的不确定性，假定 π^* 确定后会有一批新工件 $J_N = \{J_{n_O+1}, J_{n_O+2}, \cdots, J_{n_O+n_N}\}$ 到达。为了有效地应对干扰，需要对所有工件 $J = J_O \bigcup J_N$ 进行重调度。这里，进一步考虑将加工可拒绝引入干扰应对过程，与重调度进行集成决策，以提高干扰应对的柔性，从而更加有效地在最小化加工成本的同时，降低系统扰动对生产过程利益相关方的影响。上述干扰应对过程需要对拒绝加工工件集、接受工件的资源分配量和加工次序进行集成决策。拒绝部分工件的加工，同样会带来一定的拒绝费用，这里采用与 3.3.1 节相同的拒绝费用计量方式，并将拒绝费用计入加工成本。令 B 表示干扰事件发生时尚未完工的旧工件集合，$\bar{B}$ 表示新工件集合，A 表示干扰应对方案 π 中接受加工工件集合，$\bar{A}$ 表示拒绝加工工件集合。于是，加工成本可以用接受工件的总完工时间费用、消耗资源费用和拒绝费用和度量：

$$f_1 = \sum_{J_j \in A} C_j + \sum_{J_j \in A} c_j u_j + \sum_{J_j \in \bar{A}} e_j \tag{3.15}$$

系统扰动采用原始接受加工工件在新调度方案的完工时间相对于其在原始最优调度方案中的完工时间的总延迟进行度量：

$$f_2 = \sum_{J_j \in A \cap B} T_j = \sum_{J_j \in A \cap B} \max\left\{C_j - \bar{C}_j, 0\right\} \tag{3.16}$$

上述生产调度干扰应对问题 (记为问题 ($\boldsymbol{P3}$)) 是双目标优化问题，两个优化目标之间存在相互制约关系，这里采用 Pareto 优化的方式处理。利用生产调度问题的三参数表示法，问题 ($\boldsymbol{P3}$) 可以表示为

$$1|\mathrm{re}_j,\quad \bar{p}_j + \alpha t_j - b_j u_j|\left(q\sum_{J_j \in A} C_j + \sum_{J_j \in A} c_j u_j + \sum_{J_j \in \bar{A}} e_j,\ \sum_{J_j \in A \cap B} T_j\right) \tag{3.17}$$

为提高对问题 ($\boldsymbol{P3}$) 的求解效果，这里首先对问题的结构性质进行分析，并将其作为先验知识引入算法设计，以引导算法搜索过程，提高算法的收敛速度和求解质量。

3.3.3 考虑加工可拒绝的集成优化干扰应对模型的结构性质分析

引理 3.3 给定接受加工工件集合和相应的资源分配策略，对于问题 ($\boldsymbol{P3I}$)，存在一个最优调度方案，其中工件按照 $\bar{p}_j - b_j u_j$ 的非减顺序排列。

证明 类似于定理 2.1。

定理 3.3 给定接受加工工件集合和相应的资源分配策略，对于问题 (***P*3**)，存在一个最优调度方案，其中接受加工的新工件和旧工件分别按照 $\bar{p}_j - b_j u_j$ 的非减顺序排列。

证明 类似于定理 2.1。

3.3.4 基于先验知识和混合优化机制的多目标进化算法

3.3.4.1 算法设计思路

问题 (***P*3**) 不同于问题 (***P*2**)，增加了对拒绝工件集的决策，进一步加大了问题的求解难度。因此这里将基于 3.2.4 节中将差分进化变异引入 NSGA-II 进化框架的混合进化机制设计，将禁忌搜索策略引入搜索过程，以降低算法陷入局部极优的概率，并提高种群的多样性。同样将定理 3.3 中加工次序相关的结构性质用于引导搜索过程，以加快求解算法的收敛速度和求解质量。具体设计思路如图 3.6 所示。

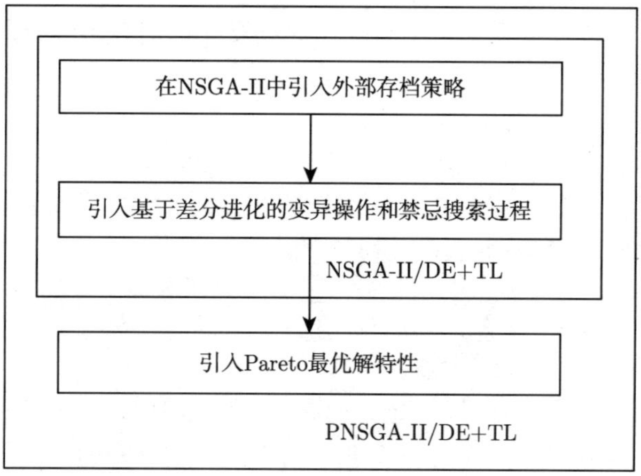

图 3.6 算法设计思路

(1) 为了有效防止算法搜索到的高质量候选解的丢失，在 NSGA-II 算法框架基础上，基于外部存档策略[163] 将这些候选解存储至 "档案" 中。算法进化过程中，不断使用新发现的候选解对该 "档案" 进行更新。

(2) 基于个体差异的差分进化策略 "DE/rand/1/bin"[160] 设计差分进化变异操作，并将其引入算法进化过程，以提高算法的收敛速度和全局搜索能力。"DE/rand/1/bin" 中符号的含义和 3.2.4 节中相同。

(3) 引入禁忌列表策略[164] 避免算法进化过程对相同个体的重复搜索，从而降低算法陷入局部极优的概率，并提高种群的多样性。

(4) 将分析得出的问题结构性质相关的先验知识引入算法设计，用于引导算法的搜索过程，以提高算法性能以及得到的有效前沿收敛性和多样性。

具体算法设计中首先基于 (1)—(3) 的改进方式，构造引入差分进化变异和禁忌列表策略的非支配排序遗传算法 (记为 "NSGA-II/DE+TL")，体现算法混合进化机制设计方面的改进。其次将 (4) 引入 NSGA-II/DE+TL 算法设计，构造引入问题结构性质的多目标混合进化算法 (记为 "PNSGA-II/DE+TL")。

3.3.4.2 引入禁忌搜索策略的 NSGA-II/DE+TL 算法设计

NSGA-II/DE+TL 算法的求解流程如图 3.7 所示，其中针对问题 ($\boldsymbol{P3}$) 的解的编码方式、种群初始化、适应度值评价、交叉操作、变异操作以及禁忌搜索策略的设计将在下边分别进行阐述。

1) 解的编码方式

使用 $3(\tilde{n}_O + n_N)$ 维的向量 $\vec{x}_{i,t}$ 对问题 ($\boldsymbol{P3}$) 的解进行编码，如式 (3.18) 所示，其中 $\tilde{n}_O$ 代表原始调度方案中接受加工的工件数量，n_N 代表新到达工件数量，N_p 代表种群规模，t 代表当前进化代数，Max_gen 代表最大进化代数，向量 $\vec{x}_{i,t}$ 代表第 t 代种群中的第 i 个个体，$x_{i,j,t}$ 代表 $\vec{x}_{i,t}$ 的第 j 个元素，$1 \leqslant j \leqslant 3(\tilde{n}_O + n_N)$。

$$\vec{x}_{i,t} = \Big(\overbrace{x_{i,1,t}, x_{i,2,t}, \cdots, x_{i,\tilde{n}_O+n_N,t}}^{r\text{-part}}, \underbrace{x_{i,\tilde{n}_O+n_N+1,t}, x_{i,\tilde{n}_O+n_N+2,t}, \cdots, x_{i,2(\tilde{n}_O+n_N),t}}_{\pi\text{-part}},$$

$$\overbrace{x_{i,2(\tilde{n}_O+n_N)+1,t}, \cdots, x_{i,3(\tilde{n}_O+n_N),t}}^{y\text{-part}}\Big) \tag{3.18}$$

$$i = 1, 2, \cdots, N_p; \quad t = 1, 2, \cdots, \text{Max\_gen}$$

向量 $\vec{x}_{i,t}$ 包含了三部分决策信息：

(1) 前 $(\tilde{n}_O + n_N)$ 个元素对应是否拒绝加工部分 (记为 r-part)，每个元素取值为 0 或 1，其中 0 表示拒绝加工，而 1 表示接受加工。

(2) 中间 $(\tilde{n}_O + n_N)$ 个元素对应加工次序部分 (记为 π-part)，给出了所有工件的先后次序，每个元素对应集合 $\{1, \cdots, \tilde{n}_O + n_N\}$ 中的唯一标号。对于 π-part 中任一标号对应的工件，如果 r-part 中相应位置的元素取值为 1，则接受加工该工件，否则拒绝加工。

(3) 后 $(\tilde{n}_O + n_N)$ 个元素对应资源分配量部分 (记为 y-part)，每个元素取值范围为 [0, 1]，代表 π-part 相应位置接受加工工件的资源分配量百分比。

针对式 (3.11) 编码的解，首先通过 r-part 确定接受工件集合，进而结合 π-part 确定接受工件次序，最后根据 y-part 给出的接受工件的资源分配量，可以得到相应的可行调度方案。

输入参数:	N_p: 种群规模；　　r: 均匀变异范围值； Max_gen: 最大进化代数；　　k: 均匀变异精度； F: 差分变异操作中的变异系数；　　P_m: 均匀变异概率 C_r: 差分变异操作中的交叉概率；
输出参数:	E: 问题(***P*3**)的有效前沿
步骤 1	**算法初始化** **步骤 1.1** 根据问题 (***P*3**) 特点随机生成规模为 N_P 的初始种群(P_t)，计算个体目标值； **步骤 1.2** 对P_t中个体进行非支配排序和拥挤距离计算； **步骤 1.3** 令E=∅, t=1　　/*E 用于存储有效前沿，t 表示进化代数*/
步骤 2	**种群进化** **步骤 2.1** 基于二元锦标赛选择从种群 P_t 中选择$N_p/2$对个体构成父代种群P_p； **步骤 2.2** 对P_P进行交叉操作和变异操作，并引入禁忌列表策略控制新个体生成，得到规模为N_p的子代种群P_O； **步骤 2.3** 合并P_t和P_O构成R_t，采用基于非支配排序和拥挤距离的选择操作，R_t中选择 N_P个高质量个体构成下一代种群P_{t+1}； **步骤 2.4** 使用P_{t+1}中新生成的非支配解对E进行更新
步骤 3	**算法终止规则** 令t= t+1; 如果$t\geqslant$Max_gen, 结束进化过程并输出E 中的有效前沿，否则重复执行步骤2

图 3.7　NSGA-II/DE+TL 算法的流程

2) 种群初始化方式

NSGA-II/DE+TL 算法基于 1) 中给出的编码方式，随机生成 N_p 个个体构成算法的初始种群。其中每个个体的 r-part 元素以均匀分布规则随机取自集合 $\{0,1\}$，π-part 为随机生成的集合 $\{1,\cdots,\tilde{n}_O+n_N\}$ 中元素的次序置换，而 y-part 元素以均匀分布规则随机取自 [0,1] 区间的小数。

3) 适应度值评价

对基于式 (3.17) 编码的解进行解码，得到相应的可行调度方案，进而计算所有接受工件的总完工时间费用、资源分配费用及拒绝费用，得出系统运营成本；比较工件实际完工时间相对于原始完工时间的延迟，进行系统扰动的计算。基于每个个体的两个目标值，基于非支配排序和拥挤距离计算过程，对个体的适应度值进行分配。

4) 基于单点交叉方式的交叉操作设计

对于通过二元锦标赛算子选择得到的父代个体，使用交叉操作产生子个体从而继承父代个体的优良特性。这里通过多次预实验和分析比较，选择优化性能最好的单点交叉方式[165] 进行交叉操作。在单点交叉中，随机生成小于个体向量维度的正整数，将两个父代个体大于该正整数的向量部分进行交叉，从而生成两个子个体。这里对两个父代个体的 r-part，π-part 和 y-part 分别进行基于相同交叉点的单点交叉操作，并对 π-part 交叉操作后产生的不可行解进行修复，去除重复出现的工件标号，并使用缺少的标号进行填补。

5) 采用自适应切换的变异操作设计

采用与 3.2.4 节类似的自适应方式对算法进化的前期和中后期进行界定。通过连续 stagnation Frequency Limit 代进化过程中，每一代有效前沿与理想点距离的变化幅度判别进化过程是否趋于稳定。在算法进化前期，使用差分进化变异操作，通过较大的变异幅度加快算法收敛速度和增强全局搜索能力；在算法进化中后期，使用均匀变异操作以较小的变异幅度来增强局部搜索能力，避免对搜索到的高质量有效解的破坏。具体差分进化变异操作与 3.2.4 节类似，不再赘述。均匀变异操作采用如下方式进行。

(1) 对个体的拒绝加工部分 r-part，按变异概率 $P_m = 1/\left(\tilde{n}_O + n_N\right)$ 进行 “0-1” 变异操作；

(2) 基于变异后的 r-part，对更新后接受工件集的加工次序部分 π-part，以变异概率 P_m 进行交换变异操作；

(3) 对接受工件的资源分配量部分 y-part 以变异概率 P_m 进行如下均匀变异操作[158]：

$$\mathrm{Var}_l^{\mathrm{Mut}} = \mathrm{Var}_l + s_l \cdot r_l \cdot \alpha_l \tag{3.19}$$

$$l \in \{1,2,\cdots,n_N+\tilde{n}_O\};\quad s_l \in \{-1,1\};\quad r_l = r\cdot \mathrm{domain}_i;\quad \alpha_l = 2^{-\mu\cdot k};\quad \mu \in [0,1]$$

其中 l, s_l 和 μ 均为基于均匀分布规则在给定区间产生的随机数，$r \in \left[10^{-6}, 0.1\right]$ 代表变异范围，$k \in \{4,5,\cdots,20\}$ 代表变异精度。

6) 禁忌搜索策略设计

将算法进化过程中搜索到的候选解存入禁忌列表，可以避免搜索过程在多个候选解之间的循环重复[166]，降低算法陷入局部极优的概率，并促进算法对解空间未知区域进行搜索。这里分别针对当前代种群和子代种群的搜索过程，建立两个禁忌搜索列表进行个体存储。对于通过交叉变异操作产生的新个体，基于禁忌列表判断其是否满足禁忌要求。不满足禁忌要求的个体将被禁止，并使用相应的遗传算子进行重复操作直至产生满足禁忌要求的候选个体。

随着算法的不断进化，种群个体的质量会普遍得到提高，但可能出现重复进行遗传操作仍无法产生满足禁忌要求的新个体的情形，算法陷入无限制循环，影响搜索效率和求解质量。为避免这一情形的发生，结合多次预实验结果，限制重复进行遗传操作的次数上界为 tabuFrequencyLimit = 3。当重复次数超过该上界值时，不再进行生成新个体的相应遗传操作，而是按照图 3.7 所示的算法流程进行接下来的进化操作。

3.3.4.3 引入工件加工次序相关先验知识的 PNSGA-II/DE+TL 算法设计

本节在 NSGA-II/DE+TL 算法的基础上，引入分析得出的问题结构性质相关的先验知识，构建 PNSGA-II/DE+TL 算法。该算法延续 NSGA-II/DE+TL 算法的求解流程，但存在两点重要区别：第一，对于 PNSGA-II/DE+TL 算法每一代种群个体的加工次序部分，将接受加工的旧工件和新工件分别按照 $\bar{p}_j - b_j u_j$ 的非递减顺序进行排列；第二，将基于指派模型求解得到的两个高质量个体加入初始种群以改善其质量。PNSGA-II/DE+TL 算法的种群初始化及主要算法设计如下。

1) 种群初始化方式

PNSGA-II/DE+TL 算法的初始种群个体通过两种方式产生：

(1) 基于 3.3.1 节构建的指派模型，求解问题 ($\boldsymbol{P3}$) 的总运营成本最优解和系统扰动为 0 时的运营成本最优解。其中，总生产成本最优解通过将所有旧工件和新工件作为待处理工件集，并将总生产成本最优化问题转化为相应指派问题求解得到；系统扰动为 0 时的生产成本最优解通过保持原始调度方案不变，将所有新工件作为待处理工件安排在原始调度方案之后，转换相应问题为指派问题求解得到。

(2) 采用与 NSGA-II/DE+TL 类似的方式随机生成 $N_p - 2$ 个个体，并基于定理 3.3 将每个个体中接受加工的旧工件和新工件分别按照 $\bar{p}_j - b_j u_j$ 的非递减序进行次序调整。

将 (1)，(2) 得到的个体合并，共同构成算法的初始种群。采用方式 (1) 得到的高质量个体，有助于提高算法的收敛速度和有效前沿质量；采用方式 (2) 得到的个体分布更加均匀，有助于提高有效前沿的多样性。

2) 其他遗传操作设计

PNSGA-II/DE+TL 算法采用与 NSGA-II/DE+TL 类似的个体适应度值计算、交叉操作、变异操作和禁忌搜索策略，其主要区别在于，需要对交叉和变异过程中产生的新个体进行调整，使得接受加工的旧工件和新工件分别按照 $\bar{p}_j - b_j u_j$ 的非递减序排列加工。

3.3.5 数值实验和结果分析

1) 实验设计

为了检验不同情形下算法的有效性，根据实际生产数据和经验参数，针对不同问题规模 (n_O, n_N) 和干扰事件频率系数 β 设计共计 12 组实验，具体实验参数如表 3.4 所示。其中，新工件数量 n_N 是基于均匀分布规则随机取自相应区间的整数。每组实验中，工件 J_j 的正常加工时间 $\bar{p}_j$、正压缩率 b_j、单位压缩费用 c_j 和拒绝费用 e_j 均基于均匀分布规则随机取自 $U[1,100]$，$U[0,1]$，$U[2,9]$ 和 $U[200,400]$ 区间，最大资源分配量 $\bar{u}_j$ 基于均匀分布规则随机取自 $U[0.6\bar{p}_j/b_j, 0.9\bar{p}_j/b_j]$ 区间。根据实际加工过程的经验参数，所有工件的共同恶化率 $\alpha=0.01$，单位完工时间费用 $q=1$。

表 3.4 实验参数

	$n_O=10$ $n_N\in[1,5]$	$n_O=30$ $n_N\in[6,20]$	$n_O=80$ $n_N\in[21,35]$	$n_O=30$ $n_N\in[36,55]$
$\beta=0.2$	实验 1	实验 2	实验 3	实验 4
$\beta=0.4$	实验 5	实验 6	实验 7	实验 8
$\beta=0.6$	实验 9	实验 10	实验 11	实验 12

为了检验算法混合进化机制设计和引入问题结构性质指导搜索过程的有效性，这里同样设计了基于 NSGA-II 算法框架针对问题 (***P*3**) 的求解算法 (记为 “NSGA-II”)，以及在 NSGA-II 算法框架基础上引入差分进化变异过程的 NSGA-II/DE 算法。通过依次比较 NSGA-II、NSGA-II/DE、NSGA-II/DE+TL 和 PNSGA-II/DE+TL 算法的求解结果，可以分析算法设计中引入差分进化变异、禁忌列表搜索以及问题结构性质对算法性能的改进。针对每组实验，按照图 3.8 所示的仿真流程进行干扰应对的具体仿真模拟。

(1) 基于 3.3.1 节构建的指派模型，将原始调度方案的运营成本最小化问题转换为指派问题求解，得到涉及工件是否拒绝加工、接受工件的加工次序和资源分配量的最优决策方案，即原始最优调度方案，将该调度方案的加工时间表长记为 $C_{\max}^0$。

(2) 以相邻事件发生时间间隔的期望为 $\beta\cdot C_{\max}^0$ 的指数分布规则，生成 $[0, C_{\max}^0]$ 区间的随机数以模拟新工件到达时刻。

(3) 以新工件到达时刻作为决策点，将原始调度方案中的已完工工件从问题移除，更新问题 (***P*3**) 中旧工件和新工件等的相关信息。

(4) 使用 NSGA-II、NSGA-II/DE、NSGA-II/DE+TL 和 PNSGA-II/DE+TL 算法分别对上述问题进行求解。从得到的有效前沿中选择距离理想点最近的有效解[167] 作为应对当前干扰事件的方案。其中，理想点的横纵坐标分别对应问题 (***P*3**) 中运营成本和系统扰动分别最优情形下的目标值。

(5) 统计仿真过程持续时间 time。若 time $> C_{\max}^0$，结束仿真过程；否则，返回至 (2)，继续进行新工件到达事件的仿真模拟和干扰应对。

具体的对比实验从如下三方面展开：

(1) 针对上述仿真流程中的步骤 (4)，分别使用 NSGA-II、NSGA-II/DE、NSGA-II/DE+TL、PNSGA-II/DE+TL 算法以及 Lingo 商业软件对 $\tilde{n}_O=7$，$n_N=2$ 的小

规模问题 (***P*3**) 进行求解，以检验所设计的混合多目标进化算法 PNSGA-II/DE+TL 的最优性。针对问题 (***P*3**) 构建的混合整数规划模型详见附录 B。

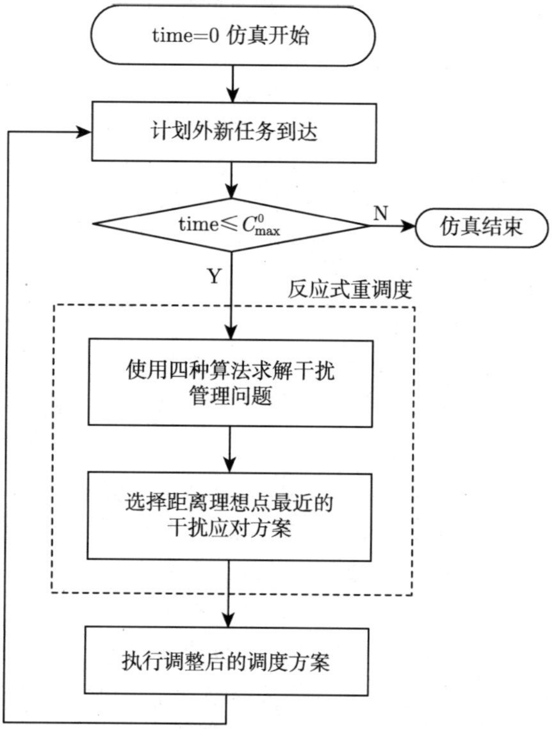

图 3.8　仿真流程

(2) 针对每组实验的各 30 个随机生成的数值算例，按照上述仿真流程进行仿真模拟和干扰应对，并对四种算法每次求解得到的有效前沿进行量化分析和对比，检验所设计的混合多目标进化算法 PNSGA-II/DE+TL 的有效性，以及算法中混合进化机制设计和引入问题结构性质指导搜索过程对算法性能的改进。

(3) 针对上述仿真流程中的步骤 (4)，分别使用四种算法对 $\tilde{n}_O = 30$，$n_N = 20$ 规模问题的一次典型干扰应对进行优化求解，通过求解过程对比，检验所设计算法的有效性；接下来对表 3.4 中的四种规模问题的 30 个随机生成算例分别进行求解，并使用评价有效前沿质量的指标函数对算法性能进行量化分析，进一步检验算法和仿真方式的有效性。

2) 算法参数选择

根据 3.3.4.3 节的算法设计，NSGA-II/DE+TL 算法参数包括种群规模 N_p、差分进化变异中的交叉概率 C_r、变异因子 F、均匀变异概率 P_m、均匀变异范围 r、变

异精度 k、稳定次数 StagnationFrequencyLimit 以及最大进化代数 Max_gen。基于已有相关研究和文献查阅，对于差分变异中的交叉概率 C_r，当目标函数可分离时的取值范围为 (0,0.2)，而当目标函数的参数具有相互依赖性时的取值范围为 $(0.9, 1)$[160]，此处设置 $C_r = 0.9$；变异因子 F 通常设置为 0.5 或者 0.9 [159]，而增大 F 取值可以降低算法出现早熟收敛的概率，因此设置 $F = 0.9$；对于均匀变异的相关参数，基于文献 [158] 的研究工作，设置均匀变异概率 $P_m = 1/(\tilde{n}_O + n_N)$、均匀变异范围 $r = 0.1$、变异精度 $k = 16$；对于控制变异操作切换的稳定次数 StagnationFrequencyLimit，使用 NSGA-II/DE+TL 算法进行多次预实验，对新工件到达事件进行应对方案求解，基于求解效果和时间花销分析，设置 StagnationFrequencyLimit = 6。

为有效设置种群规模 N_p，在上述参数选定情形下，对 N_p 分别取自 $\{50, 100, 150\}$ 内不同值的 NSGA-II/DE+TL 算法求解结果进行对比分析，如图 3.9 所示。其中，横轴对应总运营成本，纵轴对应系统扰动，粉色菱形图标代表问题 (***P*3**) 的总运营成本最优解，粉色方形图标代表系统扰动为 0 时的运营成本最优解，绿色三角形图标代表实际中无法达到的理想点，其横纵坐标分别对应总运营成本最优值和系统扰动为 0。可以直观看出，算法在 $N_p = 100$ 时输出有效前沿的质量最好，设置 $N_p = 100$。在预实验中同样发现算法在 150 代左右进化过程趋于稳定，因此设置 Max_gen = 200。为了进行算法性能的公平对比，NSGA-II、NSGA-II/DE 和 PNSGA-II/DE+TL 算法采用与 NSGA-II/DE+TL 算法相同的参数设置。

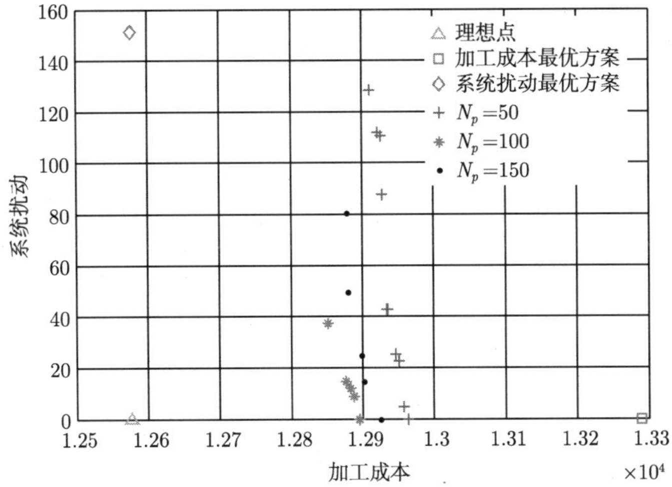

图 3.9 不同种群规模的算法有效前沿对比 (后附彩图)

3) 结果分析

(1) 混合多目标进化算法 PNSGA-II/DE+TL 的最优性检验。

图 3.10 给出了 NSGA-II、NSGA-II/DE、NSGA-II/DE+TL、PNSGA-II/DE+TL 算法以及 Lingo 商业软件对 $\tilde{n}_O = 7$，$n_N = 2$ 的小规模问题 ($\boldsymbol{P3}$) 进行求解得到的结果对比。可以看出，PNSGA II/DE+TL 算法得到的有效前沿明显优于 NSGA-II、NSGA-II/DE 和 NSGA-II/DE+TL 算法，并且能够搜索到 Lingo 求解得到的两个最优解。PNSGA-II/DE+TL 算法求解小规模问题的最优性得到了验证。对于这一求解过程，Lingo 求解三个最优解所花费的平均时长为 64.33 分钟，而四种多目标进化算法的求解时长均在 1 分钟之内。由此可见，多目标进化算法尤其是 PNSGA-II/DE+TL 算法更加适合于求解问题 ($\boldsymbol{P3}$)。

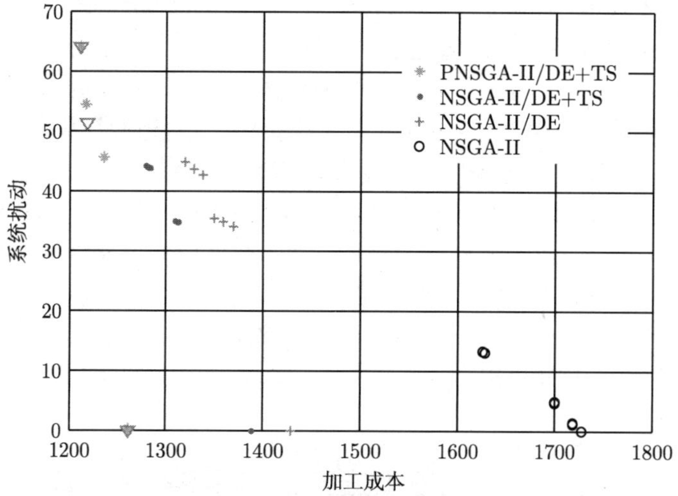

图 3.10 针对小规模问题的结果对比 (后附彩图)

(2) 基于仿真流程的算法性能量化分析。

在仿真流程中涉及多次对新工件到达干扰应对问题的优化求解，为了对不同算法的求解结果进行量化分析和对比，定义如下衡量算法性能的指标函数：

$$R_i = \frac{1}{K}\sum_{k=1}^{K}\frac{R_{i,k} - \min\{R_{i,k}|i \in \{1,2,3,4\}\}}{\min\{R_{i,k}|i \in \{1,2,3,4\}\}}$$

其中，K 代表整个仿真流程中发生的新工件到达事件次数，$i \in \{1,2,3,4\}$ 分别对应 NSGA-II、NSGA-II/DE、NSGA-II/DE+TL 和 PNSGA-II/DE+TL 算法，$R_{i,k}$ 代表算法 i 在求解第 k 次新工件到达干扰应对问题得到的有效前沿距离理想点的最近距离。显然，R_i 值越小，算法 i 的性能越优。

通过对 12 组实验的各 30 个随机生成数值算例的模拟仿真和优化求解，对四种算法的 R_i 值进行了计算统计，得到表 3.5 所示的统计结果，并对最优指标值进行了加粗显示。分析表 3.5 可以发现，每组实验中 NSGA-II、NSGA-II/DE、NSGA-

II/DE+TL 和 PNSGA-II/DE+TL 算法的 R_i 平均值逐渐变小，体现了算法设计中引入差分进化变异操作和禁忌搜索策略加强算法搜索能力，以及引入问题 (***P*3**) 结构性质指导搜索过程对算法性能的改进。PNSGA-II/DE+TL 的 R_i 平均值非常接近于 0，体现该算法相对于其他算法的明显性能优势。

图 3.11 基于表 3.5 的统计结果，对四种算法在 12 组实验下 R_i 平均值的均值和标准差进行了绘制。可以明显看出，NSGA-II、NSGA-II/DE、NSGA-II/DE+TL 和 PNSGA-II/DE+TL 算法的变化幅度逐渐变小。体现将差分进化变异、禁忌搜索策略引入算法进化机制设计，以及利用问题结构性质指导算法搜索过程，能够有效增强算法的鲁棒性。

表 3.5 对每组实验进行各 30 次仿真的 R_i 平均值

	NSGA-II	NSGA-II/DE	NSGA-II/DE+TL	PNSGA-II/DE+TL
实验 1	27.16	2.35	0.57	**0.10×10^{-6}**
实验 2	59.38	16.23	10.80	**0.03**
实验 3	75.77	26.97	20.16	**0.10×10^{-6}**
实验 4	61.31	25.89	22.73	**0.10×10^{-6}**
实验 5	28.06	3.52	0.65	**0.02**
实验 6	46.68	7.68	3.20	**0.02**
实验 7	45.16	15.89	13.05	**0.01**
实验 8	66.18	25.10	18.22	**0.10×10^{-6}**
实验 9	24.80	2.60	1.27	**0.02**
实验 10	32.02	5.16	2.79	**0.01**
实验 11	32.29	5.54	4.99	**0.10×10^{-6}**
实验 12	78.49	29.93	25.98	**0.01**

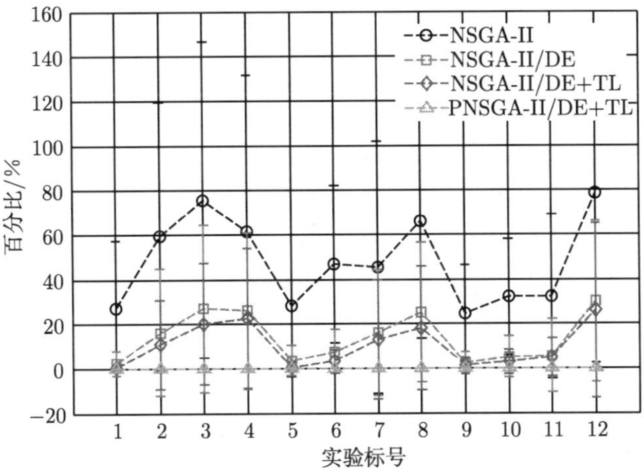

图 3.11 在 12 组实验下 R_i 平均值的均值和标准差对比 (后附彩图)

(3) 针对问题 ($\boldsymbol{P3}$) 的典型求解过程对比和算法性能量化分析。

图 3.12 绘制了针对 $n_O = 30$，$n_N = 20$ 规模问题的一次典型求解过程中，四种算法每一代有效前沿距离理想点的最近距离曲线和平均距离曲线。通过对比分析可以发现，NSGA-II 算法的最近距离曲线在 180 代左右仍有下降趋势，进化至 200 代时其最近距离仍大于其他三种算法，体现 NSGA-II 算法较低的求解性能；NSGA-II/DE+TL 算法的最近距离曲线位于 NSGA-II/DE 算法下方，二者均在 130 代左右趋于平稳，且始终保持在 NSGA-II 算法的下方，体现算法设计中引入差分进化变异和禁忌搜索策略对算法收敛能力的改进；PNSGA-II/DE+TL 算法的最近距离曲线与其他三种算法相比，非常贴近横轴，且在 50 代左右趋于平稳，体现采用分析得到的问题结构性质指导算法搜索过程，对加快算法收敛速度和改善求解质量的重要性。

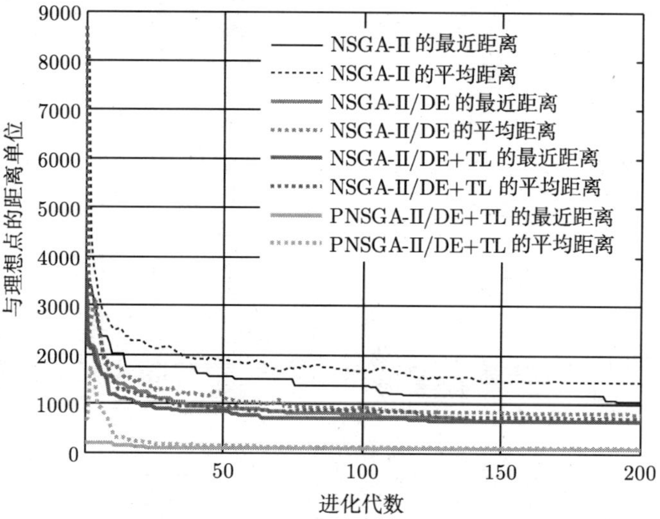

图 3.12 求解过程对比 (后附彩图)

图 3.13 对四种算法在上述求解过程中得到的有效前沿进行了绘制。有效前沿的质量体现在距离最优有效前沿的收敛性和解的多样性。在最优有效前沿未知的情况下，可以提取所有有效前沿中的非支配解集构成最优有效前沿的参考集合。很明显，PNSGA-II/DE+TL 算法的有效前沿可以构成这一参考集合。通过对比分析可知，NSGA-II、NSGA-II/DE、NSGA-II/DE+TL 和 PNSGA-II/DE+TL 算法的收敛性依次递增，PNSGA-II/DE+TL 算法的有效前沿支配其他所有算法。在多样性方面，NSGA-II/DE+TL 算法的有效前沿分布最为均匀，体现最优的有效前沿多样性；PNSGA-II/DE+TL 算法的有效前沿在总运营成本最优点和扰动为 0 的运营成本最优点之间均匀分布。体现混合进化机制设计和使用问题结构性质指导搜索过

程对有效前沿多样性的改进。图 3.13 中每个算法有效前沿的分布情况，同样体现了问题 (***P*3**) 的总运营成本和系统扰动这两个目标之间的相互制约关系。针对其他规模算例的求解过程与上述过程类似，不再赘述。

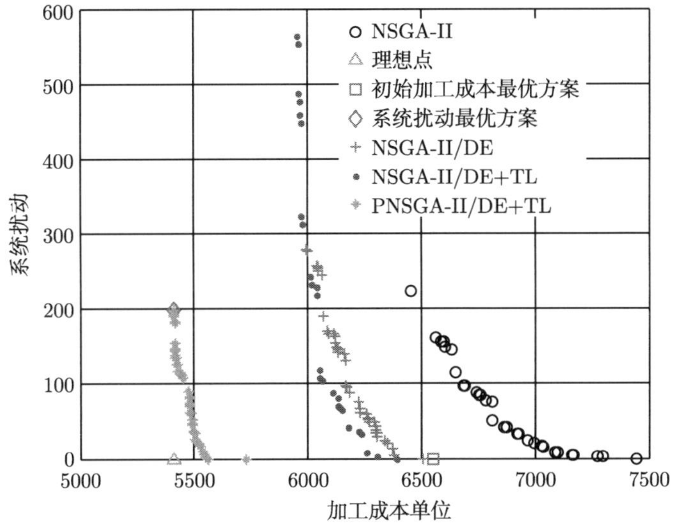

图 3.13 得到的有效前沿对比 (后附彩图)

综合上述分析可知，PNSGA-II/DE+TL 和 NSGA-II/DE+T 算法是最具竞争力的两种算法。为了进一步对比两者的性能，这里使用度量有效前沿质量的指标函数对不同实验规模下两种算法的性能进行量化分析。相关量化结果如表 3.6 所示，表中数据是每个算法针对不同规模实验的各 30 个随机算例求解对应量化指标的统计值。具体性能指标函数说明请参见附录 A。

对表 3.6 中量化结果分析可知，PNSGA-II/DE+TL 算法在不同实验规模下的指标值均优于 NSGA-II/DE+TL 算法，表现出 PNSGA-II/DE+TL 算法较好的收敛性和有效前沿多样性，说明分析得到的定理 3.3 中问题结构性质和 3.3.1 节中构建的指派模型的正确合理性，以及使用问题结构性质指导搜索过程和使用求解指派问题得到的两个有效解进行初始种群改进能有效改进算法性能。

进行上述量化分析的过程中，同样对 PNSGA-II/DE+TL 算法的运行时长进行了统计。针对四种问题规模，其平均运行时长分别为 50s、73s、82s 和 108s。算法运行时长随问题规模呈线性递增趋势，但不会带来较多计算负担。上述实验结果充分说明在恶化效应和加工时间可控环境下，考虑加工可拒绝的 “预案 — 反应” 干扰应对方法的有效性。针对计划外新任务到达干扰事件，该方式能够快速有效地提供多个干扰应对方案，供决策者在总运营成本和系统扰动之间进行权衡选择和干扰应对。

表 3.6　不同规模问题的性能指标对比

指标	算法	$n_O=10, n_N\in[1,5]$		$n_O=30, n_N\in[6,20]$	
		avg	std	avg	std
ONVG	PNSGA-II/DE+TL	**71.20**	55.39	**60.30**	42.04
	NSGA-II/DE+TL	39.37	33.53	17.48	10.71
CM	PNSGA-II/DE+TL	**0.03**	0.08	**0.00**	0.02
	NSGA-II/DE+TL	0.57	0.38	0.94	0.23
IGD	PNSGA-II/DE+TL	**0.00**	0.00	**0.00**	0.00
	NSGA-II/DE+TL	0.17	0.24	0.44	0.24
$D_{\max}$	PNSGA-II/DE+TL	**0.01**	0.01	**0.00**	0.02
	NSGA-II/DE+TL	0.24	0.27	0.53	0.26
HV	PNSGA-II/DE+TL	**8625.09**	14807.29	**54160.71**	70600.26
	NSGA-II/DE+TL	6171.97	10921.20	19020.70	26950.40
AQ	PNSGA-II/DE+TL	**617.48**	644.90	**2251.90**	183.75
	NSGA-II/DE+TL	627.38	692.23	2330.68	190.40

指标	算法	$n_O=80, n_N\in[21,35]$		$n_O=130, n_N\in[36,55]$	
		avg	std	avg	std
ONVG	PNSGA-II/DE+TL	**111.52**	51.44	**127.33**	59.68
	NSGA-II/DE+TL	32.00	25.06	24.23	17.71
CM	PNSGA-II/DE+TL	**0.00**	0.01	**0.00**	0.00
	NSGA-II/DE+TL	0.97	0.18	1.00	0.00
IGD	PNSGA-II/DE+TL	**0.00**	0.01	**0.00**	0.00
	NSGA-II/DE+TL	0.57	0.16	0.72	0.08
$D_{\max}$	PNSGA-II/DE+TL	**0.02**	0.08	**0.00**	0.00
	NSGA-II/DE+TL	0.66	0.15	0.78	0.09
HV	PNSGA-II/DE+TL	**209769.95**	249669.10	**476731.74**	557981.11
	NSGA-II/DE+TL	49792.66	59979.17	96233.39	131358.14
AQ	PNSGA-II/DE+TL	**4799.38**	603.43	**7647.67**	1004.05
	NSGA-II/DE+TL	5017.94	666.59	8126.61	1195.32

3.4　本 章 小 结

在具有恶化效应和加工时间可控的生产环境下，计划外新任务的到达将导致原始加工成本最优调度方案不再最优，对原有工件的加工过程造成扰动，这里采用“预案 — 反应”策略进行干扰应对。为了在干扰应对过程中对加工成本和系统扰动进行有效权衡，本章引入了安排机器维护和加工可拒绝两类生产因素以提高干扰应对的柔性，分别将机器维护位置、拒绝工件集连同接受工件的资源分配量和加工次序进行集成优化，并将机器维护费用和拒绝费用计入加工成本，进而构造了同时优化加工成本和系统扰动的 Pareto 优化模型。其中，对于带有机器维护的情形，加工成本以所有工件的总完工时间费用、资源消耗费用、机器维护费用之和进行度量；对于考虑加工可拒绝的情形，加工成本以接受工件的总完工时间费用、资源消耗费用和拒绝费用进行度量。系统扰动采用干扰应对方案中原有工件完工时间相对于原始完工时间的总延迟进行度量。

对于原始成本最优调度方案，给出了多项式时间最优算法。对于 Pareto 优化模型，分析了模型的结构特性，并设计了基于先验知识、差分进化变异、禁忌搜索和 NSGA-II 新型多目标进化算法以能够快速有效地求解大规模的干扰应对问题。该算法将差分进化变异引入 NSGA-II 进化框架以提高算法的收敛速度和全局搜索能力，引入了禁忌搜索策略以降低 NSGA-II 进化过程中陷入局部极优的概率，并利用分析得出的问题结构性质引导算法搜索过程以提高算法收敛速度和求解质量。

通过求解随机数值实验验证了在恶化效应和加工时间可控环境下考虑多生产因素的集成优化模型和算法的有效性，并得出如下启示：第一，引入机器维护和加工可拒绝生产因素进行干扰应对，将其与重调度进行集成优化，能够有效提高干扰应对的柔性，为干扰应对提供新思路；第二，针对复杂组合优化问题特点进行结构性质分析，在此基础上进行求解算法的编码方式和进化机制设计，并引入结构性质相关的先验知识引导搜索过程，能够有效提高算法性能和求解质量，为复杂组合优化问题的求解提供参照。

第 4 章 考虑调度方案鲁棒性的随机机器故障应对方法

本章针对随机设备故障，构建了考虑调度方案鲁棒性的新型多目标 Pareto 优化模型，提出了基于无缓冲时间方式的应对方案生成方法，并引入代理模型以降低仿真求解的高昂计算代价，为快速生成有效的干扰应对方案提供了新思路和新方法。

该模型充分利用随机机器故障的概率信息，采用 “鲁棒式” 策略，制定具有鲁棒性的调度方案以降低随机机器故障对加工过程造成的扰动影响。将基于支持向量回归的代理模型引入多目标进化算法，有效降低了仿真评价过程需要的高昂计算代价，能有效提高算法求解速度，并节约运算代价，用于对模型的解空间进行全局和局部搜索，提高得到的有效前沿质量，对基于仿真的同类型复杂 Pareto 优化问题的求解进行了有效探索。

4.1 考虑调度方案鲁棒性的随机机器故障应对分析

加工制造企业在生产加工过程中，随机机器故障导致机器在某时间段不可用的现象较为普遍，严重影响加工制造企业的正常生产，并导致原始的调度方案无法按计划实施甚至不可行。为了在机器故障修复后，能够尽快恢复加工过程并降低机器故障造成的扰动影响，需要进行随机机器故障应对研究。本章将在具有恶化效应和加工时间可控的生产环境下展开，充分利用基于历史数据的机器故障概率信息和工件的加工时间可压缩的特性，采用 “鲁棒式” 的干扰应对策略，构建具有鲁棒性的调度方案。

当机器故障发生后，在原始调度方案的基础上，为受扰工件进一步分配加工资源以缩短加工时间，吸收机器故障造成的扰动影响，从而使得调整后的调度方案与原始调度方案尽快进行匹配。在匹配时间点之后，工件的起始加工时间和加工次序与原始调度方案完全一致。相对于 “预案—反应” 的干扰应对策略，“鲁棒式” 对于不确定性干扰事件信息的获取和利用有着更高的要求。这里将以匹配时间相关费用和额外资源费用作为评价干扰应对方案在某一机器故障发生后的重调度费用，并采用在不同故障情景下重调度费用的期望和方差作为干扰应对方案鲁棒性的度量，进而构建考虑调度方案鲁棒性的随机机器故障应对模型。

通过对实际加工过程的历史数据进行统计分析，以及查阅已有国内外文献可知，加工过程中机器故障的发生时刻大致符合指数分布，而故障维修时长根据具体加工环境的不同，表现为依赖于故障发生时刻的线性或非线性函数，或者同样大致符合指数分布。本章将分别针对故障维修时长线性依赖于故障发生时刻以及符合指数分布的情形，将加工成本与重调度费用以及鲁棒性指标的质量与风险分别作为模型优化的两个目标，进行随机机器故障应对模型的构建。

由于机器故障的随机不确定性，很难给出评价调度方案鲁棒性的解析表达式，需要采用基于仿真的评价过程，此过程通常具有高昂的计算代价。因此，在对上述随机机器故障干扰应对模型的多目标优化求解算法的设计中，将引入基于支持向量回归的代理模型，对调度方案的鲁棒性进行近似估计，从而大幅减少耗时的仿真评价过程，提高算法的求解速度。同时，节省下来的运算代价用于对模型的解空间进行全局和局部搜索，提高求解得到的有效前沿质量。最后，根据生产加工环境的特点和经验数据，设计随机生成数值实验来检验所提出的模型和求解算法的有效性。

4.2 考虑加工成本与鲁棒性指标的随机机器故障应对方法

4.2.1 考虑加工成本与鲁棒性指标的调度模型

在不允许抢占和中断工件加工的生产环境下，安排 n 个工件 $\{J_1, J_2, \cdots, J_n\}$ 在单台处理机上进行加工，所有工件均在 0 时刻就绪。采用与第 2，3 章相同的假设，即如果 J_j 在 t_j 时刻开始加工，它的实际加工时间 p_j 定义为

$$p_j = \bar{p}_j + \alpha t_j - b_j u_j, \quad 0 \leqslant u_j \leqslant \bar{u}_j < \bar{p}_j / b_j \tag{4.1}$$

相应参数的含义详见 2.2.1 节。

对于可行调度方案 π，系统加工成本 $f(\pi)$ 用工件的总完工时间费用和资源消耗费用和度量，定义为 $f(\pi) = q\sum_{j=1}^{n} C_j(\pi) + \sum_{j=1}^{n} c_j u_j$。$f(\pi)$ 的最小化问题简记为问题 ($\boldsymbol{P4I}$)。由 2.2.1 节结论，问题 ($\boldsymbol{P4I}$) 的计算复杂度为 $O(n^3)$。

在实际加工过程中，问题 ($\boldsymbol{P4I}$) 的最优调度方案受随机机器故障的影响，很难按计划顺利执行。令随机变量 $\boldsymbol{B}$ 表示机器故障的发生时刻。机器故障发生之后，需要立即对机器进行维修。机器的维修时长 $\boldsymbol{M}$ 同样受恶化效应影响，与故障发生时刻线性相关，具体表示为 $\boldsymbol{M} = a\boldsymbol{B} + \tau$，其中 τ 为基本维修时长，a 为维修时间的恶化效应因子。维修开始时刻越晚，其持续时间越长 [19]。针对被机器故障强制中断的工件，考虑“中断—重复”的模式，即加工中断的工件需要完全重新开始加工。此外，假设机器维修可以使机器完全恢复到初始状态，即维修后首个工件的加

工时间在不分配资源的前提下等于其正常加工时间，后续工件加工时间的计算依此类推。

在机器故障发生后，可以有效利用工件加工时间的压缩柔性进行干扰应对。选定原始调度方案中的部分工件进行进一步压缩从而吸纳机器维修所消耗时间，使得调整后的调度方案能尽快跟原始加工时间表匹配。两个时间表达到匹配的时刻称为匹配时间点，从该时间点开始两个时间表中工件的开始加工时间和加工次序完全一致。针对随机机器故障，用包含匹配时间相关费用和新增资源消耗费用的重调度费用作为扰动目标，对干扰事件造成的系统扰动进行度量。随机机器故障对原始调度方案 π 造成的扰动可以表示为

$$g\left(\pi, \boldsymbol{B}\right) = mW_{\min} + \sum_{J_j \in J_C} c_j \tilde{u}_j \tag{4.2}$$

其中 $W_{\min}$ 为机器故障发生后，实际调度方案与原始调度方案的匹配时长，体现了随机机器故障造成的时间相关扰动，m 为单位匹配时间费用，J_C 为对应受扰工件集合，c_j 为工件 J_j 的单位资源费用，$\tilde{u}_j$ 为工件 $J_j \in J_C$ 的新增资源分配量。假定 $m \gg c_j$，$j = 1, 2, \cdots, n$，那么干扰发生后需要对受扰工件进行最大限度的压缩，从而保证实际调度方案能够与原始调度方案尽早达到匹配。

机器故障发生时刻 $\boldsymbol{B}$ 的随机性使得 $g\left(\boldsymbol{B}, \pi\right)$ 也是一个随机变量。这里，从决策者风险中性的角度使用 $g\left(\boldsymbol{B}, \pi\right)$ 的期望 $E\left(g\left(\boldsymbol{B}, \pi\right)\right)$ 作为 π 的鲁棒目标。在不引起歧义的前提下，$g\left(\boldsymbol{B}, \pi\right)$ 简记为 g。由于很难找到 $E(g)$ 的解析函数 [168]，需要使用 Monte Carlo 仿真 [99,129,169] 来产生一系列的机器故障情景，使用多种情景下 $g\left(\pi\right)$ 的均值近似作为个体的鲁棒性指标值，具体公式如下：

$$E\left(g\left(\pi, \boldsymbol{B}\right)\right) = \frac{1}{\text{num}} \sum_{i=1}^{\text{num}} g\left(\pi, \boldsymbol{B}_i\right) \tag{4.3}$$

其中 num 为机器故障仿真的情景数量，$\boldsymbol{B}_i$ 为第 i 个情景中机器故障的发生时刻，而 $g\left(\pi, \boldsymbol{B}_i\right)$ 为相应的扰动目标值。

对于原始调度方案 π，不仅要求其具有较低的系统加工成本 $f\left(\pi\right)$，而且面对随机机器故障也应该具有优良的鲁棒性指标 $E\left(g\left(\boldsymbol{B}, \pi\right)\right)$。因此干扰应对问题 (记为问题 ($\boldsymbol{P4}$)) 需要同时决策工件的加工次序和资源分配量，从而对 $E\left(g\left(\pi\right)\right)$ 和 $f\left(\pi\right)$ 这两个目标进行优化。由于两个目标之间存在相互制约关系，这里采用 Pareto 优化的方式处理多目标，从而得到问题的有效前沿。利用生产调度问题的三参数表示法，问题 ($\boldsymbol{P4}$) 可以表示为

$$1\left|\bar{p}_j + \alpha t_j - b_j u_j, \quad \text{brkdwn}, \quad \text{rs}\right|\left(E\left(g\left(\boldsymbol{B}, \pi\right)\right), f\left(\pi\right)\right) \tag{4.4}$$

其中 “brkdwn” 表示机器随机故障，“rs” 表示鲁棒调度 (robust scheduling)。

4.2.2 基于代理模型和先验知识的多目标进化算法

问题 (***P*4**) 为随机环境下的生产调度问题，具有较高的求解难度，核心难题为随机环境下个体的性能评价。在确定环境下，多目标进化算法 (Multi-Objective Evolutionary Algorithms，MOEAs) 自提出以来已经演化成为一种求解调度问题的有力工具[170−172]。然而在随机调度环境下，多目标进化算法中个体适应度值的评价将面临新的问题，需要使用 Monte Carlo 仿真[99,129,169] 来产生一系列的机器故障情景，通过多种情景下 $g(\pi)$ 的均值作为个体的鲁棒性指标值 $E(g)$。

上述仿真过程对于机器故障的模拟和扰动期望的计算过于耗时，使得优化过程具有高昂的计算代价。通过建立代理模型对个体适应度值进行近似估计可以有效降低计算代价[128−130]，已经成功用于求解高昂运算代价的优化问题、动态优化问题和复杂系统设计问题。典型的代理模型包含多项式回归、人工神经网络、径向基函数和高斯过程等[130]。本节提出基于问题 (***P*4**) 先验知识和代理模型的多目标进化算法 (an Apriori Domain Knowledge-based and Surrogate-assited Non-dominated Sorting Genetic Algorithm，ADK/SA-NSGA-II)，建立支持向量回归 (support vector regression, SVR) 模型来对个体鲁棒性指标 $E(g)$ 进行评价，并引入问题结构性质相关的先验知识指导算法搜索过程。ADK/SA-NSGA-II 算法工作流程如图 4.1 所示，具体步骤如下：

步骤 1 令 T 表示进化代数并对其进行初始化 $T=1$，按给定编码方式随机生成规模为 pop 的初始种群 P_T，使用基于仿真的真实目标函数值对每个个体进行评价；

步骤 2 如果算法终止条件满足，输出求得的有效前沿，否则进行步骤 3；

步骤 3 通过锦标赛选择算子选择 λ 对最优个体，从而构成父代种群 P_P，其中 λ 是整数，$\lambda \geqslant 1$，其默认取值设置为 $\lambda=$pop/2；

步骤 4 对 P_P 进行中间交叉操作和高斯变异操作，产生规模为 2λ 的子代种群 P_O；

步骤 5 基于问题 (***P*4**) 结构性质相关的先验知识，对 P_O 中的个体进行局部搜索改进；

步骤 6 使用前 TrainScale 代进化过程中个体和基于仿真的真实目标值作为训练样本，建立 SVR 模型对子代种群 P_O 进行过滤。每隔 TrainingInternal 代，采用更高质量个体和基于仿真的真实目标值对训练样本和 SVR 模型进行更新；

步骤 7 对步骤 6 中过滤得到的部分个体采用基于仿真的真实目标值重新进行评价，并将其与 P_T 合并以获得 P_{T+1}。返回步骤 2。

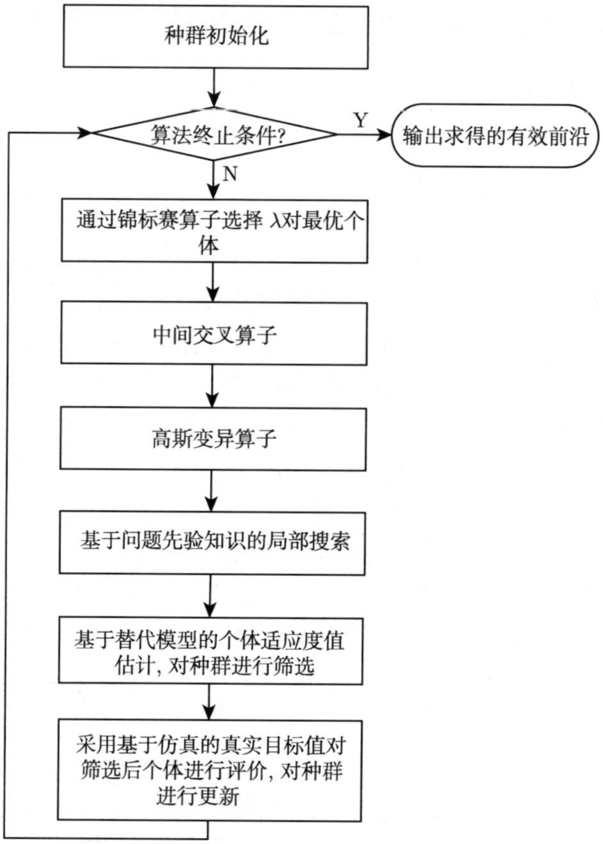

图 4.1　ADK/SA-NSGA-II 算法的流程图

ADK/SA-NSGA-II 算法具有如下实施要点:

(1) 基于仿真的真实适应度评价和基于 SVR 模型的适应度计算主要评价个体的鲁棒性指标 $E(g)$。使用 SVR 模型的近似评价过程代替耗时的仿真评价过程，可以大幅度降低算法的计算代价，而构建 SVR 模型的计算代价与此相比可以忽略不计。

(2) 在算法的工业应用中，通常面临有限的计算资源，要求以尽量低的运算成本求得高质量的解。因此，算法中将最大进化代数 N、对每一次进化中子代种群的仿真评价个体数 SimulateRatio×pop 和鲁棒性指标评价中的仿真情景数 SimulationTimes 的乘积，作为控制算法终止的条件。

(3) 在可接受的运算代价下，理想的情况是构建出高质量的代理模型从而过滤出最有潜力的候选个体。尽管模型构建的计算代价远远小于基于仿真的真实目标值计算，仍然需要回避使用过于庞大的训练数据和频繁的重构模型。另一方面，训练样本过小并且不及时的模型重构将降低代理模型的可靠性和解的质量。因此训练样本容量和模型重构频次需要精确调试。

(4) 使用 SVR 模型对子代种群进行过滤后，采用基于仿真的真实目标评价方式对 SimulateRatio $\in [0,1]$ 百分比的潜力个体进行重新评价，从而避免搜索过程受代理模型估计误差的影响；

(5) 对于前 TrainSetScale 代个体，采用基于仿真的真实目标评价方式进行鲁棒性指标评价，进而完成训练样本数据的初始化和 SVR 模型的构建。对于最后一代种群，采用基于仿真的真实目标评价方式对所有个体进行评价，从而保证最终得到有效前沿目标值的准确性。

4.2.2.1 个体编码方式

问题 (***P*4**) 的解采用长度为 $2n$ 的向量进行编码，其中前 n 个向量代表工件的加工次序，后 n 个向量代表工件的资源分配量，具体编码方式如下：

$$\vec{x}_{i,t} = \left(\overbrace{x_{i,1,t}, x_{i,2,t}, \cdots, x_{i,n,t}}^{\pi\text{-part}}, \underbrace{x_{i,n+1,t}, x_{i,n+2,t}, \cdots, x_{i,2n,t}}_{y\text{-part}} \right) \tag{4.5}$$

$$i = 1, 2, \cdots, \text{pop}; \quad t = 1, 2, \cdots, N$$

其中，pop 代表种群规模，N 代表最大进化代数，$\vec{x}_{i,t}$ 代表第 t 代种群中的第 i 个个体。式 (4.5) 的 π-part 中所有元素直接对应 n 个工件的加工次序，y-part 中每个元素代表 π-part 中相应位置工件的资源分配百分比。

4.2.2.2 主要遗传算子

1) 中间交叉算子

对于通过锦标赛选择得到的两个个体 (下标分别为 $r1$ 和 $r2$)，以交叉概率 CrossFraction 对两个个体的 π-part 和 y-part 分别进行如下中间交叉操作：

$$o_{i,j,t} = p_{r1,j,t} + \text{rand} \cdot \text{Ratio} \cdot (p_{r2,j,t} - p_{r1,j,t}) \tag{4.6}$$

$$i = 1, 2, \cdots, \text{pop}; \quad j = 1, 2, \cdots, 2n; \quad t = 1, 2, \cdots, N$$

其中 $o_{i,j,t}$ 代表第 t 代进化中经过上述交叉操作得到的第 i 个子代个体的第 j 个元素，$p_{r1,j,t}$ 和 $p_{r2,j,t}$ 分别代表第 t 代进化中两个当前交叉操作被选择的父代个体的第 j 个元素，rand 是产生自 [0, 1] 区间的随机数，Ratio 是控制中间交叉过程的系数。

上述操作后，需要对超出取值范围的元素进行调整，使其满足给定的取值范围。在此基础上，还需进一步对个体加工次序部分进行修复，使用缺失的工件标号替换重复出现的标号，以保证相应解的可行性。

2) 高斯变异算子

以变异概率 MutateFraction，对所选择个体的 π-part 和 y-part 分别进行如下高斯变异操作：

$$o_{i,j,t} = o_{i,j,t} + \text{rand} \cdot \left(\text{Scale} - \text{Shrink} \cdot \text{Scale} \cdot \frac{t}{N}\right) \cdot (u_{\text{limit},j} - l_{\text{limit},j}) \tag{4.7}$$

$$i = 1, 2, \cdots, \text{pop}; \quad j = n+1, n+2, \cdots, 2n+1; \quad t = 1, 2, \cdots, N$$

其中 Scale 代表变异点幅度，Shrink 代表变异收缩系数，$u_{\text{limit},j}$ 和 $l_{\text{limit},j}$ 分别代表 $o_{i,j,t}$ 取值的上、下界，rand 是以均匀分布规则随机产生自 [0, 1] 区间的小数。上述操作后，同样需要对产生的不可行解进行与中间交叉算子中类似的修复。

3) 基于非支配排序和拥挤距离计算的选择操作

对每个个体的 $E(g)$ 和 f 目标进行评价后，基于个体间的非支配关系，将当前种群分配到 K 个不同的非支配前端$\{PF_1, PF_2, \cdots, PF_K\}$。对任意两个不同前端 PF_i 和 PF_j，如果 $i < j$，那么 PF_j 中的任意个体均被 PF_i 中的某些个体支配。对位于同一前端的个体，通过计算拥挤距离对其多样性进行度量。在适应度值分配中考虑两项原则：具有较低前端编号的个体更易于被选择；对于处于同一前端的个体，具有较高拥挤距离的个体将具有更高的优先级。关于非支配排序和拥挤距离计算的具体细节请参见文献 [138]。

4.2.2.3 支持向量回归模型

1) 支持向量回归原理

对于给定的用于构建支持向量回归模型的训练样本集 $\{(x_1, y_1), (x_2, y_2), \cdots, (x_l, y_l)\} \subset \boldsymbol{X} \times \mathbf{R}$，其中 l 代表训练样本数量，$\boldsymbol{X}$ 代表输入模式空间，$\boldsymbol{X} = \mathbf{R}^d$。支持向量回归的核心思想是通过非线性变换 $\phi(\cdot)$ 将 $x \in \mathbf{R}^d$ 映射到某特征空间，并得到一个与所有训练样本的实际目标 y_i 最多存在 ε 偏差的线性函数 $f(x)$。该线性函数的具体表达如下：

$$f(x) = \omega^{\mathrm{T}} \phi(x) + b \tag{4.8}$$

其中 ω 表示权重向量，b 表示阈值。

在支持向量回归模型中，权重向量 ω 和阈值 b 可以通过如下优化模型求解得到：

$$
\begin{aligned}
&\min \quad \frac{1}{2}||\omega||^2 + C\sum_{i=1}^{l}(\xi_i+\xi_i^*) \\
&\text{s.t.} \quad \begin{cases} y_i - K(\omega, x_i) - b \leqslant \varepsilon + \xi_i \\ K(\omega, x_i) + b - y_i \leqslant \varepsilon + \xi_i^* \\ \xi_i, \xi_i^* \geqslant 0 \end{cases}
\end{aligned}
\tag{4.9}
$$

其中 C 是 $f(x)$ 平面与目标偏差 ε 之间的容忍度，$K(x_k,x)=\phi(x_k)^{\mathrm{T}}\phi(x)$ 是核函数。这里，选定径向基函数 $K(x_i,x_j)$ 作为核函数，其中 $K(x_i,x_j)=\mathrm{e}^{-\gamma||x_i-x_j||^2}$[173]。

2) 支持向量回归模型的管理

支持向量回归模型的管理包含优化开始阶段的模型初始化，以及进化过程中对模型更新频度的控制。这里指定每间隔 TrainInternal 代进化过程，将对模型进行一次更新。当时的种群个体将被用于更新训练样本，进而用于对新模型的训练。具体管理过程如下。

步骤 1 使用算法进化过程中的前 TrainSetScale 代个体进行训练样本集的初始化。这些个体的目标值均是采用基于仿真的真实适应度评价方式得到的。于是，训练样本集可以表示为如下形式:

$$
\begin{aligned}
\text{TrainingSet} =& \{(x_{11},x_{12},\cdots,x_{1,2n},E_1),\cdots,(x_{i1},x_{i2},\cdots,x_{i,2n},E_i),\cdots, \\
&(x_{l1},x_{l2},\cdots,x_{l,2n},E_l)\}, \quad i=1,2,\cdots,l
\end{aligned}
$$

其中 $l=\text{TrainSetScale}\times\text{pop}$ 代表训练样本个数，$(x_{i1},x_{i2},\cdots,x_{i,2n},E_i)$ 代表第 i 个训练样本，$(x_{i1},x_{i2},\cdots,x_{i,2n})$ 代表该样本的输入模式，与 4.1.2.1 的算法编码方式一致，E_i 代表该样本的鲁棒性指标值；

步骤 2 基于训练样本 TrainingSet，使用交互检验 (cross validation) 的方法对 SVR 模型的参数 C 和 γ 进行调试。C 的指数网格区间为 $[C_{\min},C_{\max}]$，移动步长为 C_{step}，即 C 的取值范围为 $\left\{2^{C_{\min}},2^{C_{\min}+C_{\text{step}}},\cdots,2^{C_{\max}}\right\}$。$C_{\min}$，$C_{\max}$ 和 C_{step} 的默认取值分别为 -5，5 和 1。γ 的取值范围以及参数默认值与 C 类似，不再赘述。在参数调节过程中，训练样本被划分为固定的几部分 (默认为 3)。选取能够返回最精确估计值的 C 和 γ 参数组合，作为模型训练中这两个参数的取值；

步骤 3 使用步骤 1 中的构建的训练样本集和步骤 2 中的调参得到的模型参数构建支持向量回归模型；

步骤 4 每隔 TrainInternal 代进化过程，使用当前种群中的非支配解对 TrainingSet 进行更新，在此基础上，基于调参得到的 C 和 γ 值对 SVR 模型进行重构。

3) 支持向量回归模型的使用

在种群进化过程中，使用支持向量回归模型对当前子代种群的个体进行评价和筛选。对其中占比 SimulateRatio 的潜力个体采用基于仿真的真实适应度评价方式进行再次评价，从而防止搜索过程被估计误差所误导。

4.2.2.4 基于问题结构性质的先验知识

下面引理给出了问题 ($\boldsymbol{P4}$) 的结构性质，此性质将被作为先验知识对 ADK/SA-NSGA-II 算法的搜索过程进行引导，以增强算法的搜索能力。

引理 4.1 对于给定的资源分配量，将所有工件按照 $\bar{p}_j - b_j u_j$ 的非减序排列加工可以降低问题 ($\boldsymbol{P4}$) 的加工成本目标。

证明 在给定每个工件资源分配量的前提下，调整工件加工次序不会对资源消耗费用造成影响。对于调度方案中任意两个不满足 $\bar{p}_j - b_j u_j$ 的非减序排列的工件，很明显，通过相邻交换方式可以降低调度方案的总完工时间。于是，问题 ($\boldsymbol{P4}$) 的加工成本目标得到最优化。引理 4.1 得证。

根据引理 4.1，在给定每个工件资源分配量的前提下，将所有工件加工次序按照 $\bar{p}_j - b_j u_j$ 的非减序进行调整能够改善问题 ($\boldsymbol{P4}$) 的加工成本目标。因此，将其作为先验知识用于指导算法搜索过程，对算法初始种群和进化过程中子代种群个体的工件加工次序按照 $\bar{p}_j - b_j u_j$ 的非减序进行调整，相应的资源分配部分也进行相应的次序调整，以保持与相应工件次序的对应。

4.2.3 数值实验和结果分析

1) 实验设计

为了检验所设计的基于先验知识和代理模型的多目标进化算法 (ADK/SA-NSGA-II) 的有效性，根据实际生产数据和经验数据，基于不同的问题规模进行随机生成数值实验。考虑 4 组实验规模，其中实验 1：$n = 30$；实验 2：$n = 50$；实验 3：$n = 80$；实验 4：$n = 100$。每组实验中的参数设置如下：

(1) 工件 J_j 的正常加工时间 $\bar{p}_j$、正压缩率 b_j 和单位资源费用 c_j 均基于均匀分布规则，随机产生自 $U[1,100]$，$U[0,1]$ 和 $U[2,9]$，其中 $j = 1,2,\cdots,n$；工件 J_j 的最大资源分配量 $\bar{u}_j$ 基于均匀分布规则随机产生自 $U[0.6\bar{p}_j/b_j, 0.9\bar{p}_j/b_j]$。

(2) 根据实际生产的经验数据，所有工件的共同恶化率 $\alpha = 0.01$；随机机器故障发生时刻 $\boldsymbol{B}$ 服从期望值 $E(\boldsymbol{B}) = 10$ 的指数分布，机器基本维修时长 $\tau = 30$，维修时长的恶化影响因子为 $a = 0.01$；单位完工时间费用 q=1，单位匹配时间费用 m=100。

(3) 基于情景的个体鲁棒性指标评价中，进行的不同情景仿真次数 SimulationTimes = 30。

对于每种问题规模，按照上述规则随机生成 30 个算例。为了检验所提出的 ADK/SA-NSGA-II 算法的有效性，这里同样构建了另外两种算法用于与 ADK/SA-

NSGA-II 算法的性能进行比较。其中包括在 NSGA-II 算法框架下完全基于仿真方式进行真实鲁棒性指标评价的多目标进化算法 (记为 “NSGA-II”)，以及在 NSGA-II 算法框架下引入 SVR 模型进行鲁棒性指标评价的多目标进化算法 (记为 “SA-NSGA-II”)。为公平比较，NSGA-II 和 SA-NSGA-II 采用与 ADK/SA-NSGA-II 相同的编码方式和遗传算子设计。实验中首先对 SA-NSGA-II 和 NSGA-II 的求解结果进行对比，以检验所引入的 SVR 模型的有效性；接下来对 ADK/SA-NSGA-II 和 SA-NSGA-II 的求解结果进行对比，以检验引入先验知识对算法求解性能的改进。通过将问题 (***P*4I**) 转换为指派模型求解得到的仅考虑加工成本最小化的调度方案同样作为一个参考点，用于检验考虑随机机器故障信息对于提高调度方案鲁棒性的重要作用。

2) 算法参数设置

ADK/SA-NSGA-II 算法参数包括种群规模 pop，最大进化代数 N，SVR 模型相关参数 (TrainSetScale, TrainInternal 和 SimulateRatio) 以及遗传操作参数 (CrossFraction, Ratio, MutateFraction, Scale 和 Shrink)。这些参数的设置对算法性能有很大影响。因此，这里将对比分析 ADK/SA-NSGA-II 算法在不同参数设置下对实验 2 中 20 个随机算例的求解性能，选择性能最佳的参数值对相应参数进行设置。其中性能最佳对应算法所得有效前沿与理想点的最近距离最优的情形，理想点是横纵坐标分别对应加工成本最优目标值和鲁棒性指标值下界的目标空间参考点。算法调参结果如表 4.1 所示，其中对所选参数值进行了加粗显示。为保证算法性能对比的公平性，NSGA-II 和 SA-NSGA-II 算法采用与 ADK/SA-NSGA-II 算法相同的参数设置。

表 4.1 算法调参结果

参数	备选值	距离值	参数	备选值	距离值
pop	50	3154	N	150	2069
	100	1862		**200**	1853
	150	2037		250	1853
TrainSetScale	1	4876	MutateFraction	$1/n$	2760
	3	4429		$\boldsymbol{2/n}$	2163
	5	2123		$3/n$	3053
	7	3101		$4/n$	4181
TrainInternal	3	4622	Ratio	0.8	3368
	5	5712		**1.2**	2529
	7	4475		1.6	3351
	9	5430	(Scale,Shrink)	(0.1,0.1)	5065

续表

参数	备选值	距离值	参数	备选值	距离值
SimulateRatio	0.3	2014		(0.1,0.5)	5885
	0.5	1981		(0.1,0.9)	8128
	0.7	2793		(0.5,0.1)	2423
	0.9	3786		**(0.5,0.5)**	1732
CrossFraction	**1/n**	2628		(0.5,0.9)	2787
	2/n	2739		(0.9,0.1)	2089
	3/n	3790		(0.9,0.5)	2171
	4/n	3326		(0.9,0.9)	2217

在表 4.1 的调参结果中，ADK/SA-NSGA-II 算法的最大进化代数设置为 $N=200$。由于该算法进化中每一代需要进行的仿真次数为 $\text{pop}\times\text{SimulateRatio}\times\text{SimulationTimes}$，因此 ADK/SA-NSGA-II 算法求解过程中的计算代价可以用共计 $N\times\text{pop}\times\text{SimulateRatio}\times\text{SimulationTimes}$ 次仿真评价过程进行衡量。为公平对比，将 NSGA-II 和 SA-NSGA-II 算法的最大进化代数分别设置为 $N\times\text{SimulateRatio}$ 和 N，从而保证三种算法的求解过程花费相同的计算代价。

3) 结果分析

(1) 针对一次典型求解过程的比较分析。

图 4.2、图 4.3 和图 4.4 分别展示了三种算法针对实验 2 规模问题一次典型求解过程中的初始种群、求解过程和得到的有效前沿对比，用于直观说明引入代理模型和领域先验知识的有效性和对算法性能的改进。由图 4.2 可知，SA-NSGA-II 和

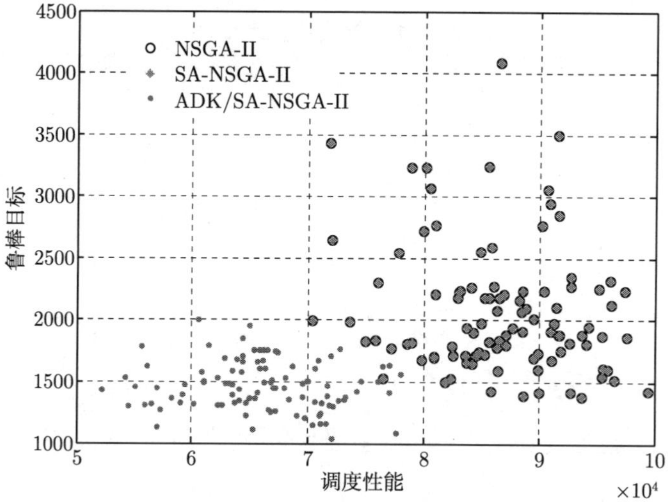

图 4.2 初始种群对比 (后附彩图)

NSGA-II 算法具有相同的初始种群；由于引入了领域先验知识，ADK/SA-NSGA-II 算法初始种群的加工成本和鲁棒性指标都得到了改善。

图 4.3 中给出了相同运算代价下，NSGA-II SA-NSGA-II 和 ADK/SA-NSGA-II 算法求解过程中每一代有效前沿距离理想点的最近距离曲线和平均距离曲线。可以明显看出，这一阶段从进化开始至仿真评价次数达到 5000 次，三种算法的最近距离曲线和平均距离曲线均下降得非常迅速。对应横轴的任意仿真评价次数，SA-NSGA-II 算法的距离曲线均比 NSGA-II 算法更加贴近横轴，说明所构建的 SVR 模型可以有效提高算法的收敛性。从进化开始到结束，ADK/SA-NSGA-II 算法的距离曲线始终明显优于 NSGA-II 和 SA-NSGA-II 算法，说明引入领域先验知识指导搜索过程可以很大程度上改进算法的收敛速度和收敛效果。

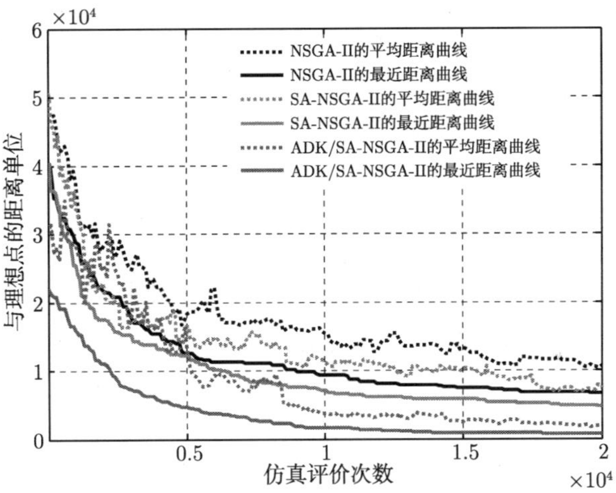

图 4.3 求解过程对比 (后附彩图)

图 4.4 给出了三种算法得到的有效前沿对比。SA-NSGA-II 算法的有效前沿优于 NSGA-II 算法，说明引入代理模型的求解算法能够有效降低调度方案的加工成本和面对随机机器故障的鲁棒性。与 SA-NSGA-II 算法相比可知，ADK/SA-NSGA-II 算法的有效前沿质量得到了进一步的改善，充分说明问题 (***P*4**) 的领域先验知识对于引导算法搜索过程的重要作用。从图 4.4 还可以看出，面临随机机器故障，通过将问题 (***P*4I**) 转换为指派模型求解得到的单纯优化加工成本的调度方案表现出较差的鲁棒性能。充分利用机器故障信息获得鲁棒性较强的调度方案以应对随机机器故障尤为重要。本节所提出的基于代理模型和领域先验知识的多目标进化算法 ADK/SA-NSGA-II 求得的高质量有效前沿，可以供决策者在加工成本和鲁棒性指标之间权衡选择更加有效的调度方案。三种算法对其余算例的求解过程与此类似，不再赘述。

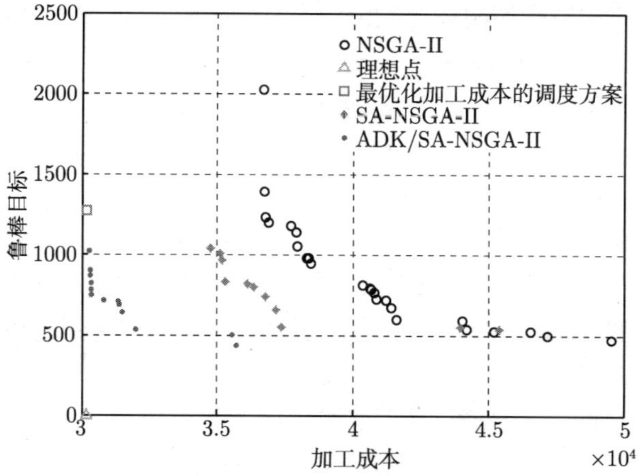

图 4.4 得到的有效前沿对比 (后附彩图)

(2) 算法性能的量化对比分析

收敛性和多样性是衡量有效前沿质量的两个重要方面。这里使用最为常用的IGD和HV指标对三种算法求得的有效前沿质量进行量化分析，进而对算法的性能进行评价。关于IGD和HV指标的详细说明请参见附录 A。

表 4.2 和表 4.3 分别给出了三种算法针对不同规模实验的各 30 个算例求解结果的指标统计对比，其中包括每种实验规模下性能指标的均值 (ave) 和方差 (std)。分析表 4.2 可知，SA-NSGA-II 算法在四种实验规模下的IGD指标均值均小于 NSGA-II 算法，并且 SA-NSGA-II 算法的IGD指标方差值更小或者没有明显变化。与此同时，SA-NSGA-II 算法的HV指标均值同样优于 NSGA-II 算法。随着问题规模的不断增大，SA-NSGA-II 算法的性能优势更加明显。SA-NSGA-II 算法优于 NSGA-II 算法的求解性能，充分说明引入 SVR 模型对算法性能的重要改进。

表 4.2 SA-NSGA-II 和 NSGA-II 的量化指标对比

		IGD(10^{-2})		HV(10^7)	
		ave	std	ave	std
实验 1	SA-NSGA-II	**1.10**	0.99	**1.83**	3.27
	NSGA-II	2.89	2.57	1.81	3.24
实验 2	SA-NSGA-II	**3.99**	9.19	**1.97**	1.29
	NSGA-II	11.10	8.09	1.75	1.23
实验 3	SA-NSGA-II	**0.47**	1.23	**3.28**	2.44
	NSGA-II	20.42	8.08	2.43	2.32
实验 4	SA-NSGA-II	**0.58**	0.88	**4.76**	4.56
	NSGA-II	23.71	13.23	3.10	3.36

分析表 4.3 可知，ADK/SA-NSGA-II 算法的IGD指标和HV指标均优于 SA-NSGA-II 算法。随着问题规模的不断增大，上述优势更加明显。这充分说明引入领域先验知识指导算法搜索过程，对提高算法性能和有效前沿质量的重要作用。

表 4.3 ADK/SA-NSGA-II 和 SA-NSGA-II 求解结果对比

		IGD(10^{-2})		HV(10^{7})	
		ave	std	ave	std
实验 1	ADK/SA-NSGA-II	**1.63**	1.61	**2.50**	5.28
	SA-NSGA-II	3.35	2.57	2.44	5.19
实验 2	ADK/SA-NSGA-II	**5.03**	5.57	**1.97**	1.68
	SA-NSGA-II	5.93	12.00	1.99	1.69
实验 3	ADK/SA-NSGA-II	**2.15**	2.24	**2.57**	3.35
	SA-NSGA-II	9.73	7.86	2.07	2.67
实验 4	ADK/SA-NSGA-II	**1.74**	1.30	**4.22**	3.41
	SA-NSGA-II	20.00	10.13	3.16	2.96

综合上述分析，本节所采用的考虑加工成本和鲁棒性指标权衡的“鲁棒式”干扰应对方法是行之有效的，所设计的基于代理模型和领域先验知识的多目标进化算法 ADK/SA-NSGA-II 也非常适合于该类问题的求解。当问题规模较大时，算法的有效性体现得更加明显。

4.3 考虑鲁棒性的质量与风险的随机机器故障应对方法

4.3.1 考虑鲁棒性的质量与风险的调度模型

根据 4.1 节的问题描述，本节考虑机器故障的发生时刻 $\boldsymbol{B}$ 和维修持续时长 $\boldsymbol{D}$ 均为随机变量并服从指数分布的情形。与 4.2 节思想类似，当随机机器故障发生后，通过分配资源进一步压缩部分受扰工件加工时间的方式，吸收维修过程中机器一段时间内不可用带来的扰动影响，使实际调度方案与原始调度方案在某一时刻迅速匹配。相应的重调度费用记为

$$g(\pi,\boldsymbol{B},\boldsymbol{D}) = mW_{\min} + \sum_{J_j\in J_C} c_j\tilde{u}_j \tag{4.10}$$

相关参数的含义详见 4.2 节。在不引起歧义的情况下，$g(\pi,\boldsymbol{B},\boldsymbol{D})$ 简记为 $g(\pi)$。

为了得到针对随机机器故障具有高度鲁棒性的原始调度方案 π，这里从质量和风险 [129] 两个角度对鲁棒性进行全面度量。具体用 $g(\pi)$ 的期望 $E(g(\pi))$ 度量

鲁棒性的质量，用 $g(\pi)$ 的方差 $\mathrm{Var}(g(\pi))$ 度量鲁棒性的风险。由于随机变量 $\boldsymbol{B}$ 和 $\boldsymbol{D}$ 的存在，很难建立 $E(g(\pi))$ 和 $\mathrm{Var}(g(\pi))$ 的解析表达式，因此采用基于情景的仿真 [99,129,169] 评价方式进行目标值计算，具体公式如下：

$$E(g(\pi)) = \frac{1}{\mathrm{num}} \sum_{i=1}^{\mathrm{num}} g(\pi, \boldsymbol{B}_i, \boldsymbol{D}_i) \tag{4.11}$$

$$\mathrm{Var}(g(\pi)) = \frac{1}{\mathrm{num}} \sum_{i=1}^{\mathrm{num}} (g(\pi, \boldsymbol{B}_i, \boldsymbol{D}_i) - E(g(\pi)))^2 \tag{4.12}$$

其中 num 为评价当前调度方案所采用的仿真次数，$\boldsymbol{B}_i, \boldsymbol{D}_i$ 分别对应第 i 次仿真过程中随机机器故障的发生时刻和持续时长，$g(\pi, \boldsymbol{B}_i, \boldsymbol{D}_i)$ 为第 i 次仿真过程得到的目标值。在不引起歧义的情况下，$E(g(\pi))$ 和 $\mathrm{Var}(g(\pi))$ 可以分别简记为 $E(g)$ 和 $\mathrm{Var}(g)$。

利用生产调度问题的三参数表示法，上述“鲁棒式”干扰应对问题 (记为 ($\boldsymbol{P5}$)) 可记为

$$1\,|p_j, \quad \mathrm{brkdwn}, \quad \mathrm{rs}|\,(E(g(\pi)), \mathrm{Var}(g(\pi))) \tag{4.13}$$

其中 “1” 表示单机加工环境，“brkdwn” 表示随机机器故障，“rs” 表示鲁棒调度 (robust scheduling)，“$(E(g(\pi)), \mathrm{Var}(g(\pi)))$” 表示问题的优化目标。

4.3.2 基于代理模型和随机排序策略的多目标进化算法

与 4.2.2 节类似，这里将以 NSGA-II 算法作为搜索引擎，设计针对问题 ($\boldsymbol{P5}$) 的多目标进化算法进行问题求解。问题 ($\boldsymbol{P5}$) 是基于情景的方式构建的，每个情景中涉及机器故障发生时刻和随机维修时长信息。相应地，基于仿真的适应度评价方式成为评价预测调度方案鲁棒性的有效方式。基于式 (4.11) 和 (4.12)，对多次不同随机机器故障情景的重调度费用计算均值和方差，即可得到问题 ($\boldsymbol{P5}$) 的目标值。然而，上述仿真评价过程需要付出高昂的计算代价，这里建立支持向量回归 (support vector regression, SVR) 模型对每一次仿真过程的目标进行评价以降低运算代价 [168]，在此基础上，针对问题 ($\boldsymbol{P5}$) 中机器故障的发生时刻和维修持续时长均带有随机性，且基于不同指数分布的特点，设计基于随机机器故障信息和工件吸收干扰柔性信息的概率排序策略 (probabilistic sequencing strategy, PSS) 用于引导算法搜索过程，构建基于代理模型和随机排序策略的多目标进化算法 (记为 SVR/PSS-NSGA-II)，具体流程如图 4.5 所示。SVR/PSS-NSGA-II 算法的编码方式和遗传算子与 4.2.2 节类似，不再赘述。

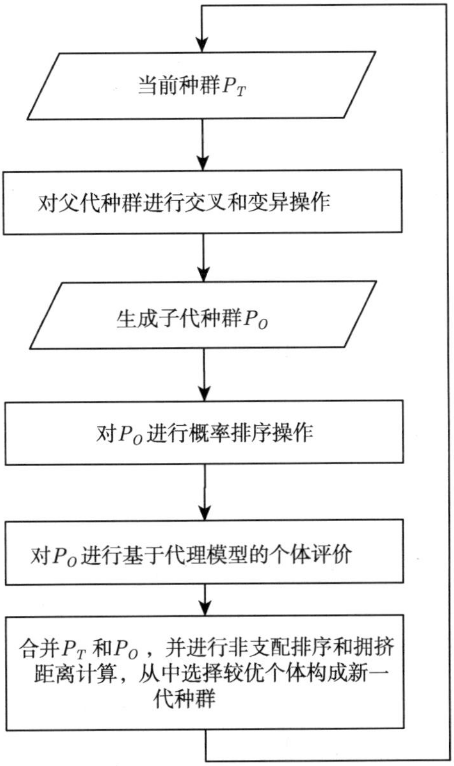

图 4.5　SVR/PSS-NSGA-II 算法每一代进化流程

4.3.2.1　基于支持向量回归模型的目标评价

1) SVR 模型的初始化

基于初始种群中 pop 个个体的各 SimulationTimes 次仿真数据，构建如下训练样本集：

$$\text{TrainingSet} = \left\{ \begin{array}{c} \left(\vec{x}_1, B_{11}, D_{11}, g_{11}\right), \cdots, \left(\vec{x}_1, B_{1,j}, D_{1,j}, g_{1,j}\right), \cdots, \\ \left(\vec{x}_2, B_{21}, D_{21}, g_{21}\right), \cdots, \left(\vec{x}_2, B_{2,j}, D_{2,j}, g_{2,j}\right), \cdots, \\ \cdots \\ \left(\vec{x}_i, B_{i,1}, D_{i,1}, g_{i,1}\right), \cdots, \left(\vec{x}_i, B_{i,j}, D_{i,j}, g_{i,j}\right), \cdots, \end{array} \right\}$$
$$\cdots$$

$$i = 1, 2, \cdots, \text{pop}; \quad j = 1, 2, \cdots, \text{SimulationTimes}$$

其中，$\vec{x}_i$ 对应初始种群中的第 i 个个体，$B_{i,j}$ 和 $D_{i,j}$ 分别为对个体 $\vec{x}_i$ 进行第 j 次机器故障仿真中的故障发生时刻和持续时长，$g_{i,j}$ 为相应的重调度费用。由于 $\vec{x}_i$

的维度为 $2n$，因此训练样本的输入数据维度为 $2n+2$。SVR 模型通过非线性映射 $\phi(\cdot)$ 将输入数据 $y_k=(\vec{x}_k,B_k,D_k)$，$k=1,2,\cdots,\mathrm{pop}\times\mathrm{SimulationTimes}$ 映射到特征空间中，并寻找非线性函数 $\hat{g}(y)$ 对每个 y 的真实目标值 $g(y)$ 进行估计，具体公式如下：

$$\hat{g}(y)=\omega^{\mathrm{T}}\phi(y)+b \tag{4.14}$$

其中 ω 为权重向量，b 为阈值，$\hat{g}(y)$ 与训练样本集 TrainingSet 中真实目标值 $g(y)$ 的偏差不超过 ε。式 (4.14) 中 ω 和 b 的优化过程请参见 4.2.2 节。对于 SVR 模型中代表 $\hat{g}(y)$ 平面与目标偏差 ε 之间容忍度的参数 C 和径向基函数参数 γ 的交叉检验寻参过程与 4.2.2 节类似，不再赘述。

2) SVR 模型的更新

在 SVR 模型初始化之后，需要每隔 TrainInternal 代对其进行更新，以保证回归评价的效果。首先，使用当前子代种群仿真评价过程中得到的情景数据对训练样本集 TrainingSet 中的部分样本进行随机替换；接下来，采用 1) 中交叉检验寻参得到的 C 和 γ 参数值，进行 SVR 模型的更新。

3) 基于 SVR 模型的适应度计算

(1) 针对子代种群中的待评价个体，基于已知的故障发生时刻和维修持续时长的概率分布，进行 SimulationTimes 次机器故障的仿真模拟；

(2) 采用所构建的 SVR 模型进行扰动目标 $g(\pi,\boldsymbol{B},\boldsymbol{D})$ 估计；

(3) 基于公式 (4.11) 和 (4.12)，进行个体的适应度计算；

(4) 基于 SVR 模型的评价结果，对子代种群个体进行筛选，对 SimulationRatio$\in[0,1]$ 的高质量个体进行基于仿真的真实适应度评价，从而避免估计误差对于算法搜索过程的误导。

4.3.2.2　概率排序策略

概率排序策略充分利用机器故障的概率信息和工件吸收干扰的柔性信息，将柔性较高的工件安排至机器故障的易发生位置进行加工，以期生成具有较高鲁棒性的原始调度方案。这里，PSS 将被引入算法设计，用于指导搜索过程，以提高算法求解性能。PSS 的工作流程如图 4.6 所示。

1) 工件柔性度量

为了确定有效应对机器故障的柔性加工次序以降低重调度费用，首先定义能够以少量的重调度费用吸收机器不可用时间段的工件柔性指标 F_j，$j=1,2,\cdots,n$。F_j 的指标值受以下三方面因素影响，F_j 的值越大，相应工件的柔性越高。

输入:
J_n ：具有给定属性和预分配资源量的 n 个工件构成的集合；
EB：机器故障发生时刻的期望；
ED：机器故障持续时长的期望；
pop：种群规模；
G：最大进化代数；
SimulationTimes：单个个体适应度评价所需的仿真次数。
输出:
a_1, a_2, a_3：每个工件柔性影响因子的幂值；
S：基于 PSS 的工件加工次序。
初始化:
计算 J_n 中的工件按照加工时间的非减顺序排列加工的表长 Z，令 $t_s = 0$，$t_e = Z$；
PSS 使用:
    通过基于 NSGA=II 的多目标进化算法确定 a_1, a_2, a_3 取值；
    计算 J_n 中每个工件的柔性指标 F_j；
    将所有工件按照 F_j 值的非减顺序排序；
概率排序:
    While $j \leqslant n$**do**
        If $P^d\left(t_s + p_{[j]}/2\right) \leqslant P^d\left(t_e - p_{[j]}/2\right)$**then**
将 $J_{[j]}$ 排序在可用区间的左端，并令 $t_s = t_s + p_{[j]}$；
Else
将 $J_{[j]}$ 排序在可用区间的右端，并令 $t_e = t_e - p_{[j]}$；
    End If
End While

图 4.6 PSS 策略的工作流程

(1) 工件的加工时间 (p_j): $p_j = \bar{p}_j - b_j u_j$ 表示工件 J_j 在预分配资源量 u_j 下的加工时间。将具有较短加工时间的工件安排在机器故障更易发生的位置加工，能够将所需要的吸收故障时间任务分配给更多工件。由于资源费用是压缩时间的线性递增函数，这种做法可以降低资源成本，因此 F_j 和 p_j 负相关。

(2) 工件的可用压缩量 (w_j): $w_j = b_j\left(\bar{u}_j - u_j\right)$ 表示工件 J_j 能够继续压缩的时间长度，直接反映了工件吸收机器不可用时间的能力。将可用压缩量高的工件安排在故障易发生位置加工，能够降低重调度过程中的匹配时间费用，因此 F_j 和 w_j 正相关。

(3) 平均坡度 (Δ_j): $\Delta_j = c_j/b_j$ 表示资源费用函数在资源分配量区间 $[u_j, \bar{u}_j]$ 的平均坡度，计算公式如下：

$$\frac{c_j\left(\bar{u}_j - u_j\right)}{b_j\left(\bar{u}_j - u_j\right)} = \frac{c_j}{b_j}$$

Δ_j 反映了资源费用函数相对于资源分配量的变化率。将较低 Δ_j 值的工件安排至故障易发生位置加工，能够以较低的资源费用吸收机器不可用时间段扰动，因此 F_j 和 Δ_j 负相关。

基于上述影响工件柔性的因素分析，对于给定的预分配资源量，建立工件柔性指标 F_j 的复合度量方法如下：

$$F_j = \frac{(w_j)^{a_1}}{(p_j)^{a_2}(\Delta_j)^{a_3}}$$

其中 a_1, a_2, a_3 代表相应柔性因素的非负幂值。

2) 工件柔性因素幂值的确定

由于很难建立工件柔性指标 F_j 与问题 ($\boldsymbol{P5}$) 的鲁棒性指标之间的解析关系式，这里将采用基于进化计算的优化方法确定工件柔性指标函数 F_j 中各柔性因素的幂值 $a_k\,(k=1,2,3)$，设计基于 4.2.2 节构建的支持向量回归模型和 NSGA-II 算法框架的多目标进化算法 (记为 SVR-NSGA-II-P) 进行优化求解。SVR-NSGA-II-P 算法与 SVR/PSS-NSGA-II 算法具有相似的工作流程，但采用不同的个体编码方式和遗传操作设计。考虑到各影响因素 p_j, w_j 和 Δ_j 对工件柔性指标 F_j 的影响程度，将 a_k 的取值限定在 [0, 3] 区间范围。

(1) 参数的编码方式。

令 $\vec{z}_{i,t}$ 代表 SVR-NSGA-II-P 算法第 t 代进化种群的第 i 个个体，那么 $\vec{z}_{i,t} = (z_{i,1,t}, z_{i,2,t}, z_{i,3,t})$，$i=1,2,\cdots,\text{pop}$，$t=1,2,\cdots,G$，其中 pop 代表种群规模，$G$ 代表最大进化代数。每个 $z_{i,k,t}\in[0,3]\,(k=1,2,3)$ 分别代表柔性指标函数 F_j 中 $a_k\,(k=1,2,3)$ 的取值。

(2) 中间交叉算子。

对于种群中通过二元锦标赛选择操作得到的下标为 $r1$ 和 $r2$ 的两个个体进行中间交叉操作，具体方式如下：

$$o_{i,k,t} = z_{r1,k,t} + \text{rand}_p \cdot \text{ratio}_p \cdot (z_{r2,k,t} - z_{r1,k,t})$$

$$i=1,2,\cdots,\text{pop};\quad k=1,2,3;\quad t=1,2,\cdots,G$$

其中 $o_{i,k,t}$ 是第 t 代进化过程中，上述交叉操作后得到的第 i 个个体的第 k 个元素，rand_p 是随机产生自 [0, 1] 区间的小数，ratio_p 是中间交叉操作的控制参数。由于上述操作中可能产生元素值超出 [0, 3] 范围的不可行解，需要对相应元素进行修复使其保持在可行区间范围内。

(3) 高斯变异算子。

对于 (1) 操作后得到的每个个体，依概率 P_p 进行如下高斯变异操作：

$$z_{i,k,t}=z_{i,k,t}+\text{rand}\cdot\left(\text{scale}-\text{shrink}\cdot\text{scale}\cdot\frac{t}{G}\right)\cdot\left(u_{\text{limit},k}-l_{\text{limit},k}\right)$$

$$i=1,2,\cdots,\text{pop};\quad j=n+1,n+2,\cdots,2n+1;\quad t=1,2,\cdots,N$$

其中 scale 代表变异点规模，shrink 代表收缩系数，$u_{\text{limit},j}=3$ 和 $l_{\text{limit},j}=0$ 分别代表 $z_{i,k,t}$ 取值的上、下界，rand_p 是基于均匀分布规则随机取自 [0, 1] 区间的随机数。上述操作后，同样需要进行与 (2) 中间交叉算子类似的个体修复操作以保证解的可行性。

3) 概率排序操作

在调度计划的决策区间内，机器在 t 时刻不可用的概率可以表示为

$$P^d(t)=P(\boldsymbol{B}\leqslant t\leqslant\boldsymbol{B}+\boldsymbol{D}),\quad t\in[0,Z]\tag{4.15}$$

其中 Z 代表机器加工能力，即调度决策区间长度。令 $f_{\boldsymbol{B}}$, $F_{\boldsymbol{B}}$, $f_{\boldsymbol{D}}$ 和 $F_{\boldsymbol{D}}$ 分别代表机器故障发生时刻的概率密度函数、概率分布函数和维修持续时长的概率密度函数和概率分布函数，那么 $P^d(t)$ 可以采用如下方式进行计算：

$$P^d(t)=\int_0^t\left(1-F_{\boldsymbol{D}}(t-x)\right)f_{\boldsymbol{B}}(x)\,\mathrm{d}x$$

假设机器故障的发生时刻和维修时长分布符合 $\boldsymbol{B}\sim\text{Exponential}(\lambda_{\boldsymbol{B}})$ 和 $\boldsymbol{D}\sim\text{Exponential}(\lambda_{\boldsymbol{D}})$ 的指数分布，那么 $P^d(t)$ 可以采用如下方式计算

$$P^d(t)=\frac{\lambda_{\boldsymbol{B}}}{\lambda_{\boldsymbol{D}}-\lambda_{\boldsymbol{B}}}\left(\mathrm{e}^{-\lambda_{\boldsymbol{B}}t}-\mathrm{e}^{-\lambda_{\boldsymbol{D}}t}\right)$$

易证 $P^d(t)$ 是 $[0,Z]$ 区间内的单峰函数，即 $P^d(t)$ 的极值点在区间内部取得。因此，这里结合故障概率信息和工件柔性信息进行如下概率排序操作：

步骤 1 确定机器故障概率函数 $P^d(t)$ 和调度决策区间 $[t_s,t_e]$.

使用初始调度区间 $[0,Z]$ 对 $[t_s,t_e]$ 进行初始化，其中 $t_s=0$，$t_e=Z$。这里，Z 代表机器的加工能力。将所有工件按照正常加工时间 $\bar{p}_j$ 的非减顺序排列后，使用 $Z=\sum_{j=1}^n\left(\bar{p}_{[j]}+\alpha s_{[j]}\right)$ 即可进行 Z 值的计算，其中 $s_{[j]}$ 表示安排在第 j 个位置工件的开始加工时间。

步骤 2 将所有工件按照柔性指标 F_j 的非减顺序排列.

基于 SVR-NSGA-II-P 算法优化确定的各柔性指标影响因子幂值 $a_k\,(k=1,2,3)$ 计算每个工件的柔性指标 F_j，并按照 F_j 的非减顺序排列所有工件。

步骤 3 对于柔性排序列表中的每个工件 J_j，比较将其放置于可用区间起始

端和结束端时，工件加工时间中间位置的故障发生概率，其中 $P^d\left(t_s+\frac{p_{[j]}}{2}\right)$ 代表放置于起始端的故障概率，$P^d\left(t_e-\frac{p_{[j]}}{2}\right)$ 代表放置于结束端的故障概率。

如果 $P^d\left(t_s+\frac{p_{[j]}}{2}\right)<P^d\left(t_e-\frac{p_{[j]}}{2}\right)$，那么将 $J_{[j]}$ 安排在 $\left[t_s, t_s+p_{[j]}\right]$ 区间，并设置 $t_s=t_s+p_{[j]}$；否则将 $J_{[j]}$ 安排在 $\left[t_e-p_{[j]}, t_e\right]$ 区间，并设置 $t_e=t_e-p_{[j]}$。基于上述方式，柔性较小的工件将被安排在可用区间的起始端或结束端加工。$P^d\left(t_s+\frac{p_{[j]}}{2}\right)$ 和 $P^d\left(t_e-\frac{p_{[j]}}{2}\right)$ 的具体计算过程如下：

(1) $$P^d\left(t_s+\frac{p_{[j]}}{2}\right)=P^d\left(t_s+\frac{\bar{p}_{[j]}-b_{[j]}u_{[j]}+\alpha t_s}{2}\right)$$
$$=P^d\left(\frac{(1+\alpha)\,t_s+\left(\bar{p}_{[j]}-b_{[j]}u_{[j]}\right)}{2}\right)$$

如果将 $J_{[j]}$ 安排可用区间的起始端，那么设置 $t_s=t_s+p_{[j]}=t_s+\left(\bar{p}_{[j]}-b_{[j]}u_{[j]}+\alpha t_s\right)=(1+\alpha)\,t_s+\left(\bar{p}_{[j]}-b_{[j]}u_{[j]}\right)$；

(2) 假设将工件 $J_{[j]}$ 安排在可用区间的结束端，$J_{[j]}$ 的起始加工时刻为 $\tilde{t}$，那么 $\tilde{t}+\left(\bar{p}_{[j]}-b_{[j]}u_{[j]}+\alpha\tilde{t}\right)=t_e$，$\tilde{t}=\frac{t_e-\left(\bar{p}_{[j]}-b_{[j]}u_{[j]}\right)}{1+\alpha}$。于是可以计算 $P^d\left(t_e-\frac{p_{[j]}}{2}\right)=P^d\left(t_e-\frac{t_e-\tilde{t}}{2}\right)=P^d\left(\frac{(2+\alpha)\,t_e-\left(\bar{p}_{[j]}-b_{[j]}u_{[j]}\right)}{2\,(1+\alpha)}\right)$。如果将工件 $J_{[j]}$ 安排在可用区间的结束端，那么设置 $t_e=t_e-p_{[j]}=\frac{t_e-\left(\bar{p}_{[j]}-b_{[j]}u_{[j]}\right)}{1+\alpha}$。

上述 PSS 将被引入算法设计，用于对初始种群和进化中每一代种群个体的加工次序进行调整，从而有效引导算法搜索过程，以期提高算法的性能以及有效前沿的收敛性和多样性。

4.3.3 数值实验和结果分析

1) 实验设计

为了检验所构建的多目标进化算法 SVR/PSS-NSGA-II 的有效性，以及引入支持向量回归 (SVR) 模型和概率排序策略 (PSS) 对算法性能的改进，这里同样设计了针对问题 (***P*5**) 的基于 NSGA-II 算法框架和完全仿真目标评价方式的多目标进化算法 (记为 “NSGA-II”)，以及在此基础上引入支持向量回归模型的 SVR-NSGA-II 算法。通过 NSGA-II、SVR-NSGA-II 和 SVR/PSS-NSGA-II 算法的求解性能对比，即可进行算法设计的有效性检验。基于实际生产数据的范围和工艺参数，对实验中的数值算法进行如下参数设置：

(1) 对于小规模问题的工件数量为 $n \in \{30, 50\}$，对于大规模问题的工件数量为 $n \in \{80, 100\}$；

(2) 工件加工时间的恶化率为 $\alpha = 0.01$；

(3) 工件的正常加工时间 $\bar{p}_j$、正压缩率 b_j、资源分配上界 $\bar{u}_j$ 和单位资源成本 c_j 分别基于均匀分布规则随机产生自 $U[10, 20], U[0, 1], U[0.1\bar{p}_j/b_j, 0.5\bar{p}_j/b_j]$ 和 $U[1, 5]$ 区间；

(4) 机器故障的发生时刻和维修持续时长符合期望值为 $E(\boldsymbol{B}) = 100$ 和 $E(\boldsymbol{D}) = 50$ 的概率分布；

(5) 单位匹配时间费用为 $m = 100$，以元为单位；

(6) 基于情景的个体适应度评价中，针对每个个体的仿真次数为 SimulationTimes=20。

针对四类不同规模问题，根据上述规则各随机产生 30 个实验算例。使用 SVR/PSS-NSGA-II、SVR-NSGA-II 和 NSGA-II 算法分别对上述共计 120 个实验算例进行求解，并进行算法性能的分析比较。

2) 算法参数调试

为了进行问题的有效求解，需要对 SVR/PSS-NSGA-II 算法的两组参数进行调试，其中第一组是 PSS 策略的工件柔性指标中三个影响因素的幂值 (a_1, a_2 和 a_3)；第二组是算法进化过程相关参数，包括种群规模 (pop)、训练样本更新的间隔代数、对子代种群进行筛选以进行仿真评价的比例、交叉概率、交叉系数、变异概率、变异点规模和收缩系数。因此，接下来针对两组参数分别进行调参。

(1) 使用 4.2.2 节构建的 SVR-NSGA-II-P 算法对随机生成的 50 个工件算例进行优化求解。从得到的有效前沿中选取距离理想点 (0, 0) 最近的有效解确定工件柔性指标中幂值设置，其中理想点的横纵坐标分别对应问题 ($\boldsymbol{P5}$) 两个优化目标的下界。基于多次调参结果，相应幂值分别设置为 $a_1 = 1, a_2 = 2$，$a_3 = 2$。

(2) 使用 SVR/PSS-NSGA-II 算法对随机生成的 50 个工件算例进行优化求解。每次求解中，为各参数分别设置不同取值，并选择能够返回与理想点 (0, 0) 距离最近有效解的参数取值。具体调参结果如表 4.4 所示，其中“与最优值的偏差”通过 $(\text{Distance}_{\text{candidate}} - \text{Distance}_{\text{optimal}})/\text{Distance}_{\text{optimal}}$ 计算得到，$\text{Distance}_{\text{candidate}}$ 代表不同参数设置下算法得到有效前沿与理想点的最近距离，$\text{Distance}_{\text{optimal}}$ 代表所有参数设置下 $\text{Distance}_{\text{candidate}}$ 的最小值。为了保证公平对比，SVR-NSGA-II 和 NSGA-II 算法采用与 SVR/PSS-NSGA-II 算法相同的参数设置。NSGA-II 算法的最大进化代数设置为 $N \times \text{SimulateRatio}$，以保证其与 SVR/PSS-NSGA-II 算法求解中花费相同的计算代价。

表 4.4　SVR/PSS-NSGA-II 的参数调试结果

参数	备选值	与最优值的偏差 (%)	最优取值
pop	50, 100, 150	14.69, 0, 4.6	100
N	100, 150, 200	0.83, 0, 0	150
TrainInternal	3, 5, 7, 9	0, 28.34, 20.66, 26.34	3
SimulateRatio	0.3, 0.5, 0.7, 0.9	5.63, 0, 25.83, 7.86	0.5
CrossoverFraction	$2/n, 4/n, 6/n, 8/n$	0, 17.78, 29.68, 53.33	$2/n$
ratio	0.4, 0.8, 1.2, 1.6	19.70, 4.37, 0, 11.74	1.2
GaussianFraction	$2/n, 4/n, 6/n, 8/n$	0, 25.48, 28.57, 44.50	$2/n$
(scale, shrink)	(0.1, 0.1), (0.1, 0.5), (0.1, 0.9), (0.5, 0.1), (0.5, 0.5), (0.5, 0.9), (0.9, 0.1), (0.9, 0.5), (0.9, 0.9)	64.13, 7.04, 34.31, 26.59, 18.38, 0, 7.72, 3.23, 11.05	(0.5, 0.9)

3) 实验结果分析

为了直观表达所提出的 SVR/PSS-NSGA-II 算法的有效性，以及引入 SVR 模型和 PSS 策略对算法求解性能的改进，这里首先对实验算例的一次典型求解过程进行对比分析，接下来基于所有实验算例的求解结果进行算法性能的量化分析。

(1) 求解过程的对比分析。

图 4.7—图 4.10 分别绘制了 SVR/PSS-NSGA-II、SVR-NSGA-II 和 NSGA-II 算法针对 50 个工件规模算例一次典型求解过程的初始种群、算法进化过程、每一代有效前沿变化过程和得到有效前沿的图形对比。分析图 4.7 可以看出，SVR-NSGA-II

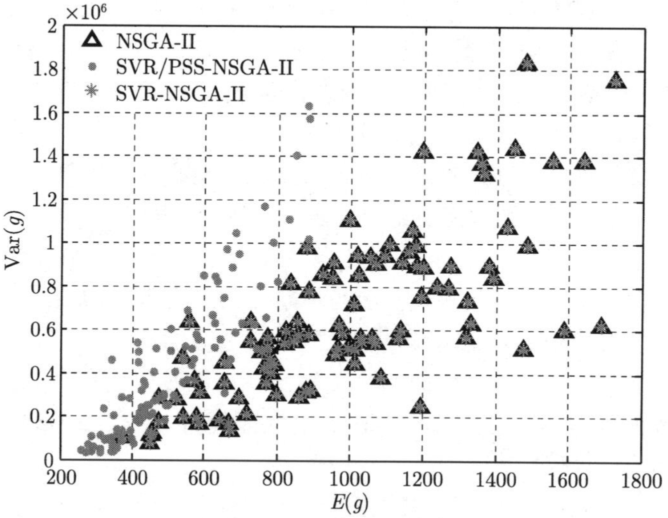

图 4.7　三种算法的初始种群对比 (后附彩图)

和 NSGA-II 算法具有相同的初始种群，引入 PSS 策略对这一初始种群调整得到的 SVR/PSS-NSGA-II 算法的初始种群，其两个优化目标均得到改进。这充分说明 PSS 策略的合理有效性以及引入 PSS 策略引导搜索过程对算法性能的改进。

图 4.8 给出了三种算法求解过程中在给定仿真评价次数下得到的有效前沿距离理想点的最近距离曲线和平均距离曲线。基于 2) 中算法参数调试结果，最多仿真评价次数设置为 $N \times \text{pop} \times \text{SimulateRatio}$。分析图 4.8 可知，SVR-NSGA-II 算法的最近距离曲线和平均距离曲线自 1.25×10^5 次仿真评价后，平稳保持在 NSGA-II 算法的距离曲线之下，充分体现引入 SVR 模型对加快算法收敛速度和改善求解质量的重要作用。

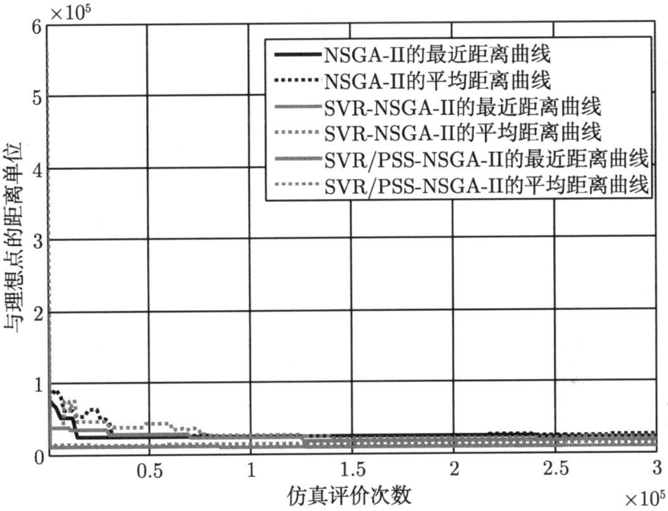

图 4.8 三种算法的求解过程对比 (后附彩图)

SVR/PSS-NSGA-II 算法的最近距离曲线在整个进化过程的 30%左右即趋于平稳，且始终保持在 SVR-NSGA-II 和 NSGA-II 算法的相应曲线下方，充分说明引入 PSS 策略指导算法搜索过程能有效提高算法的寻优能力和加快算法求解速度。

分析图 4.9 三种算法求解过程每一代有效前沿的变化对比，以及图 4.10 的最终有效前沿对比可知，问题 (***P*5**) 的扰动期望 $E(g)$ 和扰动方差 $\text{Var}(g)$ 之间存在相互制约关系。SVR/PSS-NSGA-II 算法进化过程中的有效前沿保持着对 SVR-NSGA-II 和 NSGA-II 算法有效前沿的支配优势，并且引入 SVR 模型和 PSS 策略从不同角度对算法性能进行了改进：SVR 模型有助于提高有效前沿的多样性，而 PSS 策略可以有效改进算法的收敛性和求解速度。

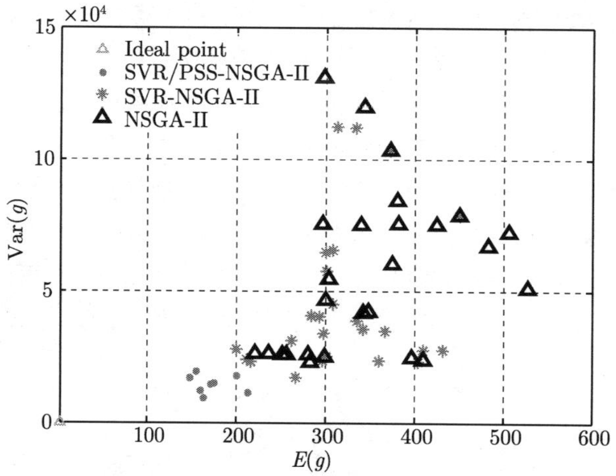

图 4.9　每一代有效前沿的变化过程对比 (后附彩图)

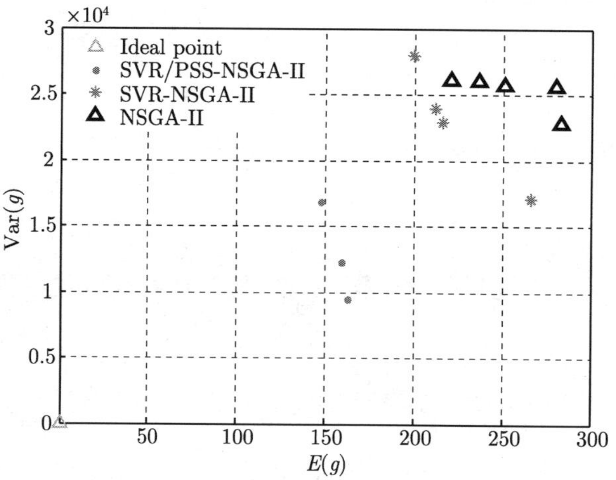

图 4.10　三种算法的有效前沿对比 (后附彩图)

(2) 算法性能量化分析。

为了有效对比三种算法在不同问题规模下的求解性能，这里采用度量有效前沿收敛性和多样性的指标IGD和HV对算法求解结果进行量化分析。关于IGD和HV指标的详细说明请参见附录 B。表 4.5—表 4.7 分别给出了 SVR/PSS-NSGA-II, SVR-NSGA-II 和 NSGA-II 算法的量化指标对比，表中 “ave” 代表算法针对不同规模实验的各 30 个数值算例求解性能的平均值，而 “std” 代表相应性能指标的标准差，对较优指标值进行了加粗显示。

表 4.5 SVR-NSGA-II 和 NSGA-II 的量化指标对比

		$n=30$		$n=50$		$n=80$		$n=100$	
		ave	std	ave	std	ave	std	ave	std
IGD	SVR-NSGA-II	**2.32E-02**	4.28E-02	**1.43E-01**	2.24E-01	**1.55E-01**	1.68E-01	**1.00E-01**	1.61E-01
	NSGA-II	9.30E-02	9.22E-02	2.70E-01	2.40E-01	1.68E-01	1.88E-01	1.07E-01	1.27E-01
HV	SVR-NSGA-II	**1.42E+08**	5.45E+08	**1.30E+06**	1.52E+06	**1.26E+08**	4.52E+08	**3.84E+09**	1.42E+10
	NSGA-II	1.24E+08	4.68E+08	1.16E+06	2.06E+06	1.22E+08	4.36E+08	3.31E+09	1.19E+10

表 4.6 SVR/PSS-NSGA-II 和 SVR-NSGA-II 的量化指标对比

		$n=30$		$n=50$		$n=80$		$n=100$	
		ave	std	ave	std	ave	std	ave	std
IGD	SVR/PSS-NSGA-II	**2.56E-02**	4.29E-02	**3.16E-02**	6.75E-02	**4.15E-02**	9.99E-02	**5.14E-02**	9.45E-02
	SVR-NSGA-II	6.24E-02	6.68E-02	5.24 E-01	2.88E-01	4.93E-01	2.77E-01	5.62E-01	3.00E-01
HV	SVR/PSS-NSGA-II	**2.93E+08**	1.13E+09	**8.81E+08**	3.58E+09	**7.43E+07**	1.90E+08	**5.64E+07**	1.45E+08
	SVR-NSGA-II	2.90E+08	1.12E+09	6.62E+08	2.69E+09	3.58E+07	7.63E+07	2.68E+07	6.49E+07

表 4.7 SVR/PSS-NSGA-II 和 NSGA-II 的量化指标对比

		$n=30$		$n=50$		$n=80$		$n=100$	
		ave	std	ave	std	ave	std	ave	std
IGD	SVR/PSS-NSGA-II	**1.14 E-02**	9.63 E-03	**1.39 E-03**	4.43 E-03	**3.58 E-02**	7.98 E-02	**1.01 E-01**	1.56 E-01
	NSGA-II	9.95 E-02	8.26 E-02	6.46 E-01	2.75 E-01	5.36 E-01	2.96 E-01	4.57 E-01	2.91 E-01
HV	SVR/PSS-NSGA-II	**2.92E+08**	1.13E+09	**8.12E+08**	3.33E+09	**6.71E+07**	1.57E+08	**3.21E+07**	7.40E+07
	NSGA-II	2.53E+08	9.77E+08	6.58E+08	2.71E+09	5.64E+07	1.50E+08	3.19E+07	9.00E+07

对表 4.5—表 4.7 中的数据进行对比分析，可以得出如下结论：

(1) 表 4.5 中 SVR-NSGA-II 算法的 IGD 指标和 HV 指标均优于 NSGA-II 算法，充分体现引入 SVR 模型对个体适应度值进行替代评价，能有效改善算法的求解质量。表 4.6 中，SVR/PSS-NSGA-II 算法的性能指标均优于 SVR-NSGA-II，说明了引入 PSS 策略指导搜索过程，能有效提高算法的寻优能力和改善有效前沿质量。更高质量的有效前沿有利于决策者在多个具有鲁棒性的原始调度方案之间进行权衡选择，从而在机器故障发生后能够以尽量低的系统扰动达到与原始调度方案的匹配。

(2) 根据表 4.7 中 SVR/PSS-NSGA-II 和 NSGA-II 算法的性能指标对比可知，综合使用 SVR 模型进行适应度评价和引入 PSS 指导搜索过程可以得到更优的算法改进效果。从方法论的角度，面临复杂和不确定的生产环境，充分利用问题相关的不确定信息和使用代理模型评价方式，有利于得到令决策者满意的具有鲁棒性的原始调度方案。

4.4　本 章 小 结

在具有恶化效应和加工时间可控的生产环境下，针对随机机器故障干扰事件，充分利用通过分配额外资源以压缩工件加工时间的特性，进行基于 “鲁棒式” 的干扰应对研究。首先制定具有鲁棒性的原始调度方案，当机器故障发生后，通过分配额外资源进一步缩短受扰工件加工时间以吸收干扰影响的方式，使调整后的调度方案与原始调度方案尽快匹配。针对这一难于进行精确求解的问题，本章设计基于代理模型和先验知识的多目标进化算法进行求解，为决策者提供在加工成本与鲁棒性指标，以及鲁棒性的质量与风险之间有效权衡的干扰应对方案。

基于 “鲁棒式” 的干扰应对模型求解中，需要通过多次情景仿真的方式进行鲁棒性指标的评价，这一过程需要花高昂的计算代价，为多目标进化算法的求解带来较大挑战。为解决这一难题，构建了基于支持向量回归的代理模型对算法进化过程中个体的鲁棒性指标进行替代评价，并充分利用模型结构性质相关的先验知识，以及基于机器随机故障信息和工件吸收干扰能力设计的随机排序策略，对算法的搜索过程进行有效引导。最后通过随机数值实验验证了引入代理模型可以有效加快算法的收敛速度和改善求解质量，而引入问题结构性质相关的先验知识以及随机排序策略可以进一步提高算法性能。

通过研究可以得到如下管理启示：第一，对于从优化加工成本角度制定的原始调度方案，由于其忽略频繁发生的机器故障造成的扰动影响，面对随机机器故障往往具有较差的鲁棒性；第二，针对恶化效应下的复杂干扰应对问题，综合利用机器故障的概率信息和工件的可压缩柔性，设计基于代理模型和随机排序策略的多目标进化算法，可以对基于 “鲁棒式” 的干扰应对模型进行有效求解，从而为决策者提供多个可以在加工成本和鲁棒性指标，以及鲁棒性的质量和风险之间权衡的干扰应对方案；第三，与基于完工时间与加工次序的扰动度量相比，调整后的调度方案与原始调度方案的尽快匹配能够更加有效地降低机器故障发生后的扰动影响，包括对原材料和成品的运输费用以及人员排班安排等。

第 5 章　实际案例研究

为了检验本书前述章节理论研究工作的科学合理性，本章以选取大连市某集装箱制造企业的生产调度干扰应对过程为背景开展案例研究。首先对该企业的集装箱加工过程及干扰应对问题进行分析，接下来结合具体的加工环境特点和干扰应对需求，采用前述章节所提出的生产调度干扰应对模型和求解算法进行具体的干扰事件应对方案生成。通过与该企业经验方式得到干扰应对方案的应对效果对比，检验本书所提出的干扰应对模型和求解算法的有效性，以及理论研究工作的应用价值。在此基础上，构建用于干扰应对的实时辅助软件原型系统，以期将本书的理论研究成果进行有效的应用转化。

5.1　集装箱加工过程及干扰应对问题分析

大连市某集装箱制造企业所在的集团公司是全球唯一能够提供全系列集装箱产品，并拥有完全自主知识产权的供应商，产品遍及北美、欧洲、亚洲等全球主要的物流系统，网点遍布中国沿海主要城市，所制造的集装箱产品主要为干货集装箱 (dry cargo container, DO)，除此之外，在散货箱 (bulk container, BK)、冷藏箱 (reefer container, RF) 和运车箱 (car comtainer, CC) 等产品的生产方面也有多项成功案例。

集装箱制造业是典型的劳动密集型产业，中国的劳动力成本呈逐年上升趋势。与此同时，由于国内外多家集装箱制造企业的纷纷涌入，来自船东和箱东等客户的集装箱订单价格逐年递减，留给该企业的利润空间越来越小。因此，为了保证其能够在逐年上升的生产成本、日趋激烈的市场竞争和不断增加的内外部风险等大环境下生存，**企业管理者需要对生产周期内的订单制定高质量的生产调度计划，在优化生产成本的同时提高对干扰事件的应对能力**。从而保证原材料采购这一涉及多企业、需要多方交互的环节按期进行，为生产过程的顺利开展提供保证；对操作工人进行紧凑合理的排班和安排必要的加班，使操作工人保持有条不紊的工作节奏和良好的工作状态；为完工后集装箱的运输安排提供可靠的时间节点，保证后续涉及多流程的运输任务得以如期开展。

该企业的集装箱生产流程如图 5.1 所示，包括原材料采购、开卷、预处理、剪切/冲压、装焊、总装、整箱打砂、油漆、完工共计九个关键环节。其中装焊、总装、整箱打砂、油漆、完工这五个环节是在流水线上以不间断方式连续加工的，相应的包括焊机、喷漆机等生产设备和操作工人在内的加工资源分配和利用情况，是整个集装箱加工过程的瓶颈。因此，有必要对每个订单在这五个环节的生产调度安排进行优化，以降低企业加工成本和缩短完工时间。集装箱加工过程中的计划安排，通常以与船东、箱东等签署的订单为基本单位，以保证计划安排的整体性。

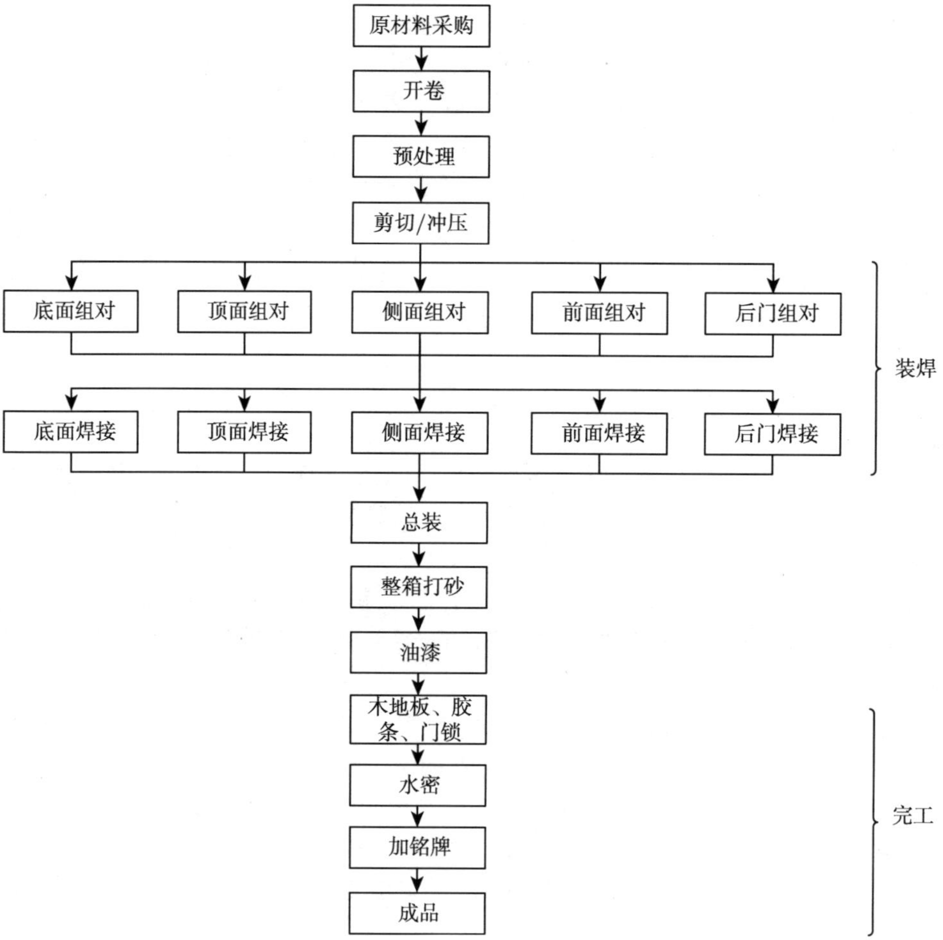

图 5.1　集装箱生产流程

生产管理者根据每个订单所包含的集装箱个数、类型、材质及常规情形下操作工人数，结合经验数据对订单的正常加工时间进行度量。然而，集装箱加工过程中焊机、喷漆机等生产设备的持续使用和老化磨损，会造成订单的加工时间变长。为了缩短订单的实际加工时间，保证订单在工期内交付，可以为其安排更多的操作人员或增加已有操作人员的工时。为了有效缓解生产设备老化磨损造成的加工效率下降，企业通常在加工过程中的某些时段对机器进行大修理，以恢复生产效率。另一方面，在订单加工量过多的情形下，企业同样可以选择将部分订单外包给合作企业进行加工，以满足有限的加工资源和完工时间约束。

然而，在订单按照已有调度方案加工过程中，受市场需求和加工资源的不确定性的影响，往往需要应对客户新增的订单以及焊机、喷漆机等生产设备的故障，导致已有的加工成本最优调度方案不再最优甚至不可行，并对已有订单的完工时间乃至后续的运输安排造成巨大扰动影响，在造成严重经济损失的同时，降低客户的满意度。因此需要在干扰事件发生后，**采取快速有效的应对，在优化加工成本的同时，降低调整后的调度方案与原始调度方案的偏差**，从而提高企业的干扰应对能力。

该集装箱制造企业目前普遍采用基于人工经验的干扰应对方案，针对客户后续补充的订单，通常为其尽可能多地分配操作工人从而缩短其加工时间，并将这些订单按照正常所需加工时间的非减次序安排于已有调度方案队尾加工。与此同时，同样存在将所有订单重新安排加工计划，从而使加工成本最优的情形。上述应对方案的制定中：① 针对后续补充的订单，没有考虑安排机器大修理以提高加工效率，以及外包加工部分订单以缩短完工时间这些可以提高干扰应对柔性的生产因素；② 针对随机生产设备故障，通常在故障修复后，继续按照原有调度方案的订单加工次序和资源分配量进行加工，或者对受扰工件最大限度的分配加工资源以吸收扰动影响，而没有从生产设备故障发生概率的角度，在原始调度方案制定充分考虑该方案应对生产设备故障的鲁棒性。显然，该企业现有干扰应对方式在某种程度上能够恢复企业加工过程，但在加工成本或调整方案造成的扰动影响方面往往表现较差的性能。

因此，本章接下来将根据企业的实际加工环境和干扰应对需求，以及可以采用的柔性生产因素，应用前述章节构建的干扰应对模型和求解算法，针对集装箱加工过程中面临的新增订单，分别进行考虑安排设备大维修和考虑外包加工的新增订单应对方案生成；针对随机设备故障，进行考虑调度方案鲁棒性的随机设备故障应对方案生成。

为了便于研究，将集装箱加工过程进行统一的抽象：

(1) 将客户提交的每个订单所对应的一组集装箱抽象为一个工件；

(2) 将集装箱生产流程中的原材料采购、开卷、预处理和剪切/冲压视为大批量连续加工前的准备工作；

(3) 将装焊、总装、整箱打砂、油漆、完工这五个在流水线上以不间断方式连续加工的环节整体抽象为单处理机加工环境；

(4) 在集装箱加工过程中，焊机、喷漆机等生产设备的老化磨损，体现了加工过程的恶化效应，工件的实际加工时间表现为其开始加工时间的增函数；

(5) 为了提高集装箱的加工效率，可以增加工人等加工资源以缩短订单的实际加工时间；

(6) 为了缩短订单的完工时间或者受有限加工资源的限制，可以通过支付一定外包费用的方式，将某些订单外包给合作企业加工；

(7) 按照已有计划对一组订单进行加工过程中，由于市场需求和加工资源的不确定性，计划外新增订单以及生产设备故障对已有生产调度计划造成扰动，并严重影响后续集装箱运输任务的正常开展。因此，需要对已有生产计划进行调整，制定有效的干扰应对方案。

5.2 考虑安排设备大维修的新增订单应对

该集装箱制造企业对当前所有订单按照原始加工成本最优调度方案加工过程中，受市场需求不确定性的影响，新增了大量的航海货物运输需求，使得船东或箱东等客户向该集装箱制造企业新增了多个订单。为了有效提高客户的满意度，并优化包括所有订单在内的加工成本，需要将这些新增订单插入原有调度方案中进行加工，这将导致原有调度方案不再最优，并对原有订单的完工时间乃至后续的运输安排造成扰动影响，在造成较大经济损失的同时，降低原有订单客户的满意度。针对上述复杂的新增订单应对问题，企业决策者需要根据实际加工环境和可利用的生产因素，采取科学合理的方式快速制定有效的干扰应对方案，在优化加工成本的同时，降低调整后的调度方案与原始调度方案的偏差，从而降低干扰事件造成的扰动影响，提升企业的干扰应对水平。

该企业目前普遍采用人工经验方式制定干扰应对方案，针对客户新增的订单，通常为其尽可能多的分配操作工人从而缩短其加工时间，并将这些订单按照实际所需加工时间的非减次序安排于已有调度方案队尾加工。也有部分决策者采用重新调整包含所有订单的调度方案，从而使加工成本最优的新增订单应对方式。该企业现有干扰应对方式在某种程度上能够恢复企业加工过程，但在加工成本或调整方案造成的扰动影响方面往往表现较差的性能，较高的加工成本和较大的扰动影响对于该企业在激烈的市场竞争中生存非常不利。同时，在上述应对方案的制定中，也没有考虑安排设备大修理以降低设备老化影响和提高加工效率，以及外包加工部分订单以缩短完工时间这些可以提高干扰应对柔性的生产因素，针对新增订单的干扰应对方案急需改进。

基于上述分析，本节在允许安排设备大维修以提高加工效率，降低设备老化磨损造成恶化效应影响的生产因素下，将安排设备大维修与重调度进行集成优化，以降低新增订单对原始调度方案造成的扰动影响，同时优化包含设备维修费用、资源费用和完工时间相关费用在内的加工成本。具体将基于 3.2 节提出的“考虑机器维护的集成优化干扰应对模型和算法”，进行考虑安排设备大维修的新增订单应对方案生成。

5.2.1 考虑安排设备大维修的新增订单应对方案生成

表 5.1 给出了企业在一个生产周期 (月) 内待加工的一组订单 (数量 $n_O = 30$) 的实际参数数据，包括每个订单 $J_j \in J_O$ 的编号 DO+j、正常加工时间 $\bar{p}_j$、单位资源费用 c_j、正压缩率 b_j、最大资源分配量 $\bar{u}_j$ 和拒绝费用 e_j。其中，订单编号中的 “DO” 代表干货集装箱，即标准箱；订单的正常加工时间以小时为单位计量；单位资源费用对应增加单位操作人时所需的成本，以元为单位计量；正压缩率对应额外分配的操作人时所带来的加工时间压缩比；最大资源分配量对应能够分配给该订单的最多人时数，与集装箱类型、订单规模和企业可分配的操作人时情况有关；外包费用对应将该订单外包给合作企业加工所需支付的外包费用，以元为单位计量。

表 5.1 一组待加工订单的实际加工参数

编号	正常加工时间	单位资源费用	正压缩率	最大资源分配量	外包费用	编号	正常加工时间	单位资源费用	正压缩率	最大资源分配量	外包费用
DO1	11	60	0.015	29	25000	DO16	4	63	0.011	24	12000
DO2	24	62	0.143	82	40000	DO17	24	65	0.086	46	46000
DO3	5	70	0.038	23	12000	DO18	15	72	0.041	23	38000
DO4	17	68	0.144	52	32000	DO19	21	67	0.067	79	40000
DO5	23	61	0.042	63	45000	DO20	10	60	0.052	46	18000
DO6	25	73	0.025	61	54000	DO21	22	69	0.196	78	56000
DO7	26	72	0.166	56	40000	DO22	28	73	0.034	73	60000
DO8	8	70	0.015	8	25000	DO23	18	65	0.080	50	32000
DO9	31	65	0.098	75	56000	DO24	12	76	0.096	40	28000
DO10	20	71	0.047	56	46000	DO25	7	63	0.020	20	12000
DO11	14	76	0.018	23	38000	DO26	16	68	0.033	12	31000
DO12	13	63	0.027	18	20000	DO27	27	72	0.131	80	57000
DO13	6	65	0.073	44	12000	DO28	30	61	0.198	73	48000
DO14	9	76	0.018	36	22000	DO29	19	66	0.026	56	35000
DO15	23	72	0.153	77	50000	DO30	6	72	0.015	21	13000

通过对集装箱加工过程历史数据的统计分析，结合当前的加工环境可知：订单加工过程中随生产设备的老化磨损表现出的加工时间恶化率为 $\alpha = 0.0012$；为了降低恶化效应影响提高生产效率，对机器安排大维修的基本时长通常为 $\beta = 0.5$ 小时；大维修安排得越晚，所需的使设备达到正常生产状态的时间越长，表现出

大维修的恶化率为 $\gamma = 0.0008$；对生产设备进行大维修所需要的维修成本为 $q_2 = 500$ 元/小时；集装箱加工过程中所有操作工人每个节拍时间的费用，即单位加工时间的成本为 $q_1 = 200$ 元/小时。

5.2.1.1　考虑安排设备大维修的原始调度方案

该企业在原始调度方案制定中考虑了安排设备大维修以提高生产调度的柔性，在允许安排设备大维修的情形下，加工表 5.1 中订单的原始调度方案通过将上述加工环境参数和订单参数代入 3.2.1 节的指派模型求解可以得到，具体方案如表 5.2 所示。为节省书写空间，在不引起歧义的情况下，"订单加工次序" 中的订单编号均省去了 "DO"。后续对其他方案的叙述中均采用与此处类似的处理。

在表 5.2 中，"订单的加工次序" 代表调度方案中所有订单加工次序的先后。这里 "13" 位于第一个位置，代表对这批订单加工过程中，将首先加工订单 "DO13"；"订单的资源分配量" 代表为缩短订单加工时间，额外分配给每个订单 J_j 的操作人员工时 u_j；"安排设备大维修的位置" 中的 "16"，代表按照 "订单的加工次序"，在第 $m = 16$ 个订单加工后对设备安排一次大维修，以恢复设备的生产效率；"加工成本" 对应企业按照当前调度方案进行加工安排所需付出的加工成本，其中包括所有订单的完工时间费用 $q_1 \sum_{J_j \in J_O} C_j$、资源费用 $\sum_{J_j \in J_O} c_j u_j$ 和设备大维修费用 $q_2 M$；"订单的虚拟工期" 对应按照上述调度方案进行所有订单加工过程中，每个订单的完工时间，也是企业向客户反馈的交付时间 $\bar{C}_j$。

表 5.2　考虑安排设备大维修的原始调度方案

序号	决策变量及关注目标	决策结果及目标值
1	订单的加工次序	13, 16, 3, 30, 25, 21, 20, 8, 24, 14, 4, 1, 15, 2, 12, 11, 23, 18, 28, 26, 19, 27, 7, 29, 10, 17, 5, 6, 22, 92
2	订单的资源分配量/人时	44, 24, 23, 21, 20, 78, 46, 0, 40, 36, 52, 0, 77, 82, 18, 0, 50, 23, 73, 12, 79, 80, 56, 0, 0, 46, 0, 0, 0, 0
3	安排设备大维修的位置	16
4	加工成本/元	978512.16
5	订单的虚拟工期/人时	2.79, 6.53, 10.66, 16.36, 22.98, 29.72, 37.36, 45.41, 53.62, 62.04, 71.62, 82.71, 94.03, 106.42, 119.06, 133.20, 147.81, 161.88, 17.46, 193.12, 208.89, 225.50, 242.32, 261.45, 281.60, 301.82, 325.02, 350.25, 378.51, 409.81

5.2.1.2　考虑安排设备大维修的新增订单应对方案

在原始调度方案已经制定好但尚未实施前，客户新增了一批计划外的订单 (数量 $n_N = 10$)，具体加工参数如表 5.3 所示。为了在最小化加工成本的同时，降低安排新增订单对原始调度方案的扰动影响，将加工环境参数和订单参数代入 3.2 节提出的“考虑机器维护的集成优化干扰应对模型和算法”进行具体的新增订单应对方案生成，得到一组可供企业决策者根据偏好在加工成本和系统扰动之间进行权衡选择的调度方案。

表 5.3 新增订单的加工参数

编号	正常加工时间	单位资源费用	正压缩率	最大资源分配量	外包费用	编号	正常加工时间	单位资源费用	正压缩率	最大资源分配量	外包费用
DO1	16	70	0.143	14	53000	DO6	26	75	0.158	64	70000
DO2	25	67	0.057	62	68000	DO7	9	66	0.038	26	38000
DO3	8	64	0.011	22	35000	DO8	15	72	0.061	52	60000
DO4	14	69	0.015	13	48000	DO9	23	68	0.146	58	57000
DO5	18	68	0.027	36	55000	DO10	13	74	0.016	30	50000

根据决策者倾向于选择距离理想点最近的方案这一偏好，从输出的方案中选取出如表 5.4 所示的干扰应对方案，其中理想点的横纵坐标分别对应加工成本 $q_1\sum_{J_j\in J}C_j+\sum_{J_j\in J}c_ju_j+q_2M$ 和系统扰动 $\sum_{J_j\in J_O}\max\{C_j-\bar{C}_j,0\}$ 分别最优的目标值。该应对方案对原有订单和新增订单的加工次序、资源分配量 u_j 和安排设备大维修的位置 m 均进行了决策，并给出了该方案对应的加工成本和系统扰动。

表 5.4 考虑安排设备大维修的新增订单应对方案

序号	决策变量及关注目标	决策结果及目标值
1	订单的加工次序	13, 16, 3, 30, 25, 21, 20, 14, 8, 24, 4, 1, 15, 2, 12, 11, 23, 18, 33, 28, 38, 19, 37, 29, 10, 7, 26, 17, 27, 5, 6, 9, 31, 40, 22, 34, 39, 32, 35, 36
2	订单的资源分配量/人时	44, 24, 23, 21, 20, 78, 46, 36, 8, 40, 52, 0, 77, 82, 18, 0, 50, 23, 22, 73, 52, 79, 26, 56, 56, 56, 12, 0, 80, 63, 0, 75, 14, 0, 73, 0, 58, 0, 0, 0
3	安排设备大维修的位置	20
4	加工成本/元	1866020.00
5	系统扰动/小时	395.54

5.2.2 考虑安排设备大维修的新增订单应对方案评价

在允许安排设备大维修以提高干扰应对柔性的加工环境下，表 5.5 给出了采用不同干扰应对方式所得到的方案，并对相应的目标值进行了对比。

表 5.5　考虑安排设备大维修的不同应对方案的性能对比

序号	应对方式	工件的加工次序	工件的资源分配量	机器维护位置	加工成本	系统扰动
1	人工经验方式	13, 16, 3, 30, 25, 21, 20, 8, 24, 14, 4, 1, 15, 2, 12, 11, 23, 18, 28, 26, 19, 27, 7, 29, 10, 17, 5, 6, 22, 9, 33, 37, 38, 40, 34, 31, 39, 36, 35, 32	44, 24, 23, 21, 20, 78, 46, 0, 40, 36, 52, 0, 77, 82, 18, 0, 50, 23, 73, 12, 79, 80, 56, 0, 0, 46, 0, 0, 0, 0, 22, 26, 52, 30, 13, 14, 58, 64, 36, 62	16	1957728.00	0
2	不安排设备大维修	13, 16, 3, 30, 25, 21, 20, 8, 24, 14, 4, 1, 15, 2, 12, 11, 23, 18, 19, 26, 38, 28, 7, 29, 10, 17, 31, 33, 6, 27, 37, 9, 5, 40, 36, 34, 39, 32, 35, 22	44, 24, 23, 21, 20, 78, 46, 40, 40, 36, 52, 82, 77, 82, 18, 12, 50, 23, 79, 12, 52, 73, 22, 0, 46, 14, 79, 0, 7, 80, 26, 75, 63, 0, 73, 0, 58, 0, 0, 0	–	1881514.50	426.65
3	在原始调度方案基础上考虑加工成本最优	13, 16, 3, 30, 25, 21, 20, 8, 24, 14, 4, 1, 15, 2, 12, 11, 23, 18, 28, 26, 19, 27, 7, 29, 10, 17, 5, 6, 22, 9, 33, 37, 38, 40, 31, 34, 39, 35, 32, 36	44, 24, 23, 21, 20, 78, 46, 0, 40, 36, 52, 0, 77, 82, 18, 0, 50, 23, 73, 12, 79, 80, 56, 0, 0, 46, 0, 0, 0, 0, 0, 26, 52, 0, 14, 0, 58, 0, 0, 0	16	1948562.59	0
4	安排设备大维修且单纯考虑加工成本最优	13, 16, 3, 30, 25, 21, 20, 33, 8, 37, 24, 14, 4, 1, 15, 38, 2, 12, 40, 11, 31, 23, 34, 18, 39, 28, 26, 19, 36, 27, 7, 10, 35, 29, 17, 5, 6, 32, 22, 9	44, 24, 23, 21, 20, 78, 46, 8, 40, 36, 52, 29, 77, 82, 18, 23, 50, 23, 0, 12, 79, 80, 0, 56, 56, 46, 63, 61, 73, 75, 22, 26, 0, 0, 14, 0, 0, 0, 0, 0	19	1764039.06	1591.98
5	考虑安排设备大维修	13, 16, 3, 30, 25, 21, 20, 14, 8, 24, 4, 1, 15, 2, 12, 11, 23, 18, 33, 28, 38, 19, 37, 29, 10, 7, 26, 17, 27, 5, 6, 9, 31, 40, 22, 34, 39, 32, 35, 36	44, 24, 23, 21, 20, 78, 46, 36, 8, 40, 52, 0, 77, 82, 18, 0, 50, 23, 22, 73, 52, 79, 26, 56, 56, 56, 12, 0, 80, 63, 0, 75, 14, 0, 73, 0, 58, 0, 0, 0	20	1866020.00	395.54

其中“经验方式”考虑将新增订单进行最大限度的操作人员工时数进行分配，并将其按照实际加工时间的短时作业优先规则安排于原有调度方案的队尾进行加工；“不安排设备大维修”考虑在不安排设备大维修的情形下，将新增订单连同未加工的订单一起按照与 2.2 节类似的方式进行方案生成；“在原始调度方案基础上考虑加工成本最优”考虑将新增订单按照与 3.2 节类似的加工成本最优方式，将其安排在原有调度方案队尾加工；“安排设备大维修且单纯考虑加工成本最优”考虑将新增订单连同未加工的订单一起按照加工成本最优的方式进行应对方案制定。

通过对表 5.5 中不同应对方式下得到应对方案的目标值对比，可以明显看出“人工经验方式”和“在原始调度方案基础上考虑加工成本最优”方式得到应对方案的系统扰动为 0，但加工成本较高，说明应对方案生成中不能忽略对加工成本的优化；“安排设备大维修且单纯考虑加工成本最优”方式得到应对方案的加工成本较低，但系统扰动较大，说明应对方案生成中同样不能忽略对系统扰动的优化；“不安排设备大维修”方式得到的应对方案在加工成本和系统扰动方面均不如“考虑设备大维修”得到的应对方案，充分体现了安排设备大维修对提高生产调度柔性的重要作用。因此，在允许安排设备大维修的加工环境下，针对该集装箱制造企业生产调度过程中面临的新增订单应对问题，采用本书所提出的考虑设备大维修的新增订单应对模型和算法能够得到在加工成本和系统扰动之间进行有效权衡且具有较高柔性的干扰应对方案。

5.3 考虑外包加工的新增订单应对

针对该集装箱制造企业生产调度中面临的与 5.2 节类似的新增订单应对问题，本节在允许外包加工部分工件以提高干扰应对柔性的加工环境下，将外包加工部分工件与重调度进行集成优化，以降低新增订单对原始调度方案造成的扰动影响，同时优化包含外包费用在内的加工成本。具体将基于 3.3 节提出的“考虑外包加工的集成优化干扰应对模型和算法”，进行考虑安排外包加工的新增订单应对方案生成。

5.3.1 考虑外包加工的新增订单应对方案生成

5.3.1.1 *考虑外包加工的原始调度方案*

在考虑外包加工以缩短订单完工时间和满足加工资源约束的情形下，针对表 5.1 给出的该企业在一个生产周期 (月) 内待加工的一组订单 (数量 $n_O = 30$)，每个订单 $J_j \in J_O$ 的拒绝费用 e_j 对应将该订单外包给合作企业加工所需支付的外包费用。对于允许外包加工以提高生产调度柔性的加工环境，表 5.1 中待加工订单的原始调度方案通过将上述加工环境参数和订单参数代入 3.3.1 节构建的指派模型进行求解得到，具体方案如表 5.6 所示。其中，“外包加工的订单” 对应外包给合作企业加工的订单编号列表。为了节省空间，在不引起歧义的情况下，列表中的每个订单编号同样省去了 “DO” 这一集装箱类型标识。

表 5.6　考虑外包加工的原始调度方案

序号	决策变量及关注目标	决策结果及目标值
1	外包加工的订单	17, 30, 29, 26, 25, 23, 20, 19, 16, 14, 12, 7, 5, 3, 1
2	接受订单的加工次序	13, 21, 8, 24, 4, 15, 2, 11, 18, 28, 27, 10, 6, 22, 9
3	接受订单的资源分配量/人时	44, 78, 0, 40, 52, 77, 82, 0, 0, 73, 80, 0, 0, 0, 0
4	加工成本/元	699804.78
5	接受订单的虚拟工期/小时	2.789, 9.50, 17.51, 25.70, 35.24, 46.50, 58.83, 72.90, 87.99, 103.64, 120.28, 140.43, 165.60, 193.80, 225.03

5.3.1.2　考虑外包加工的新增订单应对方案生成

对于允许将订单外包给合作企业以提高生产调度柔性的加工环境，针对客户新增的订单 (表 5.3，数量 $n_N = 10$)，将问题相关参数代入 3.3 节提出的干扰应对模型和求解算法，进行新增订单应对方案生成，得到一组可供决策者在加工成本和系统扰动之间权衡选择的调度方案。由于该企业决策者倾向于选择距离理想点最近的方案，表 5.7 所示的新增订单应对方案将被用于新增订单的应对。需要说明的是，按照原始调度方案已经外包给合作企业加工的订单，该集装箱制造企业已经按照外包需求跟合作企业签订了外包协议并预付了加工费用。因此，在新增订单应对过程中将不再考虑这部分订单。

表 5.7　考虑外包加工的新增订单应对方案

序号	决策变量及关注目标	决策结果及目标值
1	外包加工的订单	28, 10, 18, 11, 2, 4, 24, 8, 13
2	接受工件的加工次序	21, 33, 37, 15, 38, 40, 31, 34, 39, 27, 36, 35, 22, 6, 32, 9
3	接受工件的资源分配量/人时	78, 0, 26, 77, 52, 0, 14, 0, 58, 13, 80, 64, 0, 0, 0, 0, 0
4	加工成本/元	687640.00
5	系统扰动/小时	12.17

5.3.2　考虑外包加工的新增订单应对方案评价

在允许外包加工的加工环境下，表 5.8 给出了采用不同应对方式所得到的干扰应对方案，并对各方案对应的目标值进行了对比。其中 “人工经验方式”“不考虑外包加工”“在原始调度方案基础上考虑加工成本最优” “考虑外包加工且单纯考虑加

表 5.8 考虑外包加工的不同应对方案的性能对比

序号	应对方式	拒绝加工的订单集	接受订单的加工次序	接受订单的资源分配量	加工成本	扰动费用
1	人工经验方式	—	13, 21, 8, 24, 4, 15, 2, 11, 18, 28, 27, 10, 6, 22, 9, 33, 37, 38, 40, 34, 31, 39, 36, 35, 32	44, 78, 0, 40, 52, 77, 82, 0, 0, 73, 80, 0, 0, 0, 0, 22, 26, 52, 30, 13, 14, 58, 64, 36, 62	968300.00	0
2	在原始调度方案基础上考虑加工成本最优	39, 40, 37, 35, 34, 33, 31	13, 21, 8, 24, 4, 15, 2, 11, 18, 28, 27, 10, 6, 22, 9, 38, 32, 36	44, 78, 0, 40, 52, 77, 82, 0, 0, 73, 80, 0, 0, 0, 0, 0, 0, 0	792362.59	0
3	在原始调度方案基础上外包加工所有新增订单	38, 32, 36, 39, 40, 37, 35, 34, 33, 31	13, 21, 8, 24, 4, 15, 2, 11, 18, 28, 27, 10, 6, 22, 9	44, 78, 0, 40, 52, 77, 82, 0, 0, 73, 80, 0, 0, 0, 0	1174000.00	0
4	不考虑外包加工	—	13, 21, 8, 24, 4, 15, 2, 33, 37, 11, 18, 28, 27, 10, 38, 40, 34, 1, 39, 6, 9, 36, 35, 22, 32	44, 78, 4.24, 40, 5277, 82, 21.78, 26, 16.79, 22.77, 73, 80, 56, 52, 20.10, 5.46, 12.46, 57.42, 21.35, 65.25, 58.24, 12.60, 8.03, 6.82	807580.00	337.06
5	考虑外包加工且单纯考虑加工成本最优	28, 10, 18, 11, 2, 4, 24, 8, 13	21, 33, 37, 15, 38, 40, 31, 34, 39, 36, 27, 35, 6, 32, 22, 9	78, 0, 26, 77, 52, 0, 14, 0, 58, 64, 80, 0, 0, 0, 0, 0	683611.80	101.06
6	考虑外包加工	28, 10, 18, 11, 2, 4, 24, 8, 13	21, 33, 37, 15, 38, 40, 31, 34, 39, 27, 36, 35, 22, 6, 32, 9	78, 026, 77, 52, 0, 14, 0, 58, 13, 80, 64, 0, 0, 0, 0, 0	687640.00	12.17

工成本最优" 等应对方案的生成方式与 5.2.2 节中类似。通过对表 5.8 中不同应对方案生成方式下得到的方案目标值对比，可以得到与 5.2.2 节类似的结果，充分体现外包加工对提高生产调度柔性的重要作用。在允许外包加工的生产环境下，本书提出的考虑外包加工的新增订单应对模型和算法能够得到在加工成本和系统扰动之间进行有效权衡且具有较高柔性的方案。

5.4 考虑调度方案鲁棒性的随机设备故障应对

该集装箱制造企业对当前所有订单按照原始加工成本最优调度方案加工过程中，发生焊机、喷漆机等生产设备的故障，导致已有的加工成本最优调度方案不再最优甚至不可行，并对已有订单的完工时间乃至后续的运输安排造成巨大扰动影响，在造成严重经济损失的同时，降低客户的满意度。因此需要**在上述设备故障发生后，采取快速有效的方案进行干扰应对，在优化加工成本的同时，降低调整后的调度方案与原始调度方案的偏差**，从而降低机器故障造成的扰动影响，并提高企业的干扰应对水平。

该集装箱制造企业目前针对随机生产设备故障，通常在故障修复后，继续按照原有调度方案的订单加工次序和资源分配量进行加工，或者对受扰工件最大限度的分配加工资源以吸收扰动影响，而没有从生产设备故障发生概率的角度，在原始调度方案制定中充分考虑该方案应对设备故障的鲁棒性。显然，该企业现有干扰应对方式在某种程度上能够恢复企业加工过程，但在加工成本或调整方案造成的扰动影响方面往往表现较差的性能。

基于上述分析，本节针对随机发生的生产设备故障，且其持续时间依赖于故障发生时刻的情形，从考虑调度方案对随机设备故障鲁棒性的角度，采用 4.2 节提出的 "考虑加工成本与鲁棒性指标的随机机器故障应对模型和算法"，进行同时优化加工成本和调度方案鲁棒性的原始调度方案制定，以便在设备故障恢复后，能够以尽量少的重调度费用，迅速进行调整后的调度方案与原始调度方案的匹配，从而在降低设备故障所造成系统扰动的同时，降低包含重调度费用和完工时间相关费用在内的加工成本。

5.4.1 考虑调度方案鲁棒性的随机设备故障应对方案生成

5.4.1.1 *考虑调度方案鲁棒性的原始调度方案制定*

这里同样针对表 5.1 给出的企业在一个生产周期 (月) 内待加工的一组订单 (数量 $n=30$)，对于生产调度方案制定中考虑随机发生的生产设备故障，且故障持续时间依赖于故障发生时刻的情形，采用 4.2 节所提出的干扰应对模型和算法，从同时优化加工成本和调度方案鲁棒性的角度对所有订单 $J_j \in J_O$ 进行原始调度方案制定，得到如表 5.9 所示的原始调度方案，其中包括对订单加工次序和为每个订单分配资源量 u_j 的决策。基于对相关历史数据的统计分析，模型构建中所涉及的订单加工过程中随生产设备的老化磨损表现出的加工时间恶化率为 $\alpha = 0.0012$，对生产设备故障进行维修的基本维修时长 $\tau = 2.5$ 小时，维修恶化率为 $a = 0.0015$，机器故障的发生时刻 $\boldsymbol{B}$ 服从期望值 $E(\boldsymbol{B}) = 10$ 的指数分布，单位完工时间费用 $q = 200$ 元/小时，单位匹配时间费用 $m = 200$ 元/小时。

表 5.9 考虑加工成本与鲁棒性指标的原始调度方案

序号	决策变量及关注目标	决策结果及目标值
1	订单的加工次序	13, 16, 3, 30, 25, 21, 20, 8, 24, 14, 1, 12, 4, 2, 15, 11, 23, 18, 28, 26, 27, 7, 19, 29, 10, 17, 5, 6, 22, 9
2	订单的资源分配量/人时	44, 0, 21.39, 11.13, 18, 78, 46, 8, 40, 36, 1.45, 10.8, 28.6, 74.62, 59.29, 0, 50, 23, 73, 3.36, 80, 55.44, 48.19, 10.08, 0, 46, 3.78, 0, 0, 0
3	加工成本/元	1005220.00
4	鲁棒性指标的期望/元	186.18

为了便于对比分析，这里同样给出了按照人工经验方式得到的原始调度方案和加工成本最优的原始调度方案，如表 5.10 和表 5.11 所示。显然，基于本书提出的“考虑加工成本与鲁棒性指标的随机机器故障应对模型和算法”得到的原始调度方案在加工成本和应对随机设备故障的鲁棒性方面均表现出较大优势。

表 5.10 人工经验方式的原始调度方案

序号	决策变量及关注目标	决策结果及目标值
1	订单的加工次序	16, 3, 13, 30, 25, 8, 14, 20, 1, 24, 12, 11, 18, 26, 4, 23, 29, 10, 19, 21, 5, 15, 2, 17, 6, 7, 27, 22, 28, 9
2	订单的资源分配量/人时	0, 0, 0, 0, 0, 0, 0, 0, 0, 0, 0, 0, 0, 0, 0, 0, 0, 0, 0, 0, 0, 0, 0, 0, 0, 0, 0, 0, 0, 0, 0, 0, 0, 0, 0
3	加工成本/元	1192518.22
4	鲁棒性指标的期望/元	212.98

表 5.11 加工成本最优的原始调度方案

序号	决策变量及关注目标	决策结果及目标值
1	订单的加工次序	13, 16, 3, 30, 25, 21, 20, 8, 24, 14, 4, 1, 15, 2, 12, 23, 11, 18, 28, 26, 19, 27, 7, 29, 10, 17, 5, 6, 22, 9
2	订单的资源分配量/人时	44, 24, 23, 21, 20, 78, 46, 0, 40, 36, 52, 0, 77, 82, 18, 50, 0, 23, 78, 12, 79, 80, 56, 0, 0, 46, 0, 0, 0, 0
3	加工成本/元	979884.66
4	鲁棒性指标的期望/元	394.53

5.4.1.2 考虑调度方案鲁棒性的随机设备故障应对方案生成

在按照 5.4.1.1 节制定的原始调度方案对已有加工订单 $J_j \in J_O$ 加工至 $t = 78$ 小时的时候，发生设备故障，需要按照 4.2 节提出的干扰应对模型和算法对该原始调度方案进行调整，通过为相应受扰订单 $J_j \in J_C$ 最大限度分配资源 $\tilde{u}_j$，最小化调整后的调度方案与原始调度方案的匹配时长 $W_{\min}$，从而得到如表 5.12 所示的随机设备故障应对方案。其中重调度费用对应调整后的调度方案与原始调度方案匹配过程中发生的费用 $mW_{\min} + \sum_{J_j \in J_C} c_j \tilde{u}_j$，单位匹配时间费用为 $m = 200$ 元/小时。

表 5.12 考虑加工成本与鲁棒性的随机设备故障应对方案

序号	决策变量及关注目标	决策结果及目标值
1	受扰订单集合	12, 4, 2, 15
2	受扰订单的资源额外分配量/人时	7.20, 23.4, 7.38, 14.03
3	重调度费用/元	28868.76
4	匹配时间/小时	126.78

5.4.2 考虑调度方案鲁棒性的随机设备故障应对方案评价

针对故障持续时间依赖于故障发生时刻的随机设备故障，为了分析本书所提出的“考虑加工成本与鲁棒性指标的随机机器故障应对模型和算法”的有效性，表 5.13 对不同方案生成方式所得到方案的目标值进行了对比。其中“人工经验方式”和“加工成本最优方式”分别考虑在原始调度方案中将加工任务按照正常加工时间的短时作业优先规则和按照加工成本最优方式进行安排，设备故障发生后对受扰订单进行最大限度分配资源以吸收扰动影响的方案生成方式；“继续执行原始调度方案”考虑加工任务在故障修复后，继续按照 5.2.1 节得到原始调度方案中的

表 5.13 不同原始调度生成方式的结果对比

序号	预案生成方式	受扰订单集合	受扰订单的资源额外分配量	重调度费用	匹配时间
1	人工经验方式	24, 12, 11, 18, 26, 4, 23	40, 18, 23, 23, 12, 52, 2.37	46516.00	172.16
2	加工成本最优方式	1, 15, 2, 12, 23, 11, 18, 28, 26, 19, 27, 7, 29, 10, 17, 5	29, 0, 0, 0, 0, 23, 0, 0, 0, 0, 0, 0, 56, 56, 0, 62.95	80238.00	326.19
3	继续执行原始方案	12, 4, 2, 15, 11, 23, 18, 28, 26, 27, 7, 19, 29, 10, 17, 5, 6, 22, 9	0, 0, 0, 0, 0, 0, 0, 0, 0, 0, 0, 0, 0, 0, 0, 0, 0, 0, 0	85360.00	426.80
4	故障后分配资源吸收扰动	12, 4, 2, 15	7.20, 23.4, 7.38, 14.03	28868.76	126.78

订单加工次序和资源分配量进行加工。通过对不同应对方式下得到应对方案的重调度费用和匹配时间进行对比，可以明显看出“故障后分配资源吸收扰动”的应对方案能够以较短的时间与原始调度方案进行匹配，并且具有较低的重调度费用，充分体现了本书提出的“**考虑加工成本与鲁棒性指标的随机设备故障应对模型和算法**”能够得到优于其他方式的设备故障应对方案，从而在随机机器故障发生后，能够充分降低企业加工过程中的系统扰动，并为企业节约更多加工成本。

5.5 集装箱加工过程干扰应对辅助软件原型系统

为了推广本研究中模型和算法在企业实际生产调度中的应用，在 Eclipse 集成开发环境下，基于 SSH(Struts2+Spring3+Hibernate3) 框架进行了生产调度干扰应对辅助软件原型系统的构建。其中 Struts 作为表示层，提供人机交互的接口；Spring 作为业务层，提供依赖注入和控制反转的容器；Hibernate 作为持久层，将所构建的模型、算法和相关数据以知识化的方式存储于 Oracle 11g 数据库中。

该系统主要面向任务调度人员和车间管理者两类用户。任务调度人员通过该系统进行订单的录入、加工环境和生产因素相关参数的设置、原始调度方案的生成以及干扰事件发生后的应对方案生成；车间管理者通过该系统实时监测整个生产调度中的订单加工状态，并通过反馈的加工过程数据对加工环境和生产因素的相关参数进行分析调整，对典型干扰事件的发生频率和应对效果等进行分析。整个干扰应对辅助软件系统的功能模块包括原始调度方案生成、干扰应对方案生成、干扰应对过程管理、生产因素分析和干扰应对效果分析，其体系结构如图 5.2 所示。其中，“用户界面”提供了人机交互的接口；“方案生成协同层”用于实现系统功能模型与“模型库”、“算法库”和“数据库”的协同交互；“模型库”用于对各类调度模型和干扰应对模型进行管理；“算法库”对各类求解算法进行封装，并提供调用的接口；“数据库”用于对整个系统运行过程中的数据进行存储和管理。本书的理

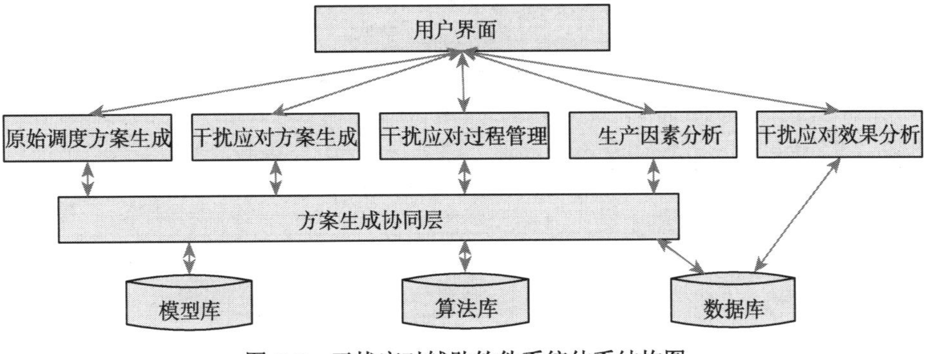

图 5.2 干扰应对辅助软件系统体系结构图

论研究成果主要体现在上述软件系统的“原始调度方案生成”和“干扰应对方案生成”两个主要模块，因此接下来将对这两个功能模块进行详细阐述。

5.5.1　原始调度方案生成模块

针对 5.2—5.4 节中的原始调度方案制定问题，任务调度人员可以从考虑加工成本和考虑鲁棒性的角度，通过对集装箱加工订单相关参数的导入、生产因素的选择、生产调度参数以及决策者偏好的设置进行原始调度方案的生成，如图 5.3 所示。

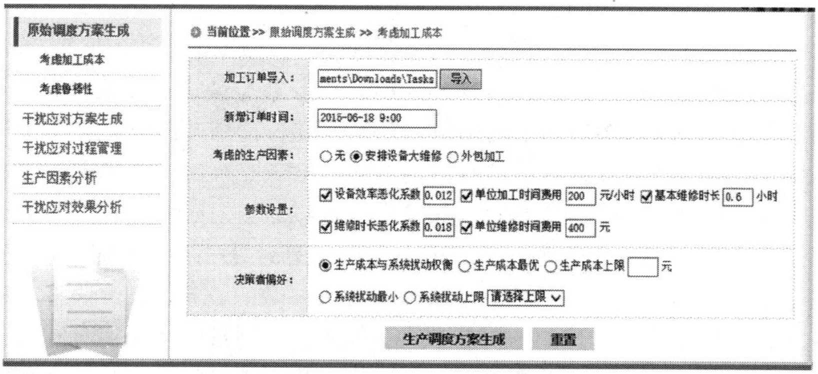

图 5.3　原始调度方案生成设置界面

5.5.2　干扰应对方案生成模块

针对 5.2 节和 5.3 节中的新增订单应对方案生成问题，任务调度人员可以通过图 5.4 所示的新增订单应对方案生成设置界面进行原始调度方案的导入、新增

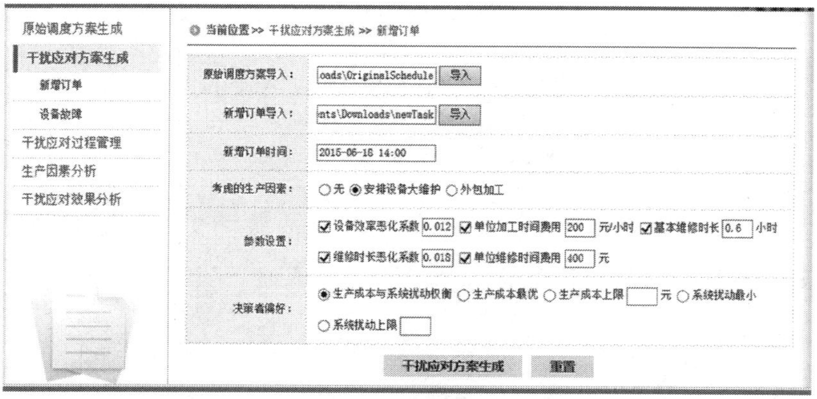

图 5.4　新增订单应对方案生成设置界面

订单导入、订单新增时间设置、生产因素选择、参数设置和决策者偏好设置，进而快速生成相应的新增订单应对方案列表，如图 5.5 所示。任务调度人员可以通过查看详细、图形显示对生成的应对方案进行详细分析，并结合相应的加工成本和系统扰动对应对方案做出进一步选择。

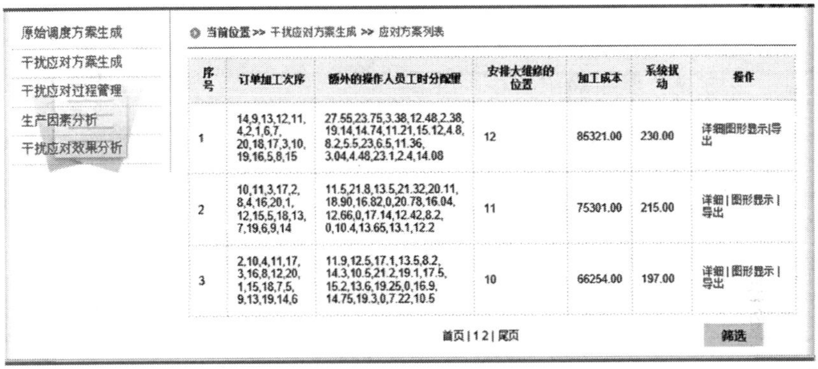

图 5.5 新增订单应对方案列表

针对 5.4 节中的生产设备故障应对方案生成问题，任务调度人员可以通过图 5.6 所示的设备故障应对设置界面进行原始调度方案的导入、故障发生时刻设置、参数设置和决策者偏好设置，进而快速生成与图 5.5 类似的方案列表供任务调度人员做进一步选择。

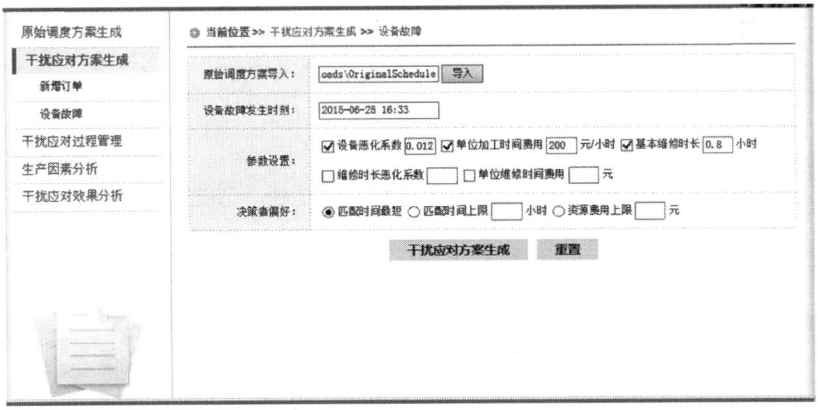

图 5.6 随机生产设备故障应对方案生成设置界面

5.6 本 章 小 结

本章以大连市某集装箱制造企业的加工制造过程为应用背景，针对集装箱加工过程中的新增订单、随机生产设备故障等干扰事件，采用本书所提出的干扰应对模型和求解算法进行干扰应对方案的生成。通过与不同生成方式下得到的干扰应对方案进行对比，验证了所提出的干扰应对模型和求解算法的有效性，并且为该集装箱制造企业的实际干扰应对过程提供了更加有效的应对方案，节约了加工成本，提高了客户的满意度。在此基础上，构建了干扰事件应对的辅助软件原型系统，以便为本研究所涉及的模型和求解算法的调用和集成提供更加通用的平台和媒介，从而实现理论研究成果的应用转化。

参 考 文 献

[1] Hall N G, Potts C N. Rescheduling for new orders[J]. Operations Research, 2004, 52(3): 440-453.

[2] Cai X Q, Wu X Y, Zhou X. Stochastic scheduling subject to preemptive-repeat breakdowns with incomplete information[J]. Operations Research, 2009, 57(5): 1236-1249.

[3] 李铁克, 肖拥军, 王柏琳. 基于局部性修复的 HFS 机器故障重调度[J]. 管理工程学报, 2010, 24(3): 45-49.

[4] Yu G, Qi X. Disruption Management: Framework, Models and Applications[M]. Singapore: World Science Publishing, 2004.

[5] Aytug H, Lawley M A, Mckay K, et al. Executing production schedules in the face of uncertainties: A review and some future directions[J]. European Journal of Operational Research, 2005, 161(1): 86-110.

[6] 胡祥培, 孙丽君, 王亚楠. 物流配送系统干扰管理模型研究[J]. 管理科学学报, 2011, 14(1): 50-60.

[7] 王杜娟, 刘锋, 王延章. 恶化效应下加工时间可控的新工件到达干扰管理[J]. 系统管理学报, 2016, 25(5):895-906.

[8] Yin Y, Wu W H, Cheng T C E, et al. Due-date assignment and single-machine scheduling with generalised position-dependent deteriorating jobs and deteriorating multi-maintenance activities[J]. International Journal of Production Research, 2014, 52(8): 2311-2326.

[9] Cheng T C E, Ding Q, Lin B M T. A concise survey of scheduling with time-dependent processing times[J]. European Journal of Operational Research, 2004, 152(1): 1-13.

[10] Leung J Y T, Ng C T, Cheng T C E. Minimizing sum of completion times for batch scheduling of jobs with deteriorating processing times[J]. European Journal of Operational Research, 2008, 187(3): 1090-1099.

[11] Yin Y, Xu D, Sun K, et al. Some scheduling problems with general position-dependent and time-dependent learning effects[J]. Information Sciences, 2009, 179(14): 2416-2425.

[12] 刘乐, 周泓. 一种常见干扰条件下的开放式车间重调度研究[J]. 管理科学学报, 2014, 17(6): 28-48.

[13] 刘乐, 周泓. 急件到达干扰下开放式车间重调度方法[J]. 计算机集成制造系统, 2014, 20(7): 1631-1642.

[14] 刘乐, 周泓. 新工件到达干扰下单机最大延迟时间重调度[J]. 系统工程学报, 2014, 29(4): 494-506.

[15] 王杜娟, 王建军, 刘春来, 等. 具有恶化效应的新工件到达生产调度干扰管理[J]. 系统工程理论与实践, 2015, 35(2): 368-380.

[16] Zhao C L, Tang H Y. Scheduling deteriorating jobs under disruption[J]. International Journal of Production Economics, 2010, 125(2): 294-299.

[17] Liu L, Zhou H. Single-machine rescheduling with deterioration and learning effects against the maximum sequence disruption[J]. International Journal of Systems Science, 2015, 46(14): 2640-2658.

[18] Shabtay D, Steiner G. A survey of scheduling with controllable processing times[J]. Discrete Applied Mathematics, 2007, 155(13): 1643-1666.

[19] Kubzin M A, Strusevich V A. Planning machine maintenance in two-machine shop scheduling[J]. Operations Research, 2006, 54(4): 789-800.

[20] Shabtay D, Gaspar N, Kaspi M. A survey on offline scheduling with rejection[J]. Journal of Scheduling, 2013, 16(1): 3-28.

[21] Akturk M S, Atamturk A, Gurel S. Parallel machine match-up scheduling with manufacturing cost considerations[J]. Journal of Scheduling, 2010, 13(1): 95-110.

[22] Gürel S, Korpeoglu E, Akturk M S. An anticipative scheduling approach with controllable processing times[J]. Computers & Operations Research, 2010, 37(6): 1002-1013.

[23] Moratori P, Petrovic S, Vazquez-Rodriguez J A. Match-up approaches to a dynamic rescheduling problem[J]. International Journal of Production Research, 2012, 50(1): 261-276.

[24] Ouelhadj D, Petrovic S. A survey of dynamic scheduling in manufacturing systems[J]. Journal of Scheduling, 2009, 12(4): 417-431.

[25] Li B, Wang L. A hybrid quantum-inspired genetic algorithm for multiobjective flow shop scheduling[J]. IEEE Transactions on Systems, Man, and Cybernetics, Part B: Cybernetics, 2007, 37(3): 576-591.

[26] 王杜娟, 刘锋, 王建军, 等. 加工时间可控单机加权总完工时间 Pareto 优化研究[J]. 运筹与管理, 2016, 25(1):35-45.

[27] 丁秋雷，胡祥培，姜洋. 基于前景理论的物流配送干扰管理模型研究[J]. 管理科学学报, 2014, 17(11): 1-9.

[28] 孙丽君. 物流配送干扰管理问题的知识表示与建模方法[D]. 大连：大连理工大学, 2011.

[29] Qi X T, Bard J F, Yu G. Disruption management for machine scheduling: The case of SPT schedules[J]. International Journal of Production Economics, 2006, 103(1): 166-184.

[30] Xiong J, Liu J, Chen Y, et al. A knowledge-based evolutionary multiobjective approach for stochastic extended resource investment project scheduling problems[J]. IEEE Transactions on Evolutionary Computation, 2014, 18(5): 742-763.

[31] Church L K, Uzsoy R. Analysis of periodic and event-driven rescheduling policies in dynamic shops[J]. International Journal of Computer Integrated Manufacturing, 1992,

5(3): 153-163.

[32] Browne S, Yechiali U. Scheduling deteriorating jobs on a single processor[J]. Operations Research, 1990, 38(3): 495-498.

[33] Gordon V S, Potts C N, Strusevich V A, et al. Single machine scheduling models with deterioration and learning: handling precedence constraints via priority generation[J]. Journal of Scheduling, 2008, 11(5): 357-370.

[34] Rustogi K, Strusevich V A. Simple matching vs linear assignment in scheduling models with positional effects: A critical review[J]. European Journal of Operational Research, 2012, 222(3): 393-407.

[35] Gawiejnowicz S. Time-dependent Scheduling[M]. Berlin, Heidelberg: Springer-Verlag, 2008.

[36] Janiak A, Krysiak T, Trela R. Scheduling problems with learning and ageing effects: A survey[J]. Decision Making in Manufacturing and Services, 2011, 5(1-2): 19-36.

[37] Wang J B. A note on scheduling problems with learning effect and deteriorating jobs[J]. International Journal of Systems Science, 2006, 37(12): 827-833.

[38] Yang S. Single-machine scheduling problems with both start-time dependent learning and position dependent aging effects under deteriorating maintenance consideration[J]. Applied Mathematics and Computation, 2010, 217(7): 3321-3329.

[39] Hsieh P, Yang S, Yang D. Decision support for unrelated parallel machine scheduling with discrete controllable processing times[J]. Applied Soft Computing, 2015, 30: 475-483.

[40] Oron D. Scheduling controllable processing time jobs in a deteriorating environment[J]. Journal of the Operational Research Society, 2014, 65(1): 49-56.

[41] Rustogi K, Strusevich V A. Single machine scheduling with general positional deterioration and rate-modifying maintenance[J]. Omega, 2012, 40(6): 791-804.

[42] Rustogi K, Strusevich V A. Single machine scheduling with time-dependent linear deterioration and rate-modifying maintenance[J]. Journal of the Operational Research Society, 2015, 66(3): 500-515.

[43] Zhao C, Yin Y, Cheng T C E, et al. Single-machine scheduling and due date assignment with rejection and position-dependent processing times[J]. Journal of Industrial and Management Optimization, 2014, 10(3): 691-700.

[44] Wang X, Wang J. Single-machine scheduling with convex resource dependent processing times and deteriorating jobs[J]. Applied Mathematical Modelling, 2013, 37(4): 2388-2393.

[45] Wang X, Wang J. Single-machine due date assignment problem with deteriorating jobs and resource-dependent processing times[J]. International Journal of Advanced Manufacturing Technology, 2013, 67(1-4SI): 255-260.

[46] Hsu C, Yang D. Unrelated parallel-machine scheduling with position-dependent dete-

riorating jobs and resource-dependent processing time[J]. Optimization Letters, 2014, 8(2): 519-531.

[47] Yin N, Kang L, Sun T, et al. Unrelated parallel machines scheduling with deteriorating jobs and resource dependent processing times[J]. Applied Mathematical Modelling, 2014, 38(19-20): 4747-4755.

[48] Lodree E J, Geiger C D. A note on the optimal sequence position for a rate-modifying activity under simple linear deterioration[J]. European Journal of Operational Research, 2010, 201(2): 644-648.

[49] Yang S, Yang D. Minimizing the total completion time in single-machine scheduling with aging/deteriorating effects and deteriorating maintenance activities[J]. Computers & Mathematics with Applications, 2010, 60(7): 2161-2169.

[50] Yang S. Single-machine scheduling problems simultaneously with deterioration and learning effects under deteriorating multi-maintenance activities consideration[J]. Computers & Industrial Engineering, 2012, 62(1): 271-275.

[51] Wang D, Liu F, Yin Y, et al. Prioritized surgery scheduling in face of surgeon tiredness and fixed off-duty period[J]. Journal of Combinatorial Optimization, 2015, 30(4): 967-981.

[52] Cheng Y, Sun S. Scheduling linear deteriorating jobs with rejection on a single machine[J]. European Journal of Operational Research, 2009, 194(1): 18-27.

[53] Li S, Yuan J. Parallel-machine scheduling with deteriorating jobs and rejection[J]. Theoretical Computer Science, 2010, 411(40-42): 3642-3650.

[54] Gerstl E, Mosheiov G. Scheduling on parallel identical machines with job-rejection and position-dependent processing times[J]. Information Processing Letters, 2012, 112(19): 743-747.

[55] Zhang M, Luo C. Parallel-machine scheduling with deteriorating jobs, rejection and a fixed non-availability interval[J]. Applied mathematics and computation, 2013, 224: 405-411.

[56] Pinedo M. Scheduling Theory, Algorithm and Systems[M]. 3rd ed. New York: Springer Science+Busines Media, 2008.

[57] Vieira G E, Herrmann J W, Lin E. Rescheduling manufacturing systems: A framework of strategies, policies, and methods[J]. Journal of Scheduling, 2003, 6(1): 39-62.

[58] Abumaizar R J, Svestka J A. Rescheduling job shops under random disruptions[J]. International Journal of Production Research, 1997, 35(7): 2065-2082.

[59] Wang J J, Wang J B, Liu F. Parallel machines scheduling with a deteriorating maintenance activity[J]. Journal of the Operational Research Society, 2011, 62(10): 1898-1902.

[60] Wang D J, Yin Y, Liu M. Bicriteria scheduling problems involving job rejection, controllable processing times and rate-modifying activity[J]. International Journal of Production Research, 2016, 54(10): 3691-3705.

[61] Jain A K, Elmaraghy H A. Production scheduling/rescheduling in flexible manufacturing[J]. International Journal of Production Research, 1997, 35(1): 281-309.

[62] Yuan J J, Mu Y D. Rescheduling with release dates to minimize makespan under a limit on the maximum sequence disruption[J]. European Journal of Operational Research, 2007, 182(2): 936-944.

[63] Ozlen M, Azizoglu M. Generating all efficient solutions of a rescheduling problem on unrelated parallel machines[J]. International Journal of Production Research, 2009, 47(19): 5245-5270.

[64] Ozlen M, Azizoglu M. Rescheduling unrelated parallel machines with total flow time and total disruption cost criteria[J]. Journal of the Operational Research Society, 2011, 62(1): 152-164.

[65] Akturk M S, Gorgulu E. Match-up scheduling under a machine breakdown[J]. European Journal of Operational Research, 1999, 112(1): 81-97.

[66] Zakaria Z, Petrovic S. Genetic algorithms for match-up rescheduling of the flexible manufacturing systems[J]. Computers & Industrial Engineering, 2012, 62(2): 670-686.

[67] 王建军，刘亚净，刘锋，等. 考虑行为主体的置换流水车间干扰管理研究[J]. 系统工程理论与实践, 2015, 35(12): 3092-3106.

[68] Steiner G, Zhang R. Revised delivery-time quotation in scheduling with tardiness penalties[J]. Operations Research, 2011, 59(6): 1504-1511.

[69] Mehta S V, Uzsoy R. Predictable scheduling of a job shop subject to breakdowns[J]. IEEE Transactions on Robotics and Automation, 1998, 14(3): 365-378.

[70] Katragjini K, Vallada E, Ruiz R. Flow shop rescheduling under different types of disruption[J]. International Journal of Production Research, 2013, 51(3): 780-797.

[71] Bean J C, Birge J R, Mittenthal J, et al. Matchup scheduling with multiple resources, release dates and disruptions[J]. Operations Research, 1991, 39(3): 470-483.

[72] Adiri I, Frostig E, Kan A. Scheduling on a single-machine with a single breakdown to minimize stochastically the number of tardy jobs[J]. Naval Research Logistics, 1991, 38(2): 261-271.

[73] Liao C J, Chen W J. Scheduling under machine breakdown in a continuous process industry[J]. Computers & Operations Research, 2004, 31(3): 415-428.

[74] 王建军, 刘锋, 何平. 带折扣因子的单机干扰管理研究[J]. 运筹与管理, 2011, 20(5): 39-45.

[75] Liu F, Wang J J, Yang D L. Solving single machine scheduling under disruption with discounted costs by quantum-inspired hybrid heuristics[J]. Journal of Manufacturing Systems, 2013, 32(4): 715-723.

[76] Liu F, Wang J, Chen H, et al. Machine scheduling with outsourcing: Coping with supply chain uncertainty with a second supplying source[J]. International Journal of Logistics Management, 2014, 25(1): 133-159.

[77] Liu Z, Ro Y K. Rescheduling for machine disruption to minimize makespan and maximum lateness[J]. Journal of Scheduling, 2014, 17(4): 339-352.

[78] Zhao C L, Tang H Y. Single machine scheduling with linear deteriorating jobs under predictive disruption[J]. Asia-Pacific Journal of Operational Research, 2011, 28(3): 419-429.

[79] Azizoglu M, Alagoz O. Parallel-machine rescheduling with machine disruptions[J]. IIE Transactions, 2005, 37(12): 1113-1118.

[80] Lee C Y, Leung J, Yu G. Two machine scheduling under disruptions with transportation considerations[J]. Journal of Scheduling, 2006, 9(1): 35-48.

[81] Tang L X, Zhang Y Y. Parallel Machine Scheduling under the Disruption of Machine Breakdown[J]. Industrial & Engineering Chemistry Research, 2009, 48(14): 6660-6667.

[82] 庞新富，俞胜平，张志宇，等. 炼钢–连铸生产优化重调度方法 [J]. 系统工程学报, 2010, 25(1): 98-103.

[83] Wang K, Choi S. A decomposition-based approach to flexible flow shop scheduling under machine breakdown[J]. International Journal of Production Research, 2012, 50(1SI): 215-234.

[84] Li J, Pan Q, Mao K. A discrete teaching-learning-based optimization algorithm for realistic flowshop rescheduling problems[J]. Engineering Applications of Artificial Intelligence, 2015, 37: 279-292.

[85] Wong T N, Leungy C W, Mak K L, et al. Integrated process planning and scheduling/rescheduling-an agent-based approach[J]. International Journal of Production Research, 2006, 44(18-19): 3627-3655.

[86] Dong Y H, Jang J. Production rescheduling for machine breakdown at a job shop[J]. International Journal of Production Research, 2012, 50(10): 2681-2691.

[87] Unal A T, Uzsoy R, Kiran A S. Rescheduling on a single machine with part-type dependent setup times and deadlines[J]. Annals of Operations Research, 1997, 70: 93-113.

[88] Hall N G, Liu Z X, Potts C N. Rescheduling for multiple new orders[J]. Informs Journal on Computing, 2007, 19(4): 633-645.

[89] Hall N G, Potts C N. Rescheduling for job unavailability[J]. Operations Research, 2010, 58(3): 746-755.

[90] Curry J, Peters B. Rescheduling parallel machines with stepwise increasing tardiness and machine assignment stability objectives[J]. International Journal of Production Research, 2005, 43(15): 3231-3246.

[91] Liu L, Zhou H. On the identical parallel-machine rescheduling with job rework disruption[J]. Computers & Industrial Engineering, 2013, 66(1): 186-198.

[92] Caricato P, Grieco A. An online approach to dynamic rescheduling for production planning applications[J]. International Journal of Production Research, 2008, 46(16): 4597-

4617.

[93] Weng W, Wei X, Fujimura S. Dynamic routing strategies for JIT production in hybrid flow shops[J]. Computers & Operations Research, 2012, 39(12): 3316-3324.

[94] Nie L, Gao L, Li P, et al. A GEP-based reactive scheduling policies constructing approach for dynamic flexible job shop scheduling problem with job release dates[J]. Journal of Intelligent Manufacturing, 2013, 24(4): 763-774.

[95] Sabuncuoglu I, Goren S. Hedging production schedules against uncertainty in manufacturing environment with a review of robustness and stability research[J]. International Journal of Computer Integrated Manufacturing, 2009, 22(2): 138-157.

[96] Wu S D, Byeon E S, Storer R H. A graph-theoretic decomposition of the job shop scheduling problem to achieve scheduling robustness[J]. Operations Research, 1999, 47(1): 113-124.

[97] Lu C C, Lin S W, Ying K C. Robust scheduling on a single machine to minimize total flow time[J]. Computers & Operations Research, 2012, 39(7): 1682-1691.

[98] Chaari T, Chaabane S, Loukil T, et al. A genetic algorithm for robust hybrid flow shop scheduling[J]. International Journal of Computer Integrated Manufacturing, 2011, 24(9): 821-833.

[99] Xiong J, Xing L N, Chen Y W. Robust scheduling for multi-objective flexible job-shop problems with random machine breakdowns[J]. International Journal of Production Economics, 2013, 141(1): 112-126.

[100] Jensen M T. Improving robustness and flexibility of tardiness and total flow-time job shops using robustness measures[J]. Applied Soft Computing, 2001, 1(1): 35-52.

[101] Jensen M T. Generating robust and flexible job shop schedules using genetic algorithms[J]. IEEE Transactions on Evolutionary Computation, 2003, 7(3): 275-288.

[102] Karri B, Srinivasan R, Karimi I A. Robustness Measures for Operation Schedules Subject to Disruptions[J]. Industrial & Engineering Chemistry Research, 2009, 48(20): 9204-9214.

[103] Liu L, Gu H Y, Xi Y G. Robust and stable scheduling of a single machine with random machine breakdowns[J]. International Journal of Advanced Manufacturing Technology, 2007, 31(7-8): 645-654.

[104] Goren S, Sabuncuoglu I. Robustness and stability measures for scheduling: Single-machine environment[J]. IIE Transactions, 2008, 40(1): 66-83.

[105] Goren S, Sabuncuoglu I. Optimization of schedule robustness and stability under random machine breakdowns and processing time variability[J]. IIE Transactions, 2010, 42(3): 203-220.

[106] Cui W, Lu Z, Pan E. Integrated production scheduling and maintenance policy for robustness in a single machine[J]. Computers & Operations Research, 2014, 47: 81-91.

[107] Liu Q, Ullah S, Zhang C Y. An improved genetic algorithm for robust permutation

flowshop scheduling[J]. International Journal of Advanced Manufacturing Technology, 2011, 56(1-4): 345-354.

[108] Goren S, Sabuncuoglu I, Koc U. Optimization of schedule stability and efficiency under processing time variability and random machine breakdowns in a job shop environment[J]. Naval Research Logistics, 2012, 59(1): 26-38.

[109] Ghezail F, Pierreval H, Hajri-Gabouj S. Analysis of robustness in proactive scheduling: A graphical approach[J]. Computers & Industrial Engineering, 2010, 58(2SI): 193-198.

[110] Briskorn D, Leung J, Pinedo M. Robust scheduling on a single machine using time buffers[J]. IIE Transactions, 2011, 43(6): 383-398.

[111] Goren S, Pierreval H. Taking advantage of a diverse set of efficient production schedules: A two-step approach for scheduling with side concerns[J]. Computers & Operations Research, 2013, 40(8): 1979-1990.

[112] Turkcan A, Akturk M S, Storer R H. Predictive/reactive scheduling with controllable processing times and earliness-tardiness penalties[J]. IIE Transactions, 2009, 41(12): 1080-1095.

[113] Gürel S, Cincioğlu D. Rescheduling with controllable processing times for number of disrupted jobs and manufacturing cost objectives[J]. International Journal of Production Research, 2014: 1-20.

[114] Rajendran C, Holthaus O. A comparative study of dispatching rules in dynamic flowshops and jobshops[J]. European Journal of Operational Research, 1999, 116(1): 156-170.

[115] Yamamoto M, Nof S Y. Scheduling rescheduling in the manufacturing operating system environment[J]. International Journal of Production Research, 1985, 23(4): 705-722.

[116] O'Donovan R, Uzsoy R, Mckay K N. Predictable scheduling of a single machine with breakdowns and sensitive jobs[J]. International Journal of Production Research, 1999, 37(18): 4217-4233.

[117] Ramasesh R. Dynamic job shop scheduling-a survey of simulation research[J]. Omega, 1990, 18(1): 43-57.

[118] Sabuncuoglu I. A study of scheduling rules of flexible manufacturing systems: a simulation approach[J]. International Journal of Production Research, 1998, 36(2): 527-546.

[119] Shafaei R, Brunn P. Workshop scheduling using practical (inaccurate) data-Part 1: The performance of heuristic scheduling rules in a dynamic job shop environment using a rolling time horizon approach[J]. International Journal of Production Research, 1999, 37(17): 3913-3925.

[120] Silva C A, Sousa J M C, Runkler T A. Rescheduling and optimization of logistic processes using GA and ACO[J]. Engineering Applications of Artificial Intelligence, 2008, 21(3): 343-352.

[121] 潘全科，王凌，高亮，等. 基于差分进化与块结构邻域的作业车间调度优化[J]. 机械工程

学报, 2010, 46(22): 182-188.
[122] 桑红燕，高亮，李新宇. 求解批量流水线调度问题的离散蜂群算法[J]. 中国机械工程, 2011, 22(18): 2195-2202.
[123] 王圣尧，王凌，许烨，等. 求解混合流水车间调度问题的分布估计算法[J]. 自动化学报, 2012, 38(3): 437-443.
[124] 王跃岗，车阿大. 基于混合量子进化算法的自动化制造单元调度[J]. 计算机集成制造系统, 2013, 19(9): 2193-2201.
[125] Xiong J, Yang K, Liu J, et al. A two-stage preference-based evolutionary multi-objective approach for capability planning problems[J]. Knowledge-based Systems, 2012, 31: 128-139.
[126] Zhang L P, Gao L, Li X Y. A hybrid intelligent algorithm and rescheduling technique for job shop scheduling problems with disruptions[J]. International Journal of Advanced Manufacturing Technology, 2013, 65(5-8): 1141-1156.
[127] Zhang L P, Gao L, Li X Y. A hybrid genetic algorithm and tabu search for a multi-objective dynamic job shop scheduling problem[J]. International Journal of Production Research, 2013, 51(12): 3516-3531.
[128] Lim D, Jin Y C, Ong Y S, et al. Generalizing Surrogate-Assisted Evolutionary Computation[J]. IEEE Transactions on Evolutionary Computation, 2010, 14(3): 329-355.
[129] Paenke I, Branke J, Jin Y. Efficient search for robust solutions by means of evolutionary algorithms and fitness approximation[J]. IEEE Transactions on Evolutionary Computation, 2006, 10(4): 405-420.
[130] Jin Y. Surrogate-assisted evolutionary computation: Recent advances and future challenges[J]. Swarm and Evolutionary Computation, 2011, 1(2): 61-70.
[131] Črepinšek M, Liu S, Mernik M. Exploration and exploitation in evolutionary algorithms[J]. ACM Computing Surveys, 2013, 45(3): 1-33.
[132] Blum C, Roli A. Metaheuristics in combinatorial optimization: Overview and conceptual comparison[J]. ACM Computing Surveys, 2003, 35(3): 268-308.
[133] Tang L X, Liu W X, Liu J Y. A neural network model and algorithm for the hybrid flow shop scheduling problem in a dynamic environment[J]. Journal of Intelligent Manufacturing, 2005, 16(3): 361-370.
[134] 刘明周，单晖，蒋增强，等. 不确定条件下车间动态重调度优化方法 [J]. 机械工程学报, 2009, 45(10): 137-142.
[135] Hosseini N, Tavakkoli-Moghaddam R. Two meta-heuristics for solving a new two-machine flowshop scheduling problem with the learning effect and dynamic arrivals[J]. International Journal of Advanced Manufacturing Technology, 2013, 65(5-8): 771-786.
[136] Qiu X N, Lau H. An AIS-based hybrid algorithm with PDRs for multi-objective dynamic online job shop scheduling problem[J]. Applied Soft Computing, 2013, 13(3): 1340-1351.
[137] Tang L, Zhao Y, Liu J. An Improved Differential Evolution Algorithm for Practical Dy-

namic Scheduling in Steelmaking-Continuous Casting Production[J]. IEEE Transactions on Evolutionary Computation, 2014, 18(2): 209-225.

[138] Deb K, Pratap A, Agarwal S, et al. A fast and elitist multiobjective genetic algorithm: NSGA-II[J]. IEEE Transactions on Evolutionary Computation, 2002, 6(2): 182-197.

[139] 张国辉，高亮，李培根，等. 改进遗传算法求解柔性作业车间调度问题 [J]. 机械工程学报, 2009, 45(7): 145-151.

[140] Karimi H, Rahmati S H A, Zandieh M. An efficient knowledge-based algorithm for the flexible job shop scheduling problem[J]. Knowledge-Based Systems, 2012, 36: 236-244.

[141] Regis R G. Evolutionary programming for high-dimensional constrained expensive black-box optimization using radial basis functions[J]. IEEE Transactions on Evolutionary Computation, 2014, 18(3): 326-347.

[142] Liu B, Zhao D, Reynaert P, et al. GASPAD: A General and Efficient mm-wave Integrated Circuit Synthesis Method Based on Surrogate Model Assisted Evolutionary Algorithm[J]. IEEE Transactions on Computer-Aided Design of Integrated Circuits and Systems, 2014, 33(2): 169-182.

[143] Horng S, Lin S. Evolutionary algorithm assisted by surrogate model in the framework of ordinal optimization and optimal computing budget allocation[J]. Information Sciences, 2013, 233: 214-229.

[144] Bandyopadhyay S, Saha S, Maulik U, et al. A Simulated Annealing-Based Multiobjective Optimization Algorithm: AMOSA[J]. IEEE Transactions on Evolutionary Computation, 2008, 12(3): 269-283.

[145] Zhao C, Zhang Q, Tang H. Scheduling problems under linear deterioration[J]. Acta Automatica Sinica, 2003, 29(4): 531-535.

[146] Zhao C L, Tang H Y. Rescheduling problems with deteriorating jobs under disruptions[J]. Applied Mathematical Modelling, 2010, 34(1): 238-243.

[147] Graham R, Lawler E, Lenstra J, et al. Optimization and approximation in deterministic sequencing and scheduling: a survey[J]. Annals of Discrete Mathematics, 1979, 5: 287-326.

[148] Kononov A, G S. NP-Hard cases in scheduling deteriorating jobs on dedicated machines[J]. Journal of the Operational Research Society, 2001, 52(6): 708-717.

[149] Siinivas N, Deb K. Multiobjective optimization using nondominated sorting in genetic algorithms[J]. Evolutionary Computation, 1994, 2(3): 221-248.

[150] 张超勇. 基于自然启发式算法的作业车间调度问题理论与应用研究 [D]. 武汉：华中科技大学, 2007.

[151] Sengupta S, Bandyopadhyay S. De Novo Design of Potential RecA Inhibitors Using MultiObjective Optimization[J]. IEEE/ACM Transactions on Computational Biology and Bioinformatics, 2012, 9(4): 1139-1154.

[152] Suman B, Kumar P. A survey of simulated annealing as a tool for single and multi-

objective optimization[J]. Journal of the Operational Research Society, 2006, 57(10): 1143-1160.

[153] Kirkpatrick S G C D J. Optimization by simulated annealing[J]. Science, 1983(220): 671-680.

[154] Zitzler E, Deb K, Thiele L. Comparison of multiobjective evolutionary algorithms: empirical results[J]. Evolutionary Computation, 2000, 8(2): 173-195.

[155] Vidal T, Crainic T G, Gendreau M, et al. A Hybrid Genetic Algorithm for Multidepot and Periodic Vehicle Routing Problems[J]. Operations Research, 2012, 60(3): 611-624.

[156] Kononov A. A single machine scheduling problems with processing times proportional to an arbitrary function[J]. Discrete Analysis and Operations Research, 1998, 5(3): 17–37.

[157] Alba E, Tomassini M. Parallelism and evolutionary algorithms[J]. IEEE Transactions on Evolutionary Computation, 2002, 6(5): 443-462.

[158] Mühlenbein H, Schlierkamp-Voosen D. Predictive Models for the Breeder Genetic Algorithm I. Continuous Parameter Optimization[J]. Evolutionary Computation, 1993, 1(1): 25-49.

[159] Das S, Suganthan P N. Differential Evolution: A Survey of the State-of-the-Art[J]. IEEE Transactions on Evolutionary Computation, 2011, 15(1): 4-31.

[160] Wang Y, Cai Z X. Combining Multiobjective Optimization with Differential Evolution to Solve Constrained Optimization Problems[J]. IEEE Transactions on Evolutionary Computation, 2012, 16(1): 117-134.

[161] Dong M G, Wang N. A novel hybrid differential evolution approach to scheduling of large-scale zero-wait batch processes with setup times[J]. Computers & Chemical Engineering, 2012, 45: 72-83.

[162] Wang L, Pan Q, Suganthan P N, et al. A novel hybrid discrete differential evolution algorithm for blocking flow shop scheduling problems[J]. Computers & Operations Research, 2010, 37(3): 509-520.

[163] Tang L, Wang X. A Hybrid Multiobjective Evolutionary Algorithm for Multiobjective Optimization Problems[J]. IEEE Transactions on Evolutionary Computation, 2013, 17(1): 20-45.

[164] Glover F. Tabu search.1[J].ORSA Journal on Computing, 1989, 1(3): 190-206.

[165] Peteghem V V, Vanhoucke M. A genetic algorithm for the preemptive and non-preemptive multi-mode resource-constrained project scheduling problem[J]. European Journal of Operational Research, 2010, 201(2): 409-418.

[166] Vilcot G, Billaut J C. A tabu search algorithm for solving a multicriteria flexible job shop scheduling problem[J]. International Journal of Production Research, 2011, 49(23): 6963-6980.

[167] Rabiee M, Zandieh M, Ramezani P. Bi-objective partial flexible job shop scheduling problem: NSGA-II, NRGA, MOGA and PAES approaches[J]. International Journal of

Production Research, 2012, 50(24): 7327-7342.

[168] Jin Y, Branke H. Evolutionary optimization in uncertain environments-A survey[J]. IEEE Transactions on Evolutionary Computation, 2005, 9(3): 303-317.

[169] Al-Hinai N, Elmekkawy T Y. Robust and stable flexible job shop scheduling with random machine breakdowns using a hybrid genetic algorithm[J]. International Journal of Production Economics, 2011, 132(2): 279-291.

[170] Schneider E R F A, Krohling R A. A hybrid approach using TOPSIS, Differential Evolution, and Tabu Search to find multiple solutions of constrained non-linear integer optimization problems[J]. Knowledge-Based Systems, 2014, 62: 47-56.

[171] Shen X, Yao X. Mathematical modeling and multi-objective evolutionary algorithms applied to dynamic flexible job shop scheduling problems[J]. Information Sciences, 2015, 298: 198-224.

[172] Duc-Hoc T, Cheng M, Minh-Tu C. Hybrid multiple objective artificial bee colony with differential evolution for the time-cost-quality tradeoff problem[J]. Knowledge-Based Systems, 2015, 74: 176-186.

[173] Chang C, Lin C. LIBSVM: A Library for Support Vector Machines[J]. ACM Transactions on Intelligent Systems and Technology, 2011, 2(3): 1-27.

[174] Nearchou A C. Scheduling with controllable processing times and compression costs using population-based heuristics[J]. International Journal of Production Research, 2010, 48(23): 7043-7062.

[175] Wang D J, Liu F, Wang Y Z, et al. A Knowledge-based Evolutionary Proactive Scheduling Approach in the Presence of Machine Breakdown and Deterioration Effect[J]. Knowledge Based Systems, 2015, 90:70-80.

[176] Fang J, Xi Y G. A rolling horizon job shop rescheduling strategy in the dynamic environment[J]. International Journal of Advanced Manufacturing Technology, 1997, 13(3): 227-232.

[177] Rustogi K, Strusevich V A. Combining time and position dependent effects on a single machine subject to rate-modifying activities[J]. Omega, 2014, 42(1): 166-178.

[178] Wang D J, Liu F, Jin Y. A Multi-objective Evolutionary Algorithm Guided by Directed Search for Dynamic Scheduling[J]. Computers & Operations Research, 2017, 79:279-290.

[179] Yin Y, Cheng T C E, Wang D J. Rescheduling on identical parallel machines with machine disruptions to minimize total completion time[J]. European Journal of Operational Research, 2016, 252(3):737-749.

[180] Vickon R G. Choosing the job sequence and processing times to minimize totalprocessing plus flow cost on a single machine[J]. Operations Research, 1980, 28(5):1155-1167.

附录 A　算法性能指标

令 E 和 E' 分别表示两个算法求解得到的有效前沿。为了比较 E 和 E' 的质量，进而分析算法性能，给出目前常用的度量有效前沿质量的若干指标。

(1) ONVG(E): E 中有效解的个数。其值越大说明 E 的多样性越好。

(2) CM(E, E'): E 被 E' 中有效解所支配的比例，计算公式如下：

$$\mathrm{CM}\left(E, E'\right)=\left|\left\{x' \in E' \mid \exists x \in E, x' \prec x\right\}\right| / \left| E'\right|$$

其中 "$x' \prec x$" 表示 x' 被 x 所支配。

由上式可知 $\mathrm{CM}(E, E') \in [0,1]$，其值越小说明 E 中有效解被支配的比例越小。E 和 E' 间可能存在互不支配的解，因此 $\mathrm{CM}(E, E')$ 与 $\mathrm{CM}(E', E)$ 的加和可能小于 1。

(3) $\mathrm{IGD}(E)\,/D_{\mathrm{ave}}\,(E, R)$: R 中每个有效解到 E 中所有有效解的最近距离平均值，计算公式如下：

$$\mathrm{IGD}\left(E\right)=\sum_{x_R \in R} \min_{x \in E} d\left(x, x_R\right) / |R|$$

其中 $d\left(x, x_R\right)=\max_{j=1,2}\left\{\left(f_j\left(x\right)-f_j\left(x_R\right)\right) / \Delta_j\right\}$, $x \in E, x_R \in E$。Δ_j 为目标函数 f_j 在 E 和 R 中取值的变化范围。R 为最优有效前沿的参考集合。当 R 未知时，合并 E 和 E' 选择其中非支配解构成 R。

(4) $D_{\max}\,(E, R)$: R 中每个有效解到 E 中所有有效解的最近距离最大值，计算公式如下：

$$D_{\max}\left(E, R\right)=\max_{x_R \in R} \min_{x \in E} d\left(x, x_R\right)$$

其中 $d(x, x_R)$ 的含义和 R 的构成与 IGD(E) 相同。

$D_{\mathrm{ave}}\,(E, R)$ 和 $D_{\max}\,(E, R)$ 值越小说明 E 与最优有效前沿的收敛性越好。

(5) TS(E): E 中有效解分布的均匀程度，计算公式如下：

$$\mathrm{TS}\left(E\right)=\sqrt{\frac{1}{|E|} \sum_{i=1}^{|E|}\left(D_i-\bar{D}\right)^2 / \bar{D}}$$

其中 $\bar{D}=\sum_{i=1}^{|E|} D_i / |E|$, D_i 表示目标空间中 x_i 与距离其最近解的欧氏距离。TS(E) 的值越小说明 E 的多样性越好。

(6) MS(E,R)：R 中有效解被 E 覆盖的程度，计算公式如下：

$$\mathrm{MS}\left(E,R\right)=\sqrt{\frac{1}{2}\sum_{j=1}^{2}\left(\frac{\max_{i-1}^{|E|}f_j\left(x_j\right)-\min_{i=1}^{|E|}f_j\left(x_j\right)}{f_j^{\max}-f_j^{\min}}\right)^2}$$

其中 $f_j^{\max},f_j^{\min}$ 分别表示目标空间中第 j 个目标的极值。MS(E,R) 的值越大，R 被 E 覆盖的比例越大。

(7) AO(E): E 的收敛性和多样性的综合度量指标，计算公式如下：

$$\mathrm{AQ}=\sum_{\boldsymbol{\lambda}\in\Lambda}^{s_a}\left(\boldsymbol{f},\boldsymbol{z}^0,\boldsymbol{\lambda},\rho\right)/|\Lambda|$$

其中，

$$\Lambda=\left\{\boldsymbol{\lambda}=\left(\lambda_1,\cdots,\lambda_L\right)|\lambda_j\in\left\{0,1/u,2/u,\cdots,1\right\},\sum_{j=1}^{L}\lambda_j=1\right\}$$

$$\boldsymbol{f}=\left(f_1,f_2,\cdots,f_L\right)$$

$$s_a\left(\boldsymbol{f},\boldsymbol{z}^0,\boldsymbol{\lambda},\rho\right)=\min_i\left\{\max_j\left\{\lambda_j\left(f_j\left(x_i\right)-z_j^0\right)\right\}+\rho\sum_{j=1}^{L}\lambda_j\left(f_j\left(x_i\right)-z_j^0\right)\right\}$$

$\boldsymbol{z}^0$ 为目标空间中的参考点，设定为 $(0,0)$。ρ 为足够小的常数，设定为 0.01。AQ(E) 的值越小，集合 E 具有更优良的平均质量。

(8) HV(E): 二维解空间中选择 E 中两个最差目标值构成一个参考点，HV(E) 返回 E 和该参考点所围成区域的面积。值越大说明 E 的综合质量越好。

附录 B　问题 $(\boldsymbol{P3})$ 的混合整数规划模型

对集合 $B \cap \bar{B}$ 中的工件从 J_1 到 J_n 进行标引，使得 $n = |B| + |\bar{B}|$，并且前 $|B|$ 个工件属于集合 B，剩余工件属于集合 $\bar{B}$。

决策变量

$x_{ij} = 1$ 表示工件 J_i 紧邻在工件 J_j 之后，$x_{ij} = 0$ 表示其他情况，$i, j = 0, 1, \cdots, n, n+1$；其中 0 和 $n+1$ 为两个虚拟工件，分别表示加工过程的开始和结束；

$y_i = 1$ 表示工件 J_i 被拒绝加工服务，$y_i = 0$ 表示相反情况，$i = 0, 1, \cdots, n$；

s_i: 工件 J_i 的最早开始加工时间，$i = 0, 1, \cdots, n$；

C_i: 工件 J_i 的完工时间，$i = 0, 1, \cdots, n$；

u_i: 工件 J_i 的资源分配量，$i = 0, 1, \cdots, n$；

T_i: 工件 J_i 相对于初始完工时间的延迟, $i = 0, 1, \cdots, |B|$.

问题参数

$\bar{p}_i$: 工件 J_i 的正常加工时间, $i = 0, 1, \cdots, n$;

$\bar{u}_i$: 工件 J_i 资源分配量的上界, $i = 0, 1, \cdots, n$;

b_i: 工件 J_i 的压缩率, $i = 0, 1, \cdots, n$;

$\bar{C}_i$: 工件 J_i 在 π^* 中的初始完工时间, $i = 0, 1, \cdots, |B|$;

α: 所有工件均相同的加工时间恶化率;

c_i: 工件 J_i 的单位资源费用, $i = 0, 1, \cdots, n$;

e_i: 工件 J_i 的拒绝费用, $i = 0, 1, \cdots, n$;

TOC*: n 个工件的加工成本;

M: 足够大的常数.

$$\min \quad \sqrt{\left(\sum_{i=1}^{n} c_i + \sum_{i=1}^{n} e_i y_i + \sum_{i=1}^{n} c_i u_i - \mathrm{TOC}^*\right)^2 + \left(\sum_{i=1}^{|B|} T_i\right)^2}$$

$$
\begin{aligned}
\text{s.t.}\quad & \sum_{i=0}^{n} x_{ij} = 1 - y_j, && j = 1, \cdots, n && (1)\\
& \sum_{j=1}^{n+1} x_{ij} = 1 - y_i, && i = 1, \cdots, n && (2)\\
& \sum_{i=0}^{n} x_{ij} = \sum_{i=1}^{n+1} x_{ji}, && j = 0, 1, \cdots, n, n+1 && (3)\\
& C_i \leqslant s_j + M\left(1 - x_{ij}\right), && i, j = 1, \cdots, n && (4)\\
& C_i \leqslant M\left(1 - y_i\right), && i = 1, \cdots, n && (5)\\
& s_i \leqslant M\left(1 - y_i\right), && i = 1, \cdots, n && (6)\\
& C_i - \bar{C}_i \leqslant T_i, && i = 1, \cdots, |B| && (7)\\
& (1+\alpha)\, s_i + \bar{p}_i - b_i u_i \leqslant C_i + M y_i, && i = 1, \cdots, n && (8)\\
& s_i, C_i, u_i,\ \text{且}\ T_i \geqslant 0, && i = 1, \cdots, n && (9)\\
& u_i \leqslant \left(1 - y_i\right) \bar{u}_i, && i = 1, \cdots, n && (10)\\
& x_{ij}, y_i \in \{0, 1\}, && i, j = 1, \cdots, n && (11)\\
& x_{n+1,i} = x_{i0} = x_{ii} = 0, && i = 0, 1, \cdots, n, n+1 && (12)
\end{aligned}
$$

索　引

Z

其　他

彩　　图

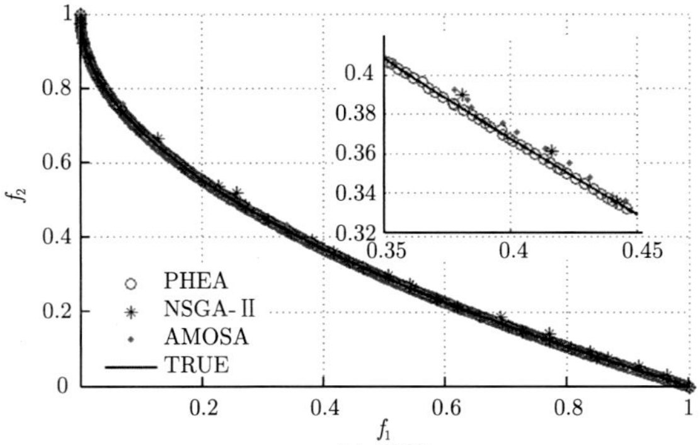

(a) ZDT1

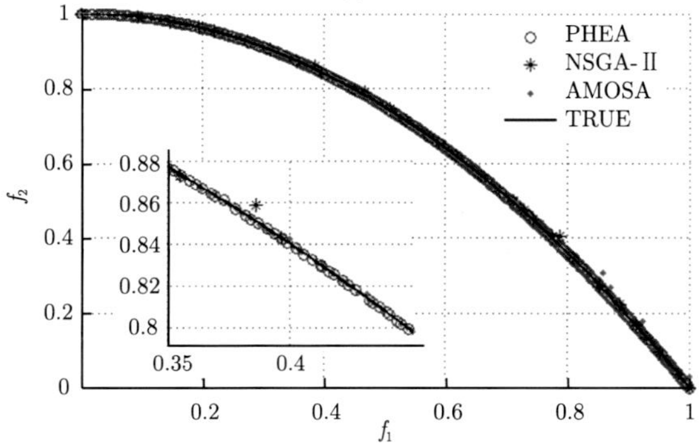

(b) ZDT2

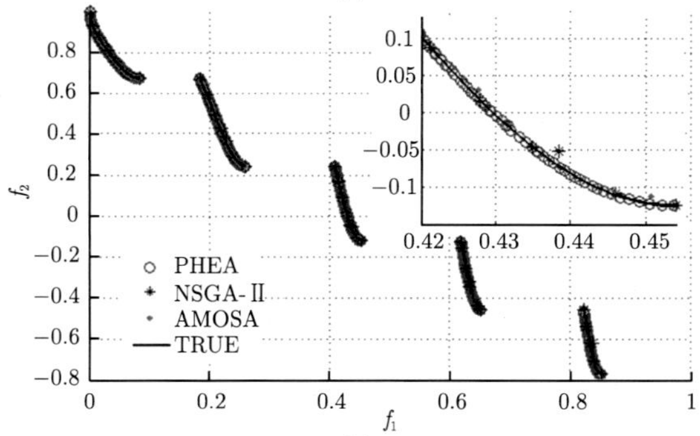

(c) ZDT3

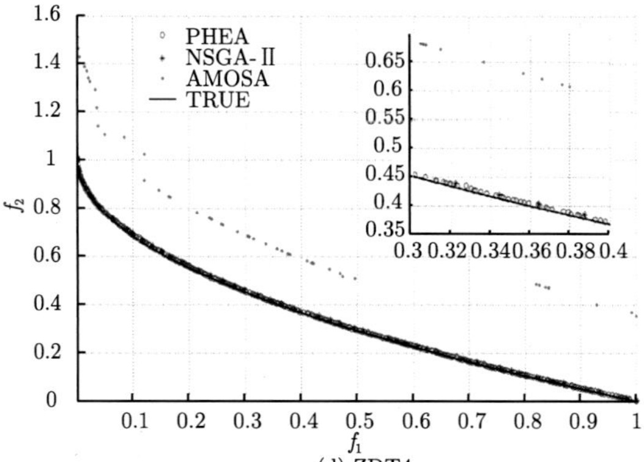

(d) ZDT4

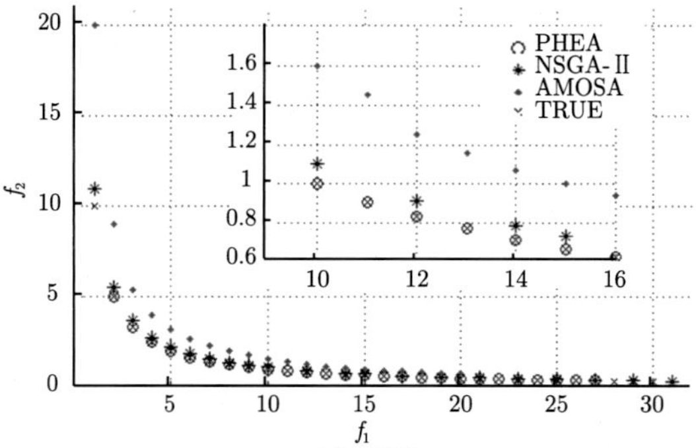

(e) ZDT5

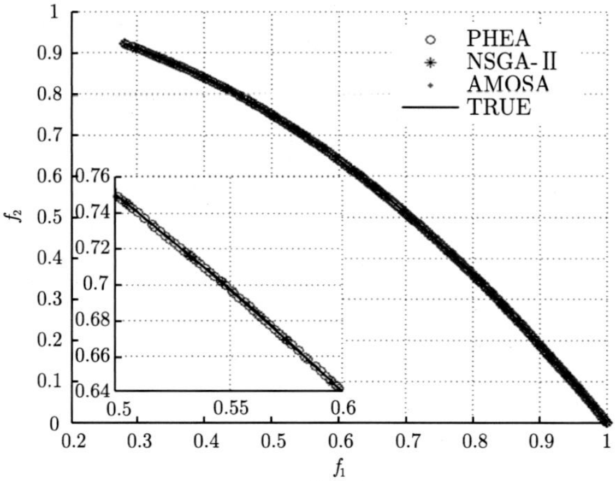

(f) ZDT6

图 2.2　Benchmark 测试函数求解结果

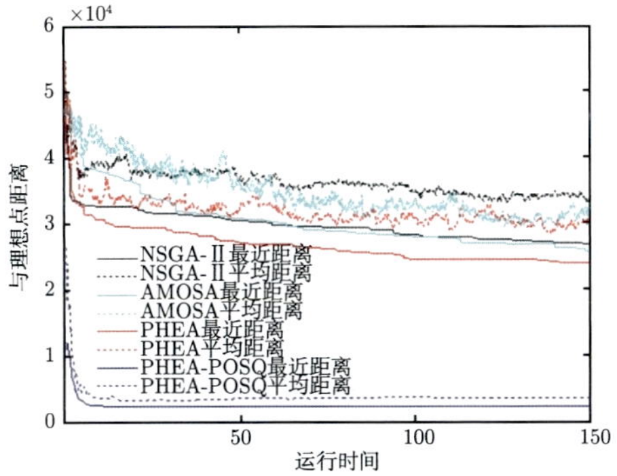

图 2.3　求解过程中距离理想点的收敛曲线

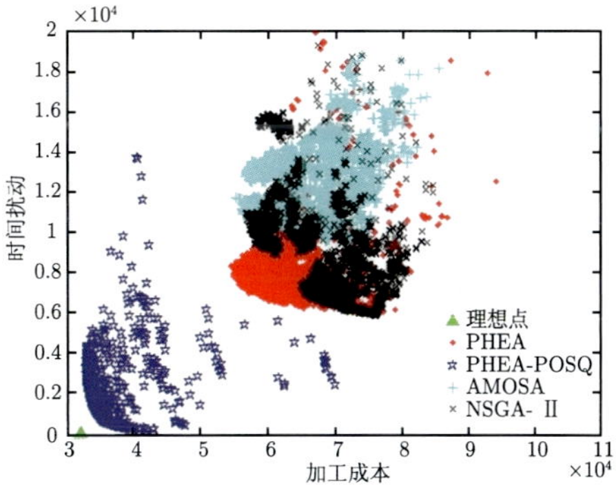

图 2.4　求解过程中每一代有效前沿的进化过程

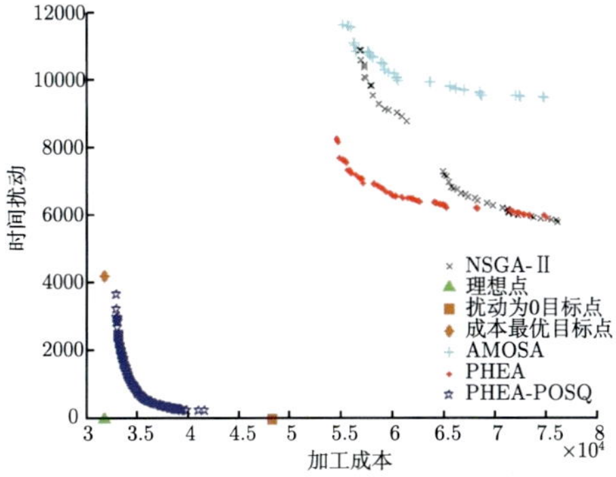

图 2.5　得到的有效前沿对比

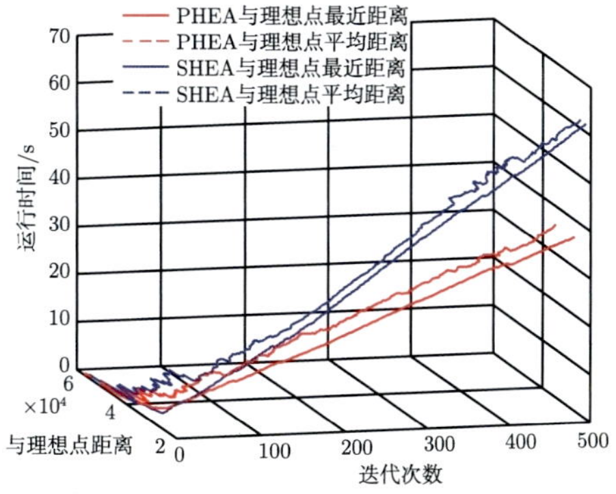

图 2.6　串行与并行算法求解过程中与理想点距离的收敛曲线

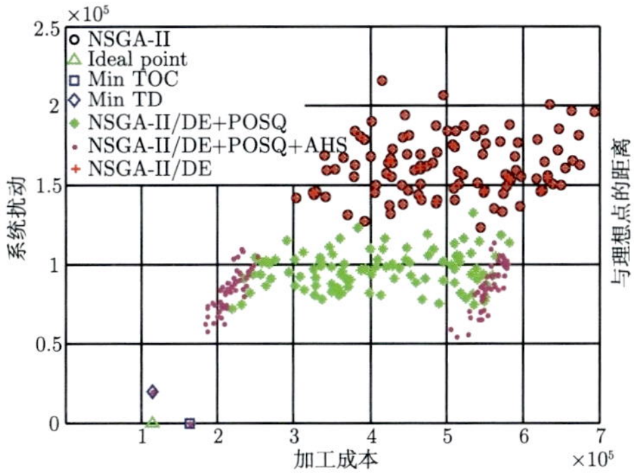

图 3.2　初始种群对比

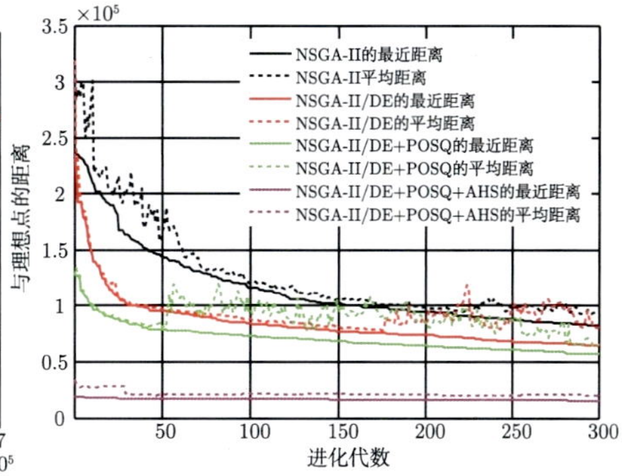

图 3.3　求解过程对比

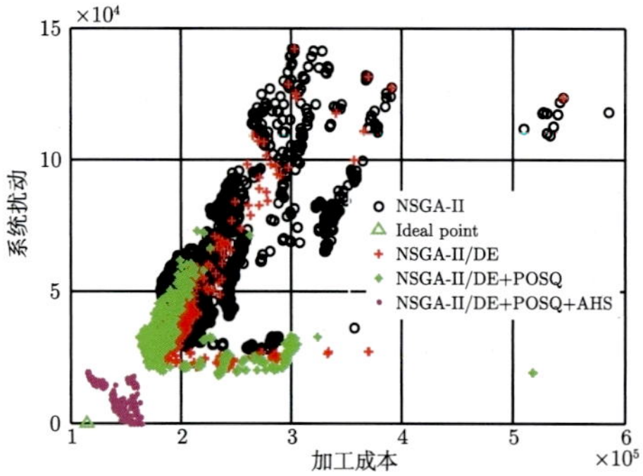

图 3.4　每一代有效前沿变化过程

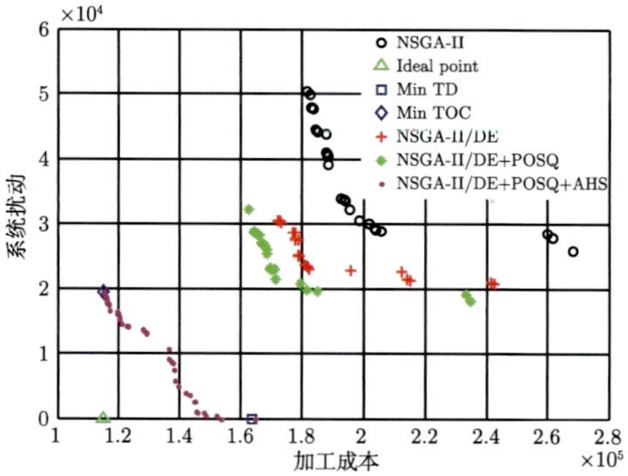

图 3.5　得到的有效前沿对比

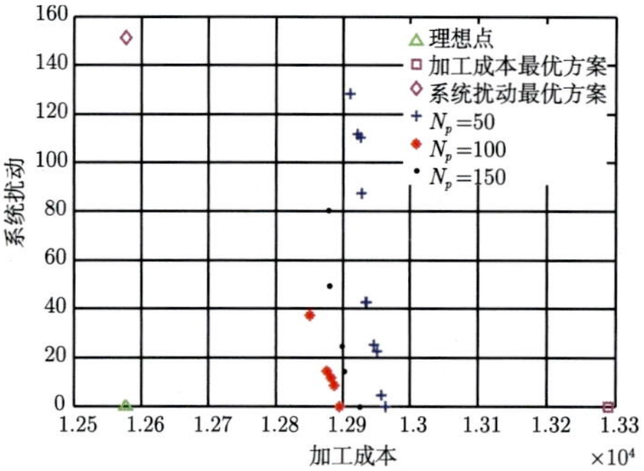

图 3.9　不同种群规模的算法有效前沿对比

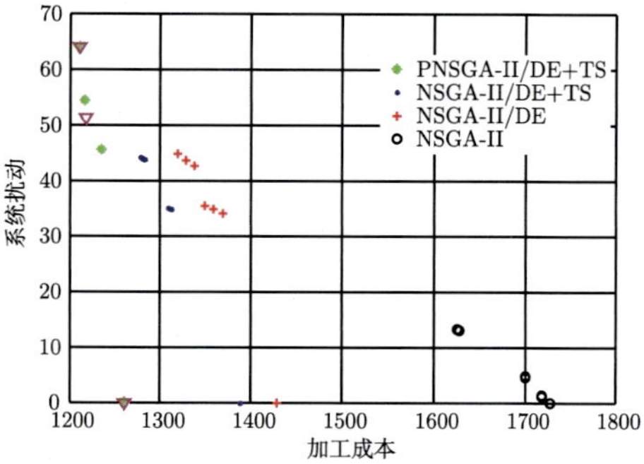

图 3.10　针对小规模问题的结果对比

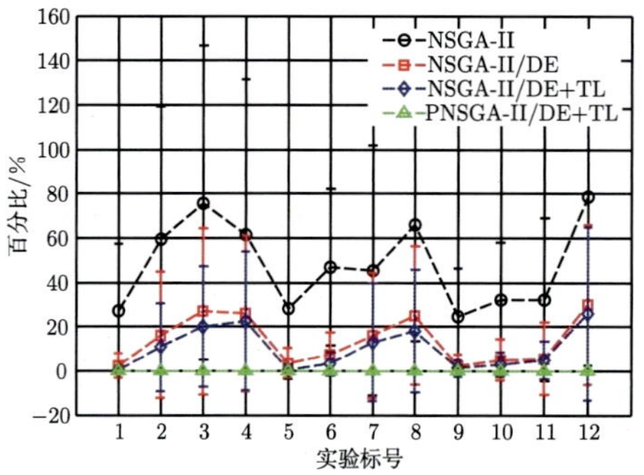

图 3.11　在 12 组实验下 R_i 平均值的均值和标准差对比

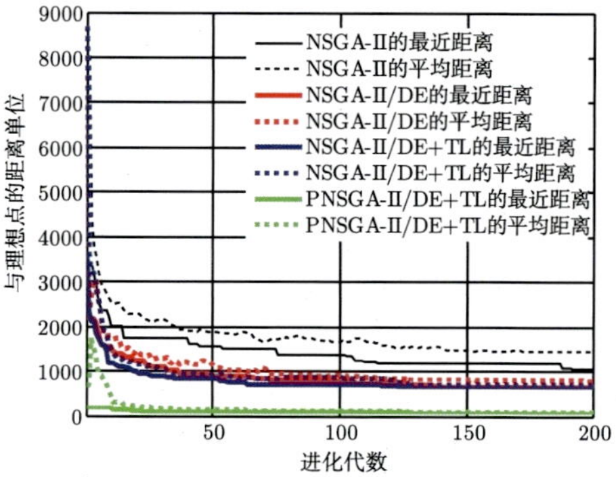

图 3.12　求解过程对比

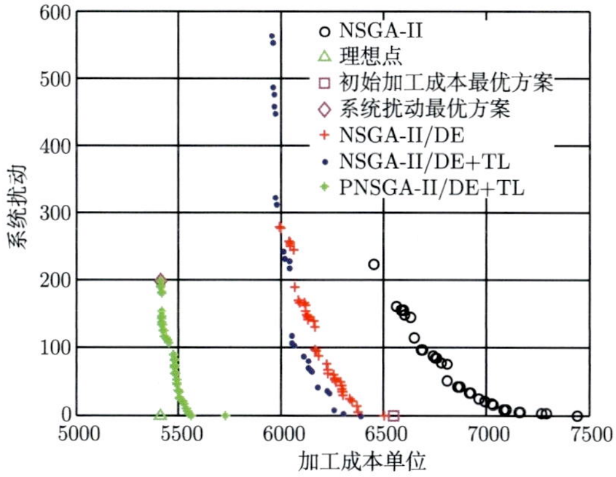

图 3.13　得到的有效前沿对比

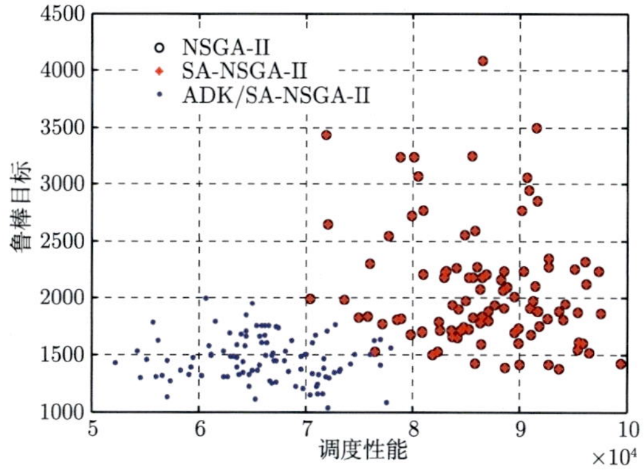

图 4.2　初始种群对比

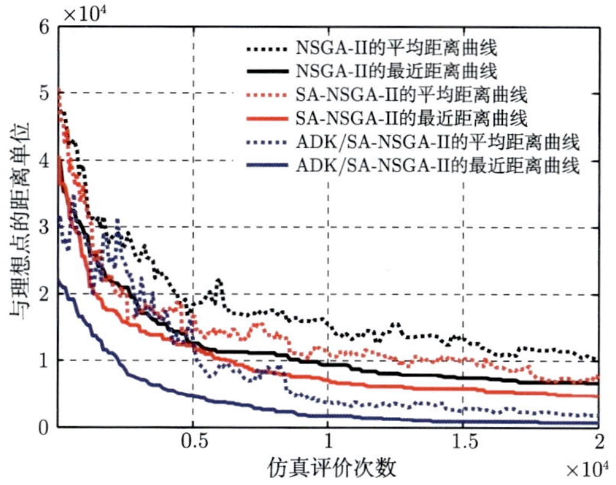

图 4.3　求解过程对比

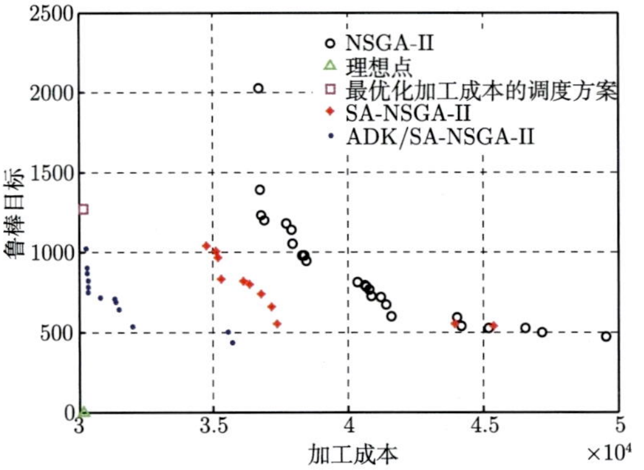

图 4.4　得到的有效前沿对比

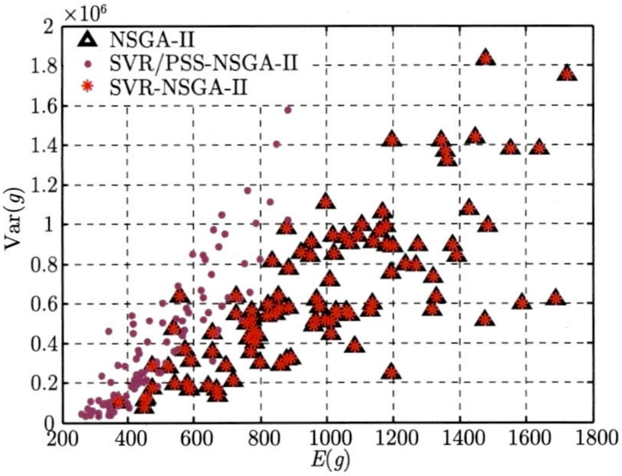

图 4.7　三种算法的初始种群对比

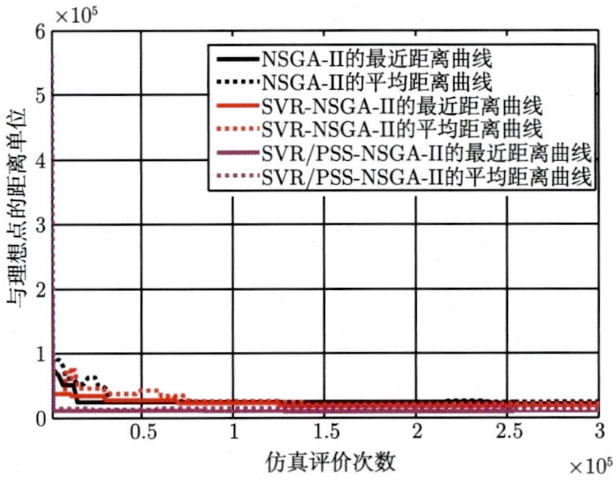

图 4.8　三种算法的求解过程对比

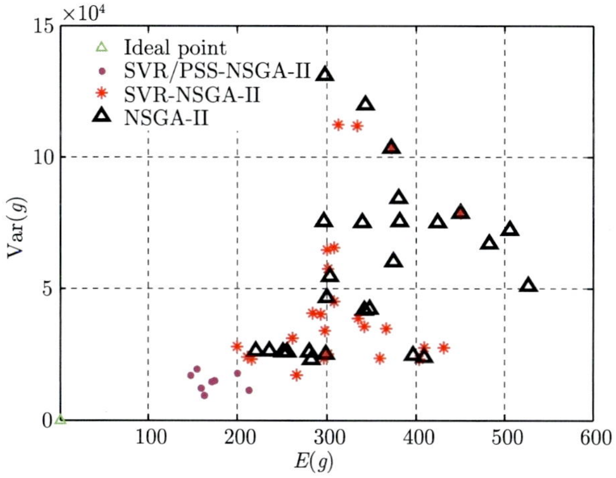

图 4.9　每一代有效前沿的变化过程对比

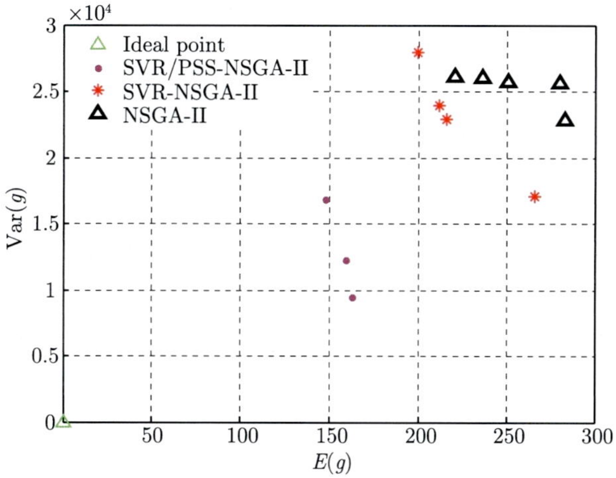

图 4.10　三种算法的有效前沿对比